장애에 대한 편견과의 이별여행

편견에 갇히다

※ 본 도서 수익금 일부는 장애 관련 기관이나 단체에 기부됩니다.

추천의 글

　　인권人權이란 낱말은 사람 인人과 권세權라는 글자의 집합체입니다. 사람人이 서로 기대는 존재라는 형상이라면, 권세權는 높은 지위에 오른 입(욕심) 크고 겉은 고상하게 생기고 아래를 내려다보는 황새 같다는 의미를 담고 있기에 어찌 보면 두 글자 사이에는 모순이 드러나고 있습니다. 그런데 이 책에서는 그 인권이라는 단어 앞에 장애인障礙人이라는 또 다른 차별적 존재에 대한 인권을 다루고 있습니다. 결국 저자는 모순에 대한 모순을 다룸으로써 모든 사람의 인권은 상호 존중되어야 함을 강조하고 있다고 보았습니다. 그렇다면 상호 인권의 존중은 어떻게 하면 가능할까요? 저자는 인권인식에 관한 자기모순을 찾아가는 길로부터 시작하여야 한다고 생각하였습니다. 다수자 중심의 익숙한 일상생활과 제도 속에서 장애인의 인권에 대한 기성세대의 잘못된 인식을 깨우쳐 개선하려는 노력과 함께 자라나는 후속세대에게는 장애인이 아닌 사람에 대한 인권의식을 새롭게 하려는 인식전환의 문제까지 다루고 있기에 이 책을 독자들께 흔쾌히 추천합니다.

저자는 장애인 교육의 장에서 직접 부딪치고, 고민하였던 장애인의 인권에 관한 단상을 담담히 담아내고 있습니다. 따라서 독자 여러분들도 어렵지 않게 인권여행에 함께 하실 수 있으리라고 생각됩니다. 장애인의 인권이 아닌 사람의 인권에 관한 인식 전환이 요구되는 시대입니다. 이러한 인식전환은 아주 사소한 반성에서 출발하면 된다고 봅니다. 마치 늘 강아지를 만지고 손을 씻었다. 내일부터는 손을 씻고 강아지를 만져야지(함민복의 반성)라는 시의 가르침처럼. 나아가 늘 나의 강점을 중심으로 내려다보았던 일방一方의 익숙함에서 벗어나려고 상대방의 입장을 먼저 들어보아 나를 견주는 양방兩方의 관계로 나아가는 인권 둘레 길 걷기훈련에 여러분을 초대합니다.

전 단국대학교 특수교육과 교수 신현기

추천의 글

　　1996년 가을 국립특수교육원에 발령을 받고 첫 업무가 장애이해 교재인 "함께 사는 사람들" 출판을 위한 지원업무였다. 원고 편집을 위해 내용을 검토하면서 그 당시에 님비현상으로 인해 특수교육 기관 설립을 반대하는 주민들은 물론 일반 국민들도 '이런 내용이면 장애와 장애인에 대한 이해를 높이는데 도움이 되겠구나'라는 생각을 하며, 열심히 출판을 도왔던 기억이 난다. 그 책을 필두로 해서 많은 장애이해 도서와 영화, 대국민 홍보 영상 등 개인과 국가의 노력으로 예전에 비해 전 국민의 장애이해 정도가 향상된 것은 사실이다. 그러나 최근에 발생한 장애아동 특수교육 기관과 어린이집 교사들에 의한 장애아동 학대는 이해하기가 힘들 정도이다. 장애아동을 학대하는 보육교사의 영상을 경찰이 본인들에게 보여주었더니 "내가 이렇게 심하게 학대하는 줄 몰랐다"고 말했단다. 장애와 특수교육에 대한 전문 교육을 받은 교사들조차 학대라는 사실을 모른 체 행동했다는 것이다. 나의 개인적인 경험에 의하면 장애이해는 책이나 영상을 통해 높이기는 쉽지 않다. 나는 오랫동안 장애와 장애인을 이해하기 위해서는 '장애인과 함께 살아보아야 한다'고 주장하며 살아왔다. 그러나 모든 사람들이 원하는 대로 장애인과 함께 살 수 있는 것이 아니기 때문에 좀 더 실제 생활경험에 가까운 이해 교재가 필요한 것이다.

이런 의미에서 이 책은 장애에 대한 이해는 물론 장애인과 그 가족, 나아가 사회에 관련된 다양한 변인들을 고려하는 생태학적 접근으로 장애와 장애인을 종합적으로 이해하는 데 도움이 되도록 구성되어 있다. 특히 각 주제마다 다양한 실제 사례들을 소개함으로써 단순히 지식을 높이는 수준이 아닌 간접경험이 가능하도록 본문을 구성하고 있다. 더욱이 저자의 30년에 가까운 특수교육 경험과 연구들이 쉬운 용어들로 고스란히 본문에 녹아들어 있어 누구나 쉽게 읽고 이해할 수 있다는 점을 강조하고 싶다.

이 책은 장애와 장애인을 이해하고자 하는 모든 국민들이 읽기에 적당한 자료인 동시에 특수교육을 전공하고자 하는 예비 대학생과 재학생, 장애 자녀에 대한 이해와 다양한 정보를 필요로 하는 부모님까지 읽을 수 있는 자료이다. 끝으로, 집필을 위해 많은 시간과 노력을 아끼지 않은 저자의 노고를 치하하며, 이 책을 추천하게 됨을 영광으로 생각하는 바이다.

백석대학교 특수교육과 교수 강영택

들어가는 글

나는 가끔 시도교육청이나 교육연수원 등의 요청으로 장애이해와 통합교육에 관한 강의를 하였다. 언제부터인가 강의를 마치면서 '연수생들의 인식이 달라졌을까?', '조금이나마 장애이해가 되었을까?'라는 생각이 들었다. 이 질문에 나는 '그렇다'라고 자신 있게 답할 수 없었다.

'왜 스스로 만족할 만한 강의를 할 수 없었을까?' 반문하며 그 원인을 찾아보았다. 우선 강의 내용에 문제가 있는지를 분석하였다. 장애와 통합교육의 개념, 장애인 등에 대한 특수교육법과 정책, 통합학급 운영 방향 등 내용에는 별 문제가 없었다. 그렇다면 전달 방법에 문제가 있는지 생각해 보았다. 딱히 그렇지는 않은 것 같아 답답할 노릇이었다.

그래서 여러 분야의 책을 읽고 다양한 사람과 만나면서 답을 찾으려 노력했다. 그러던 어느 날 그 문제의 답에 가까이 갈 수 있었다.

나는 특수교육과 장애이해, 통합교육 등을 강의하는 내내 장애와 비장애를 공공연하게 구분하고 있었다. 장애인이 비장애인과는 다른 점이 있음을 강조했다. 통합교육의 당위성을 설명할 때 장애학생이 비장애학생과 함께 있는 것에 대한 장점에 중점을 두었다. 나는 연수생에게 장애유형의 특성을 자세히 강조하면서 장애인과 비장애인은 다르다는 인식을 갖게 만들었다. 교육에는 장애와 비장애 구분이 없음에도 통합교육을 강조했다. 강의 내내 선생님들에게 장애학생에 대한 배려를 부탁하고 있는 내 모습을 발견했다.

문제는 나에게 있었다. 내 강의는 장애이해와 통합교육을 이해시키기보다 오히려 장애인과 비장애인이 다른 존재라는 인식을 연수생에게 강화시켜주고 있었던 것이다.

나는 나도 모르는 사이에 장애에 대한 고정관념을 가지고 있으면서 인간의 동일성과 보편성보다 장애의 특별함을 끊임없이 강조하고 있었다는 것을 알게 되었다. 그리고 장애에 대한 비장애인의 잘못된 고정관념, 오해, 부정적 인식과 태도가 우리 사회에 얼마나 만연해 있는지 깨달았다.

오랜 기간 동안 특수교육계에 몸담고 있었지만 지금에서야 장애에 대한 본질적 고민을 했다는 것이 한없이 부끄러웠다.

이 일을 계기로 비로소 장애에 관한 내 생각을 다시 한번 되돌아보면서 근본적인 답을 찾으려 애썼다.

이 책은 장애와 관련해 스스로 던진 질문과 답을 찾아가는 과정을 정리한 것이다. 내가 장애와 장애인에게 품었던 인식과 이해가 얼마나 잘못되었는지를 자각하고 앞으로 어떠한 삶을 살아가야하는지 다 함께 공유하여 나처럼 생각했던 비장애인의 장애인식이 바뀌었으면 하는 바람에서 이 책을 집필하게 되었다.

글을 쓸 때 비장애인의 올바른 장애이해를 돕기 위해 몇 가지 기준을 세웠다.

첫째, '비장애인의 입장에서 글을 쓰자.' 그래야만 비장애인 스스로가 인식 개선이 필요하다고 깨달을 수 있기 때문이다.

둘째, '전문용어 사용을 자제하고 읽기 쉬운 문장을 사용하자.' 전문적이고 학술적인 용어가 사용되면 독자들이 어렵다는 선입견을 가질 수 있어 가급적 배제하였다.

셋째, '인간의 보편성에 중심을 두고 쓰자.' 장애라는 '특수성'이 아닌 인간의 평등, 존중을 중심으로 장애를 설명하고자 했다. 그래서 대부분의 내용에 일상생활 속 보편적으로 일어나는 일이나 사건, 사례를 제시하였다.

넷째, '사회 여러 분야를 다루자.' 인간의 다양성과 보편성을 전체적으로 조망할 수 있도록 심리, 사회, 문화, 정치, 경제, 철학, 역사 등 모든 분야에서 장애와 관련된 주제를 다루었다.

책의 구성은 장애와 '인식', '개인', '사회', '철학, 사상, 역사'로 주제별 연관성과 체계성을 갖추었다.

1부 '장애와 인식'은 장애에 대한 비장애인의 인식을 다루었다. 비장애인이 장애인을 어떻게 바라보는지, 왜 그렇게 인식하게 되었는지를 사회적, 심리학적 측면을 중심으로 풀어냈다.

2부 '장애와 개인'은 비장애인이 한 개인으로서 장애인을 올바르게 이해할 수 있는 주제를 중심으로 구성했다. 장애인에 대한 오해를 풀 수 있도록 사회 환경적인 면을 중심으로 서술했다.

3부 '장애와 사회'는 비장애인이 장애인을 사회의 한 구성원으로서 객관적으로 이해할 수 있도록 사회, 언론, 정치, 경제적인 측면에서 글을 썼다.

끝으로 4부 '장애와 철학, 사상, 역사'는 장애의 본질적인 면을 알 수 있도록 철학적, 사상적, 역사적인 면에서 장애를 다루었다.

1부에서 4부까지 공통된 메시지는 장애와 비장애를 구분하지 않고 다 함께 인간으로서 권리를 향유하는 사회를 만들기 위해 노력하자는 것이다. 그러나 역설적이게도 이러한 메시지를 던지기 위해서는 의도치 않게 '비장애인'이라는 용어를 사용하게 되었다.

이 책의 목적 중 하나가 장애를 경험한 적 없는 사람들의 장애인식을 개선하기 위한 것이고, 장애와 비장애를 분리하기 위함이 아니기에 어쩔 수 없이 비장애인과 장애인으로 구분한 것에 대해 독자들의 양해를 바란다. 또한 책의 내용 대부분이 장애에 대한 인식과 이해, 인간으로서의 권리가 중요한 핵심이 되다 보니 다소 중복되는 부분이 있을 수 있음을 이해해주었으면 한다.

나 역시 비장애인이라 여전히 장애인을 온전히 이해한다고 할 수 없다. 그래서 글을 쓰며 끊임없이 반문하고 결론에 논리적 타당성을 확보하기 위해 다양한 문헌을 고찰하였다. 이 과정은 나에게 많은 노력과 시간, 인내심을 요구했으며 마침내 한 권의 책으로 그 결실을 보게 되었다.

여러 연구보고서를 작성했지만 대중적인 서적을 집필한 것은 처음이라 문장이나 글이 매끄럽지 않고 투박할 수 있다. 독자들은 너그러운 마음으로 이해해주시기 바란다.

이 책을 통해 단 한 사람이라도 장애에 대한 오해가 불식되고 인식이 개선되기를 희망한다.

차례

추천의 글	02
들어가는 글	06

**제1부
장애와
인식**

당신은 장애를 이해하고 있나요?	16
장애에 대한 당신의 고정관념은?	23
장애인에 대한 당신의 인식은?	35
장애에 대한 인식은 현실이 된다	45
장애인식은 개선될 수 있을까?	53
장애와 긍정적 인식	64
낯선 것에 대한 두려움	75
만나는 사람의 인식 범위 확장이 필요한 이유	79
한국과 미국의 장애인에 대한 인식 차이	84
장애와 문화 DNA	89

제2부 장애와 개인		
	장애인은 누군가의 가족이자 친구이며 우리의 소중한 이웃입니다	96
	장애인은 왜 '우리'가 되지 못할까?	100
	영혼 없는 친절. 친절한 거부와 친절한 차별	114
	동정과 공감 사이	124
	편견, 사랑, 배려, 극복의 숨겨진 이면	136
	장애인과 시선	148

제3부 장애와 사회		
	언론은 장애를 어떻게 다루고 있을까?	162
	언론은 주로 어떤 프레임을 사용하는가?	171
	언론은 어떻게 장애를 비하하는가?	190
	언론은 장애를 올바로 다룰 수 있을까?	198
	발달 속도와 장애인	206
	장애인과 삶의 속도	214
	사회, 속도, 방향, 그리고 장애인	222
	장애와 가난	232

제4부 장애와 철학, 사상, 역사		
	장애와 낯섦, 차이, 타자에 대한 철학적 고찰	266
	'차이'는 단순한 '다름' 그 이상이다	275
	타자와 진정한 관계 맺기	283
	장애인에 대한 전통 사상적 인식은 어떠했을까?	291
	역사적으로 장애인에 대한 인식은 어떠했을까?	305

	나가는 글	314
	감사의 글	322
	참고문헌	324

제1부
장애와 인식

당신은
장애를
이해하고 있나요?

나에게는 눈에 넣어도 아프지 않을 만큼 귀하지만 부모의 말을 한 귀로 듣고 다른 귀로 흘려버리는 신기한 능력을 지닌 아들 둘이 있다.

첫째 아들이 고3 때 아이의 심기를 건드리지 않기 위해 나와 아내는 갖은 노력을 다했다. 공부하는데 방해가 될까 봐 TV도 안보고, 세탁기도 아이가 없을 때만 돌렸다. 이런 나의 마음을 비웃기라도 하듯 아이는 학교 자율학습을 마치고 집으로 돌아오면 거실 컴퓨터 앞에 앉아 게임을 1시간 이상 즐겼다. 주말은 게임시간이 더 늘어났다.

중간고사나 모의고사를 앞두고 있더라도 아이는 마치 매일 기도나 운동을 하는 것처럼 게임은 빼먹지 않았다. "넌 지금 고2도 아니고 고3이야." "게임 좀 하지 마." "게임 할 시간에 수학 문제 하나 더 풀어." "다른 애들은 어떻게 공부하는지 아니?" "부모가 이렇게 너 때문에 신경 쓰는 거 안 보여?" 등 잔소리를 하고 싶었으나 입 밖으로 내뱉지는 못했다.

이전에 스마트폰 좀 그만 보라고 야단쳤을 때 아이가 그 즉시 집 앞 하수구에 기기를 버려서 놀란 일이 있었기 때문이다. 무엇보다도 고3이라는 예민한 시기에 부모가 잔소리를 하면 자칫 마음의 문을 닫아 버릴까 걱정되어 하고 싶은 말이 있어도 할 수 없었다.

부모는 게임 때문에 전전긍긍해도 아이는 안중에도 없는 듯 고3 내내 게임을 했다. 시간이 흘러 아이가 어찌 됐든 대학에 입학했다. 그제야 나는 왜 그렇게 매일 게임을 했냐고 물어보았다. 아이는 나를 빤히 쳐다보며 "아빠. 집에서 게임도 못하게 했으면 난 미쳤을 거에요. 학교에서는 중간고사, 모의고사, 수행평가 등 여러 가지로 매일 매일 계속 긴장해 있었어요. 그러다 보니 스트레스가 너무 심해서 어디라도 풀어야 했는데 할 수 있는 게 게임밖에 없었어요." 그 말을 들은 후 아이가 게임을 좋아해서 습관적으로 매일 게임을 한다는 내 생각이 틀렸음을 알게되었다.

20년 동안 나는 아이에 대해 누구보다 잘 알고 있고 내가 지내온 청소년기를 떠올리며 대부분 잘 이해할 수 있으리라 생각했다. 하지만 오산이었다. 아이의 생각을 공유하며 공감하지 못했다는 것을 뒤늦게 깨달았다.

나는 내 자식을 겉으로 이해한다고 생각했지만 이해하지는 못했다. 게임을 하고 있는 아이의 모습만 보았지 게임에 몰두하는 아이의 마음을 헤아리지 못했던 것이다.

'내 자식도 힘든데 감히 타인을 이해한다고 말할 수 있을까?' 특수교육분야에 25년 간 종사했지만 '나는 진정으로 장애인을 이해하고 있을까?', '나는 장애인에 대해 진심어린 공감을 하고 있었나?' 스스로를 향한 질문들이 꼬리를 물고 이어졌다.

내가 자식을 이해하지 못한 이유는 무엇일까? 질문을 바꿔서 타인을 이해하기 어려운 이유는 무엇일까?

그것은 자신이 머릿속에 가지고 있는 개념, 가치관 등으로 구성된 인식이나 사고의 틀을 통해 상대방을 이해하려고 하기 때문이다. 타인을 이해할 때는 흔히 자신의 직접 경험을 바탕으로 상대방의 모습을 받아들인다. 또는 책이나 여러 매체 등 간접 경험을 통해 알게 된 다양한 타인의 모습이나 이야기 속 동일하거나 비슷한 모습의 대상으로 인식하게 된다.

나의 가족이나 주변에 지적장애인이 있다면 그렇지 않은 사람보다 지적장애에 대한 이해가 깊을 수 있다. 머릿속에 장애인에 대한 경험이 축적되어 있기 때문이다. 장애를 이해한다는 것은 상대에 대한 공감에서 나온다. 타인의 입장을 생각하고 공유할 때 비로소 상대를 이해한다고 말할 수 있다. 결국 타인을 이해하는 것은 힘들고, 특히 장애나 장애인을 이해한다고 말하기는 더욱 어렵다.

장애이해에도 단계가 있다?

둘째 아들이 고3이 되었다. 첫째와 달리 작은 아들은 게임을 자주 하지 않았다. 그렇다고 집에서 공부도 더 하지 않았다. 첫째와 겪었던 시행착오를 하지 않으려고 둘째에게는 공부하는데 불편한 점이 있는지, 어떤 학원을 다니고 싶은지 등 나름대로 대화하려 애썼다. 하지만 아들은 나의 노력을 무색하게 만들었다.

"공부하는 데 필요한 것 없니?" "없어요." "뭐 먹을래?" "괜찮아요." "모의고사 성적이 좀 떨어졌던데……." "열심히 할게요." "공부하느라 힘들지?" "그냥 그래요."

단답형으로 끝나는 대화에서 아들의 마음을 전혀 읽을 수 없었다. 나중에 안 사실이지만 아들은 엄마에게 대학에 진학한 형에 대한 부담감, 공부에 대한 회의감, 학과선택 등 자신의 속내를 털어놓았다.

나에게 왜 마음을 열지 않았을까를 생각해보면 둘째가 내성적이기도 했지만 결정적으로 나와 정서적인 교감이 부족했던 것 같다. 첫째와 달리 중학교 1학년부터 고등학교 2학년까지 기숙사 생활을 한 둘째는 부모와 대화도, 교감도 나눌 기회가 부족했다.

아들 입장에서는 부모 중 아버지가 더 어렵기도 하고, 성적이 잘 나오지 않아 불안감도 컸을 것이다. 그런 상태에서 낯설게 다가오는 아버지에게 곁을 내주기는 쉽지 않았을 것 같다.

나는 두 자식을 이해하지 못하는 부모가 된 것 같아 씁쓸함을 감출 수 없었다. 자녀를 이해하기 위해서는 보다 면밀히 자녀의 속마음을 보아야 하듯이 장애이해도 마찬가지이다.

장애이해란 장애인을 올바르게 이해하는 것을 말한다. 여기서 '올바르게'는 장애를 연민이 아닌 '인권을 바탕으로 객관적이고 과학적으로 아는 것'을 의미한다. 즉 장애이해는 비장애인이 장애에 대한 올바른 생각과 태도를 가지고 인간의 존엄성과 다양성을 이해하는 것이다. 이러한 장애이해는 단계가 있다.

도쿠다 카즈미는 장애이해의 과정에는 ① 인식 ② 지식화 ③ 정서적 이해 ④ 태도 형성 ⑤ 수용적 형성의 5단계[1]가 있다고 했다.

1단계는 장애인이 이 세상에 존재하고 있다는 것을 인식하는 단계이다.

2단계는 지식화 단계로 장애 원인, 증상, 생활, 에티켓 등 관련 지식을 습득한다.

3단계는 정서적 이해의 단계로 장애인과의 직·간접 만남, 매체를 통해 장애인을 마음으로 느끼는 단계이다. 이 단계는 2단계와 병행이 된다.

4단계는 태도 형성 단계로 장애에 대한 올바른 인식을 바탕으로 장애인에 대한 적절한 태도가 형성되는 단계이다.

5단계는 수용적 행동 단계로 장애인의 사회 참여와 지원을 당연하게 받아들이고 행동으로 나타나는 단계이다.

내가 두 자녀를 20년 가까이 키우면서 제대로 이해하지 못하고 있듯이 비장애인도 장애에 대한 올바른 이해가 되었는지 스스로를 점검해 볼 필요가 있다.

나는 장애이해단계 중 몇 단계인지, 장애를 왜 이해해야 하는지, 장애에 대한 어떤 인식을 가지고 있고, 어떤 고정관념을 가지고 있는지 생각해 보아야 한다. 이것이 장애이해의 출발점이다.

첫째 아들은 대학에 진학하자마자 '메이플 스토리'라는 게임 동아리에 가입했다. 고 3때 스트레스를 풀 것이 게임밖에 없었다는 건 그럴 수 있었다고 이해한다. 하지만 대학생이 되어 게임동아리에 가입하는 것을 어떻게 이해해야 할까? 다양한 사람들과 공감대를 형성하기 위한 사회적 활동이라고 보아야 하나? 아니면 지금까지 하지 못했던 게임을 본격적으로 해보겠다고 작심한 것으로 보아야 하나?

둘째 아들은 대학에 입학하자마자 코로나19 감염병 유행으로 1년 내내 집에서 비대면 강의로 대학생활을 시작했다. 강의 이외는 고3 때 못했던 게임을 아주 원 없이 즐기고 있다. 옆에서 보면 게임 못해 죽은 귀신이 붙어 있는 것 같다. 새벽까지 아들 방에 불은 꺼지지 않는다. 게임은 밤에 해야 제 맛이라나…….

'이해'라는 것이 결코 쉽지 않다는 것을 아이 둘을 통해 새삼 또 느낀다.

쉬어가기

'장애이해', '장애인식개선' 이 두 용어는 혼재되어 사용되기도 하고, 경우에 따라서 달리 사용되기도 한다.

「장애인복지법」 제9조 ③항에 국가와 지방자치단체는 국민이 장애인을 올바르게 이해하도록 하는 데에 필요한 정책을 강구해야 한다고 명시하였다.

또한 제25조 ①항에는 국가와 지방자치단체는 학생, 공무원, 근로자, 그 밖의 일반국민 등을 대상으로 장애인에 대한 인식개선을 위한 교육(인식개선교육)을 실시하도록 하고 있다.

법에 따르면 국민에게 장애인을 올바르게 이해하기 위한 목적으로 장애인에 대한 인식개선을 위한 교육을 실시한다. 즉, 장애이해가 목적이 되고, 장애인식이 수단이 된다.

2021년 「특수교육 운영계획」(p57)을 보면 장애인식 개선을 위한 백일장, 장애이해 사진전·홍보영상 공모전 등을 통해 일반학교 장애이해교육 참여를 유도하도록 명시되어 있다. 장애인식 개선이 목적이 되고 장애이해교육이 수단이 된다.

어떤 것이 맞는 것일까? 그리고 어떤 경우 어떤 용어를 사용해야 하는가?

나는 장애이해나 장애인식개선 이 두 가지는 목적이 될 수 없다고 본다.

강의, 장애체험, 토론 등 다양한 인식개선교육이나 장애이해교육을 실시하는 근본적인 이유는 비장애인이 장애인에 대한 존엄성과 다양성, 정체성을 인정하고 자각하는 데 그 목적이 있기 때문이다.

'장애이해'와 '장애인식' 이 두 용어는 사전적 의미나 주장하는 사람에 따라 달리 정의될 수도 있고, 사용되기도 한다. 나는 경우에 따라 이 두 용어를 가려 사용하라고 말하고 싶지는 않다. 다만 이 두 용어가 최종 목적이나 목표로 사용되어서는 곤란할 것 같다.

장애에 대한 당신의 고정관념은?

고정관념이란?

2007년 1월 마이크로소프트사(MS)는 5년 간 60억 달러(약 6조 8,880억 원)를 투자해 만든 새로운 운영체제 윈도우 비스타Windows Vista를 시장에 공개했다. 초기 반응은 나쁘지 않았다.

윈도우 바탕화면은 유리 질감의 반투명 효과를 주는 에어로Aero 테마가 적용되어 사용자는 창문 같은 느낌을 받았다. 무엇보다도 윈도우 XP에서 문제시되던 보안 기능이 대폭 강화된 것은 큰 장점이었다. 그러나 비스타는 권장사양이 64비트로 당시 32비트 PC에는 느리게 작동했고, 초기는 유독 버그가 많았다. 무엇보다도 호환성이 떨어져 XP에서 잘 돌아가던 프로그램들이 비스타에서 작동되지 않았다. 이런 문제 때문에 사용자들은 점차 비스타를 외면하기 시작했고 다시 윈도우 XP로 다운그레이드하기도 했다. 비스타는 외면을 넘어서 조롱의 대상이 되기까지 했다.

우리나라 공공기관에서도 비스타는 호환성 문제로 잘 사용하지 않았다. 내가 근무하는 국립특수교육원에서도 기존 운영체제인 윈도우 XP를 업그레이드 중지 전까지 사골처럼 우려서 사용하다가 윈도우 7으로 교체했다.

2007년도에 비스타 이미지가 좋지 않을 때 마이크로소프트사에서는 한 가지 실험을 했다.[2]

비스타에 대해 부정적인 사람들을 선발해 비스타를 대체할 새로운 운영체제 윈도우즈 모하비Windows Mojave의 작동 영상을 보여줬다. 동영상 시청이 끝난 후 운영체제 모하비에 대해 물었다. 90% 이상의 사람들이 호의적으로 답했다.

"모하비가 마음에 든다.", "비스타보다 낫다.", "시판되면 당장 사고 싶다.", "속도가 놀랍다.", "내가 원하는 건 모두 구현된다."

사실 윈도우즈 모하비는 새로운 운영체제가 아니라 윈도우 비스타였다. 피실험자들은 나중에 이 사실을 알고 놀라는 반응을 숨기지 못했다.

이 실험은 회사가 윈도우 비스타를 마케팅에 활용하기 위한 것이었다. 그러나 실험을 통해 알 수 있는 또 다른 사실은 사람들의 고정관념이다.

새로운 운영체제인 윈도우 비스타 사용자들은 잦은 버그와 낮은 호환성, 느린 속도 등에 낮은 점수를 주었다. 그리고 낮은 점수를 근거로 혹평하는 기사가 끊임없이 재생산되면서 부정적 인식이 널리 퍼졌다. 마침내 대부분의 사람이 '윈도우 비스타=폭삭 망한 운영체제'로 확신하게 되었다. 윈도우 비스타에 대한 부정적 고정관념이 형성된 것이다.

윈도우 비스타가 소위 '폭망'한 운영체제일까?

윈도우 비스타는 별도의 설치과정 없이 인터넷 탭 기능을 사용할 수 있게 된 최초의 운영체제였으며, 적어도 기능면에서는 문제가 없었다.[3] 두 차례 서비스 팩이 나오면서 윈도우 7과 비슷한 성능의 쓰기 좋은 운영체제가 되었다. 판매량도 출시 1년 만에 전 세계적으로 1억 카피가 판매되었고, 국내 시장에서도 300만 카피 이상이 판매되었다.[4] 이러한 객관적인 사실로 볼 때 적어도 '폭망'한 것은 아니다. 그러나 사람들의 부정적 고정관념으로 윈도우 비스타는 이미지를 개선하지 못한 채 2년 만에 윈도우 7에게 자신의 자리를 물려주고 쓸쓸히 퇴장해야만 했다. 이처럼 잘못된 고정관념은 실제를 왜곡할 수 있으며, 한번 형성된 고정관념은 쉽게 바뀌지도 않는다.

부부 심리학자 케네스 클라크K.B. Clark와 마미 클라크M.P. Clark는 인형 실험Clark Doll Experiment으로 유명하다. 이 실험은 미국 사회의 인종에 대한 인식을 잘 보여준다. 실험방법은 아주 간단했다.

흑인 아동 앞에 백인인형과 흑인인형을 놓아둔다. 그리고 실험자가 질문을 하면 피실험자인 흑인 아동은 두 인형 중 한 인형을 가리키거나 질문에 간단히 대답하는 것이다.

실험자의 주요 질문은 다음과 같다.

"어떤 인형이 예쁜 인형이니?" "어떤 인형이 착한 인형이니?" "어떤 인형이 나쁜 인형이니?" "어떤 인형이 못생긴 인형이니?" "그 인형이 왜 예쁘니?" "그 인형이 왜 못생겼니?" "어떤 인형이 너와 더 닮았니?"

실험 결과는 어떠했을까? 대부분의 흑인 아동은 예쁘고, 착한 인형을 백인인형으로 가리키고, 못생기고 나쁜 인형을 흑인인형으로 지적했다. 그리고 피부가 하얗고 파란 눈이라서 예쁜 인형이고, 흑인이라서 못생겼다고 답했다.

클라크 부부는 실험을 통해 흑인 아동들은 백인에 대한 긍정적 고정관념을 가지는 반면, 흑인에 대한 부정적 고정관념을 가지고 있으며 이는 사회 문화적 요인에 의해 형성된 것이라는 결론을 내렸다.

이 실험 영상은 1954년 브라운 대 토피카 교육위원회 재판에서 백인과 흑인이 따로 공부하는 인종분리교육이 위헌이라는 판결을 이끌어내는 데 결정적인 역할을 하였다. 이 실험으로 옳고 그름, 진실과 거짓에 상관없이 고정관념은 사회·문화적으로 형성될 수 있으며, 형성된 고정관념은 개개인의 정체성에 영향을 미친다는 것을 알 수 있다.

그렇다면 장애인에 대한 비장애인의 고정관념은 어떨까?

〈표 1〉의 1순위부터 10순위까지 단어들을 읽었을 때 당신은 무엇이 연상되는가?

⟨표 1⟩ 2003년과 2019년 장애에 대한 비장애인의 인식 비교

2003년	2019년
1. 불쌍하다. 안타깝다.	1. 불쌍한
2. 몸이 불편하다. 부자유스럽다.	2. 외로운
3. 도와주고 싶다. 보호받아야 한다.	3. 불행한
4. 힘들어 보인다. 고통 받는다.	4. 슬픈
5. 극복하다. 의지가 강하다. 씩씩하다.	5. 허약한
6. 무시당한다. 불평등하다.	6. 친근한
7. 휠체어, 수화, 점자, 흰지팡이	7. 고집스러운
8. 순수하다. 착하다.	8. 둔한
9. 소외되다. 쓸쓸하다. 외롭다.	9. 씩씩한
10. 무섭다. 대하기 어렵다.	10. 행복한

2003년도 왼쪽 표의 단어나 문장은 비장애 대학생 292명에게 '장애'라는 단어를 들었을 때 떠오르는 생각을 1순위에서 10순위까지 제시한 것이다.[5]

2019년 오른쪽 표는 한 도시의 비장애 성인 620명을 대상으로 한 장애인에 대한 인식 정도 조사 결과를 1순위에서 10순위까지 나타낸 것이다.[6]

두 연구 결과, 일부 순위를 제외하고 대부분의 응답자가 '장애', '장애인'에 대해 막연히 동정과 연민, 안타까움, 슬픔, 의존적이고 고통 받는 존재 등 부정적 고정관념을 가지고 있는 것으로 나타났다.

두 연구는 조사대상과 문항이 조금씩 달라 결과를 절대 비교하는 건 무리가 있다. 하지만 16년이란 세월이 흘렀음에도 우리나라 사람

들의 장애인에 대한 인식이 크게 변하지 않았다는 사실은 알 수 있다.

고정관념은 특정 집단을 단순화하여 떠오르는 이미지를 말한다. "첫째 아이는 책임감이 강하다." "남자는 여자보다 체력이 강하다." "여자는 남자보다 섬세하다."라고 하면 이는 '첫째 아이'와 '남자', '여자'에 대한 고정관념이라 할 수 있다.

고정관념 자체는 나쁘다, 좋다, 부정적이다, 긍정적이다 라고 할 수 없다. 다만 고정관념이 문제가 되는 것은 그것이 타인에 대해서 종종 나쁜 쪽으로 생각을 왜곡시킨다는 점이다.[7] 그리고 특정 집단에 대해 단순화하는 과정에서 오류가 발생하고 일부 특징을 과잉 일반화한 결과, 편견이 발생한다.[8]

고정관념이 만들어낸 편견은 진실이나 사실이 아니라 머릿속에서 만들어 낸 막연한 허상, 즉 '착각'이다. 심리학자인 허태균은 사람들이 자신이 생각하는 것보다 훨씬 더 착각을 즐긴다고 한다.[9] 인간은 자신이 생각하는 방향과 일치하는 정보에 대해 편안함을 느끼고 더 잘 받아들이는 경향이 있다고 했다. 한마디로 고정관념은 자신이 생각하는 대로 보고 싶은 것만 본다는 거다.

당신의 장애인에 대한 고정관념은?

당신이 회사 내 인사부서에서 사무직 직원 선발 업무를 담당한다고 가정해보자. 이번 공채에 최종 6명이 올라왔으며, 이 중 3명을 선발해야 한다. 선발에 관한 최종 결정권은 오로지 당신에게만 있다.

누구를 선발할 것인가?

〈표 2〉 사무직 직원 선발 지원자 세부 사항

지원자	성별	나이	업무경력	학력
A	남	21	7	대졸
B	여	25	8	석사
C	남	30	10	박사
D	남	22	3	전문대졸
E	여	26	5	대졸
F	남	33	6	대졸

성별, 나이, 업무경력, 학력 등을 기준으로 하며 선발과 관련해 별도의 제한 조건은 없다. A, B, C, D, E, F 중 누구를 선발할지 마음속으로 담아두길 바란다.

직원을 선발할 때 아무리 객관성을 유지하려 노력하더라도 각 개인이 가지는 고정관념은 무의식 중에 작동할 수 있다.

선발 업무 담당자가 출산휴가, 육아휴직 등이 업무에 차질을 가져다 줄 것이라는 고정관념을 가지고 있다면 성별이 주요 선발 기준이 된다. 채용 즉시 업무현장에 바로 투입될 수 있는 사람이 인재라고 생각한다면 경력이 주요 선발 기준이 될 수 있다. 학력과 출신대학이 능력과 밀접한 연관성이 있다는 고정관념을 가지고 있다면 학력이 우선순위가 된다. 그러나 직원 채용에 있어 선발 담당자는 가급적 개인의 고정관념을 배제하고 객관적으로 여러 조건을 고려해 선발하려고 애를 쓸 것이다. 하지만 인간은 보고 싶은 것만 보려고 하는 욕구가 있기에 고정관념을 100% 배제하기는 어렵다.

당신이 다시 직원 선발 업무 담당자로 돌아가 보자. 인사부서에서 직원 선발 서류에 누락된 것이 있다며 다시 검토해 달라는 요청이 왔다. 〈표 3〉과 같이 정정된 인사 서류가 다시 왔다.

당신은 6명 중 누구를 선발할 것인가?

〈표 3〉 비고란이 추가된 사무직 직원 선발 지원자 세부 사항

지원자	성별	나이	업무경력	학력	비고
A	남	21	7	대졸	지체장애
B	여	25	8	석사	청각장애
C	남	30	10	박사	시각장애
D	남	22	3	전문대졸	-
E	여	26	5	대졸	-
F	남	33	6	대졸	-

직원 선발에 최대한 신중을 기해주시라. 이번에 직원을 선발하면 향후 3년간 직원 채용은 없다. 한 번 채용된 직원은 정년을 보장해 주어야 한다. 다시 한 번 A, B, C, D, E, F 중 누구를 채용할지 선택하라. 당신이 처음 〈표2〉를 보고 선발했던 사람과 '비고'가 추가된 정정된 〈표3〉의 인사 서류를 본 다음에 선택한 사람과 동일한가?

만약 동일하지 않다면 성별이나 나이, 업무경력, 학력보다 장애 유무가 직원 선발에 영향을 미쳤을 것이다. '장애로 인해 업무능력이 떨어질 가능성이 크다.' '비장애인의 업무 속도를 장애인이 따라가기는 어렵다.' '장애인 채용 시 이에 따르는 회사의 부가 비용이 발생한

다.' 등의 고정관념이 작동했을 가능성이 크다.

장애인에 대한 부정적 고정관념을 가지는 이유

당신이 장애유무가 있는 직원 선발 서류를 보고 직원채용에 장애인을 기피한다면 장애인은 신체적, 정신적 손상이 있으므로 비장애인보다 업무 능력이 상대적으로 낮을 거라 판단한 것이다.

'시각장애가 있으니 볼 수 있는 비장애인보다 업무 처리 속도가 떨어질 거야. 업무도 할 수 있는 것만 가려서 주어야 하겠지.' '청각장애가 있으면 의사소통이 힘들어 상사가 지시하기 어려울 거야.' '지체장애가 있으면 외근은 힘들지 않겠어? 그럼 그 많은 외근은 내가 대신 해야 하잖아.' 등 장애에 집중한다. 즉, 비장애인의 장애인에 대한 부정적 고정관념은 장애를 '손상impairment'으로 인식하는 데서 출발한다.

신체적·정신적 손상으로 일상생활이나 사회생활에 어려움을 겪는 사람을 장애인으로 본다는 것이다. 결국 장애의 본질과 원인은 개인이 몸에 지니는 손상에 있으며, 따라서 장애 문제 역시 이러한 손상을 잘 치료하거나, 치료하다가 안 되면 재활을 통해 소위 잔존 능력을 강화시켜 해결하고자 함을 의미한다.[10] 이는 장애인을 의료적 관점에서 치료나 재활의 대상으로 여긴다는 것이다.

의료적 관점에서 장애는 신체적·정신적으로 정상에서 벗어나 있는 '비정상'이다. 그래서 '정상'으로 만들기 위해 다양한 의학적 처치를 한다. 즉 비장애인은 자신을 '정상'으로 보고 신체적으로 손상이 있는 장애인을 '비정상'으로 판단한다.

예를 들어 보자.

- 두 명의 청각장애인이 취업 최종 면접에 올라왔다. 한 명은 인공와우를 착용하고 있어 소리를 들을 수 있으며, 다른 한 명은 소리를 들을 수 없다.
- 두 명의 시각장애인이 취업 최종 면접에 올라왔다. 한 명은 약시라 흐릿하게나마 사물을 볼 수 있고, 다른 한 명은 전맹이라 전혀 볼 수 없다.
- 두 명의 지체장애인이 취업 최종 면접에 올라왔다. 한 명은 클러치(목발)를 하고 있으며, 한 명은 전동휠체어를 타고 있다.

이러한 상황에서 채용자가 업무능력, 성격, 태도 등을 감안하지 않고 단순히 조금 더 가벼운 장애를 선호한다면 장애를 단순히 신체적, 정신적 손상으로 보고 '비정상'으로 판단하는 의료적 관점으로 접근한다고 볼 수 있다.

장애를 '비정상'으로 보는데 긍정적 고정관념을 가지겠는가? 당연히 부정적으로 볼 수밖에 없다. 비장애인은 장애인에 대한 부정적 고정관념을 끊임없이 재생산하면서 '착각' 속에서 자신이 보고 싶은 것만 보는 위험에 빠질 수 있다. 그렇다면 비장애인의 장애인에 대한 부정적 고정관념을 없앨 수는 없을까? 이 질문에 앞서 비장애인의 장애에 대한 근본적 인식이 어떠한지 알아볼 필요가 있다.

이 글을 쓰면서 생각해 보았다. 나를 전혀 알지 못하는 사람이 나의 외형만 보고 능력 없는 사람으로 취급한다면 나는 아주 기분이 나쁠 것 같다. 그런데 이와 같은 사람이 100명 중 99명이라면 내 기분은 어떨까? 절망해서 '이 나라에서 계속 살아야 하나'라고 이민을 고려할 것 같다.

비장애인은 장애인의 겉모습만 보고 판단하고 있는 것은 아닐까? 그래서 장애인은 매일 100명 중 99명의 비장애인을 대하면서 인간에 대한 절망감을 느끼고 있을지도 모른다.

쉬어가기

2013년 한 보험회사에서 보험심사 분야에 장애인 2명 채용 공고를 냈다. 총 129명의 장애인이 지원했으며, 장애유형에 따른 지원 자격에 별도 제한은 두지 않았다. 서류 심사에서 119명을 탈락시켰으며, 10명이 면접심사를 보고 이 중 2명이 최종 합격했다.

119명의 탈락자 중 퇴행성 근육병이 있는 지체 2급 장애인이 "자격요건 충족 시 전원 면접 응시"라는 채용공고와는 달리 장애를 이유로 서류심사에서 탈락시키고 면접 기회를 부여하지 않는 것은 부당하다고 국가인권위원회에 진정을 냈다.

보험회사 측은 지금까지 특별채용 하던 것을 유능한 장애인을 채용한다는 취지로 공개채용으로 전환해 더 많은 장애인에게 기회를 주었다고 했다. 그리고 채용 시 서류 심사를 통해 직무적합성을 충분히 판단하였다고 했다. 119명은 서류 심사에서 장애로 인해 잦은 보험 조사 업무 수행이 불가능할 것으로 판단해서 탈락시켰다고 항변했다.

인권위원회에서는 보험업무 특성 상 내근만 가능한 업무도 있고, 지원자의 직무 관련 지식 및 경력 등에 대한 판단 없이 장애등급이 낮다고 해서 직무적합성이 낮다고 판단할 수는 없으므로 서류면접에서 진정인에게 면접 기회를 제공하지 않은 것은 '고용차별'에 해당한다는 결정을 내렸다.[11]

심사위원 5명은 모두 내부직원으로 장애 등급이나 유형에 따라 업무 수행 능력에 차이가 있다는 고정관념을 가지고 있었기 때문에 이런 일이 발생한 것은 아닐까? 최소한 면접 규정에 부합한다면 기회는 동일하게 주는 것이 타당하다고 생각한다. 장애인만 채용하는데 있어서도 직무지식이나 경력보다 장애정도를 최우선적으로 고려해 면접 기회조차 박탈했다는 것은 너무 가혹해 보인다.

장애인에 대한
당신의
인식은?

　비장애인이 장애를 이해하려면 스스로 장애에 대해 어떤 인식을 가지고 있는지 점검해보아야 한다. '내가 나를 모르는데 난들 너를 알겠느냐'라는 노래 가사처럼 내가 나를 스스로 돌이켜 보아야만 타인을 객관적이고 정확히 볼 수 있다.

　인식이란 자극을 받아들이고, 저장하고, 인출하는 일련의 정신 과정을 의미한다.[12] 그래서 인식은 어떤 사물이나 사람에 대한 태도를 결정할 때 영향을 미친다.[13] 예를 들어 어릴 때 개에 물린 경험이 있는 사람은 개를 무서운 존재로 인식한다. 그리고 개만 보면 가까이 하지 않으려는 태도를 보인다. 이처럼 인식은 어느 날 갑자기 생기는 것이 아니라 오랜 시간 사회 속에서 듣고, 읽고, 행동한 요소들의 복합반응으로 생성된 것이어서 쉽게 바뀌지 않는다.[14]

　장애인에 대한 인식 또한 한번 형성되면 쉽게 바뀌지 않는다. 그렇다면 비장애인의 장애인에 대한 인식은 어떠한가?

'장애로 인해 학습능력이 떨어진다.' '장애인은 직장에서 생산능력이 낮다.' '장애인은 친구가 적다.' '장애인은 가난하다' '장애인은 도움이 필요하다' '자폐성장애는 감정이 없다' 등 사실이 아님에도 믿고 있지는 않는가? 장애에 대해 인식이 부정적이지는 않은가?

비장애인의 장애인에 대한 대표적인 잘못된 인식을 살펴보자.

장애아는 태어나서는 안 된다?

20년 전 아내가 첫째 아이를 임신했을 때의 일이다. 산부인과에서 만삭의 배를 안고 초음파 검사를 했다. 별 이상이 없다는 의사의 진단을 듣고 병원 문을 나설 때였다.

곧 아기를 낳을 때가 되어서인지, 점점 더 불러오는 자신의 배가 낯설고 두려운지, 아내는 나에게 이렇게 물었다. "혹시 장애아를 낳으면 어쩌지?" 아내의 눈은 미세하게 떨렸다. 나는 이렇게 말했다. "뭐. 당신이나 나나 둘 다 특수교사니까. 다른 사람보다는 더 잘 키우지 않을까?" "우리 둘은 장애에 대해 누구보다 잘 알잖아. 태어날 애가 장애라면 다른 사람에게 가는 것보다 특수교사인 우리에게 오는 게 더 행복하지 않을까?" 이 말은 들은 아내는 잠시 무언가 생각하는 것 같더니 이내 미소를 지었던 기억이 있다.

당시 나는 특수교사라서 장애아동의 양육이 얼마나 힘든 일인지 간접적으로나마 알고 있었다. 그래서 솔직히 누구보다 내 아이가 장애아가 아니기를 바라고 있었다. 하지만 장애아가 태어나더라도 운명으로 받아들여야 한다고 다짐했다. 아이가 태어나는 건 내가 선택할 수 없는 일이고, 누구에게나 일어날 수 있는 일이기 때문이다. 그래서 항상 출산에 대해 긍정적으로 생각했다.

아내는 병원의 안내에 따라 임신 초기에 기형아 검사를 받았다. 아마도 풍진이나 염색체 검사였던 것 같다. 임신한 사람은 전부 기형아 검사를 받는다. 이 검사 자체를 거부하는 사람은 거의 없다. 나 역시 거부할 마음이 없었다. 아니 거부할 생각조차 하지 않았다. 기형아 검사 결과는 '이상 없음'이었다. 만약 태아에게 이상이 있다고 했다면 어떻게 되었을까? 아내에게 임신중절을 권했을까? 아니면 출산을 선택하게 했을까?

〈표 4〉 산모 정기 진찰 검사 항목과 시기

시기(주수)	실시 항목
최초 방문시	초음파, 빈혈 검사, 혈액형 검사, 풍진 항체 검사, B형 간염 검사, 에이즈 검사, 소변 검사, 자궁 경부 세포진 검사
9-13	초음파(목덜미투명대), 융모막 융모 생검, 이중 표지물질 검사
15-20	사중 표지 물질 검사, 양수 검사
20-24	임신 중기 초음파, 태아 심장 초음파
24-28	임신성 당뇨 선별 검사, 빈혈 검사
28	Rh 음성인 경우 면역 글로불린 주사
32-36	초음파 검사(태아 체중, 태반 위치, 양수량)

출처 : 대한산부인과 학회 홈페이지

※ 9주에서 13주 사이에 실시하는 이중 표지물질검사는 다운 증후군을 선별하기 위한 검사이며 15주~20주에 실시하는 사중 표지 물질검사는 다운증후군, 에드워드 증후군, 신경관 결손증을 선별하기 위한 검사인 삼중 표지 물질검사에 한 가지 표지물질을 더 추가한 검사로 진단율이 높아 삼중 표지 물질검사보다 더 많이 시행되고 있는 검사다.

기형아 검사에서 이상이 나오면 모자보건법상[1] 인공임신중절수술이 가능하다. 이는 장애아의 출산을 제한하는 법이다. 우생학에 근거해 법으로 장애인이나 범죄자, 허약자, 병자 등의 생식을 제한하는 것과 다름이 없다. 장애인은 태어나면 안된다는 무언의 사회적 합의가 존재하는 것이다.[15]

대부분의 비장애인 산모는 기형아 검사 결과, 이상이 있다고 판명되면 임신중절을 선택한다. 이로인해 비장애인이 무의식 중에 자연스럽게 장애인을 '임신중절이 가능한 불완전한 존재'로 인식하게 된다. 장애인은 결함이 있는 사람으로서 태어나면 가정과 본인에게 큰 고통과 불행을 가져다 줄 것이라는 막연하고도 잘못된 믿음을 갖는다.

임산부와 그 배우자가 자녀 출산을 준비하는 순간부터 장애에 대한 부정적인 인식을 갖게 만드는 것이 오늘날의 현실이다.

최소한 임산부들에게 장애아는 태어나서는 안 된다는 인식보다 장애에 대한 올바른 이해와 정보를 제공하는 것이 더 우선시 되어야 하는 것은 아닐까? 장애인의 존엄성과 생명의 가치를 알려주고 어떠한 삶도 불행한 삶은 아니라는 믿음을 주는 게 더 필요하지는 않을까?

지체장애인 변호사 김원영이 쓴 「실격당한 자들을 위한 변론」에서 2001년 미국에서 한 청각장애인 레즈비언 커플이 농인 남성의 정자를 기증받아 농아를 낳은 사례를 소개한 바 있다. 논란의 여지는 있

---

1. 모자보건법 제14조(인공임신중절수술의 허용한계) 1. 본인이나 배우자가 대통령령으로 정하는 우생학적(優生學的) 또는 유전학적 정신장애나 신체질환이 있는 경우

을 수 있지만 비장애인이 꼭 장애인보다 사회 생활을 더 잘할 것이라는 막연한 기대도 반드시 옳은 것만은 아닌 것 같다.

장애인은 비장애인과 다르다?

2019년 충청남도에서 비장애인 도민 303명을 대상으로「장애인 인권에 관한 비장애인 인식조사」를 실시한 바 있다.[16] 그 결과 장애인은 '도움을 받아야 할 사람이라고 생각한다.'는 응답이 62.4%로 가장 높았고, '비장애인과 별반 다르지 않다.'라는 응답이 36.3%로 나타났다. 설문 응답 내용으로만 본다면 비장애인의 60% 가량이 장애인은 비장애인과 다르며 도움이 필요한 사람으로 인지하고 있다는 것이 된다.

비장애인은 왜 장애인을 자신과 다른 사람으로 인식하고 있을까?

비장애인 입장에서는 장애인은 신체적 또는 정신적 장애를 가지고 있으니 당연히 다르다라고 말한다. 시각장애인은 볼 수 없지만 비장애인은 볼 수 있으므로 다르다고 본다. 이는 앞의 글에서 제시한 바와 같이 비장애인이 장애를 신체적, 정신적 손상의 관점에는 보는 것을 의미한다. 나아가 장애를 가지고 있기에 당연히 비장애인의 도움이 필요하다는 의미이기도 하다. 이 때 비장애인과 장애인이 '다르다'는 개념은 성별, 나이, 인종이나 키, 외모가 '다르다'라는 개념과는 구별된다.

성별이나 나이 등의 다름은 '차이'로서 의미가 강한 반면 비장애인과 장애인의 다름은 비장애인의 '건강함'이 기준이 된다. 비장애인의 건강함이 중심이 되는 사회에서 신체적·정신적 장애를 가진 사람들은 열등해질 수밖에 없으며 장애의 집단적 열등성은 신체적 손상에서 비롯된다고 여긴다.[17]

정리해보면 비장애인이 '장애인은 나와 다르다'라고 인식하는 것은 장애인은 신체적, 정신적으로 건강하지 못한 사람이기에 건강에 이상이 없는 나와 다른 사람이라고 생각하는 것이다.

비장애인이 장애인을 '나와는 다른 사람'으로 인식한다면 어떤 일이 일어날까?

대기업에 근무하는 지체장애 2급 40대 남성이 생명보험에 가입하려 했다. 보험회사 측은 지체장애인은 비장애인보다 사망확률이 18배나 높다는 통계 등을 근거로 보험청약을 거부했다. 지체장애 남성은 '장애를 이유로 한 보험 가입 거부가 장애인 차별'이라며 보험회사를 상대로 소송을 진행했고 2019년 6월 최종 승소했다.[18]

2018년부터 장애인이 보험 가입 시 장애 여부를 보험사에 알릴 의무가 사라졌지만 이 사건의 근본 원인은 비장애인과 장애인은 '다르다'라는 인식에서 출발한다. '지체장애가 있으면 병에 취약할 수밖에 없을 거야.' '장애등급이 2급이면 장애정도가 심한 편이잖아. 건강하지 않다는 거지.' '보험설계가 비장애인 기준인데 장애인에게도 적용되면 회사가 불리하지.' 등 장애인이 생명보험에 가입할 수 없는 수 만 가지의 이유를 비장애인의 기준에서 적용한다.

장애인을 건강하지 않은 사람으로 간주하여 보험 심사를 하게 되면 당연히 청약을 거부당할 수밖에 없다. 비장애인의 장애인과 다르다는 인식은 장애인에 대한 차별로 이어질 수 있다.

이 사건이 장애인의 승소로 끝이나 해피엔딩인 것 같지만 가족을 위해 생명보험에 가입하려다가 법원 가서 장애인의 사망률이 높지 않다는 증거를 대고, 자신의 건강함을 증명하기 위해 수많은 시간과 노력을 기울여야 했던 장애인 당사자를 생각하면 마음이 씁쓸하다.

장애인은 비장애인보다 능력이 떨어진다?

장애인은 비장애인에 비해 상대적으로 능력이 낮다는 것은 어떤 의미에서는 맞는 말이다.

시각장애인은 시각적 정보를 받아들이는 데 어려움이 있기에 같은 업무를 처리하는데 있어서 시각장애가 없는 사람보다 어려움이 있다. 청각장애인도 마찬가지다. 자막이나 수어통역사가 없으면 동영상강의를 수강하기 어렵다. 시각적 정보가 제대로 제공되지 않으면 사회 적응도 힘들다. 지체장애인이 대중교통을 이용해 목적지에 도달하기 위해서는 지체장애가 없는 사람에 비해 2배 이상의 시간이 소요되는 등 어려움을 보인다. 자폐성장애의 경우 타인의 감정을 쉽게 알아채지 못해 타인과 어울리기 어렵다. 학습장애 중 난독증이 있는 경우에 교과 내용의 난이도가 높아갈수록 글 읽기가 어려워진다. 지적장애는 지능을 포함한 지적기능과 적응행동에 어려움이 있다.

이처럼 장애로 인해 학습, 일상생활, 대인관계 등에 어려움이 있으니 비장애인의 입장에서는 장애인의 능력이 떨어진다고 인식할 수 있다.

그런데 정말 비장애인이 장애인보다 능력이 떨어질까?

〈사례 1〉
열 살 아이는 학교에서 늘 혼자였으며, 친구들과 대화는 항상 어려웠다. 일부러 그러는 건 아닌데 일단 말을 시작하면 하고 싶은 말을 다 할 때까지 멈추지 않았다. 말을 가로막으면 화를 냈다. 혼잣말을 중얼거리거나 흥분하면 두 손을 퍼덕거리기도 했다. 친구를 사귀기가 어려워 상상 속의 친구를 만들어 내기도 했다. 많은 시간을 방에서 혼자 보냈으며, 동네아이들과 어울려 놀지 않았다. 아이가 좋아하는 놀이 중 하나는 책 정리였다. 수백 권의 책을 책제목, 저자, 출판연도 등으로 분류하는 것을 즐겼다. 아이에게 양치질은 이 닦는 소리가 싫어 고통스러웠다. 그리고 아무리 노력해도 신발 끈을 스스로 매기 어려웠다. 집중하지 않으면 오른쪽과 왼쪽을 구별하기 어려워 했다. 손과 발의 취약한 협응 능력으로 자전거 타기나 수영을 배우는 데 오랜 시간이 걸렸다.[19]

〈사례 2〉
한 청년은 세상의 모든 사물을 '숫자'로 이해하며 암산으로 몇 초 만에 엄청난 수학계산을 해낸다. 그리고 즉각적으로 그 숫자가 소수인지 알아낼 수 있는 컴퓨터 이상의 수학적 능력을 보인다. 5시간에 걸쳐 22,514개의 원주율 소수점 이하 숫자를 암송해 유럽기록을 세우기도 했다. 그는 프랑스어, 독일어, 스페인어, 영어 등 총 10개 국어를 구사하며 처음 접하는 외국어를 단 일주일이면 익힐 수 있다.[20]

이 두 사례는 다니엘 타멧이라는 동일 인물의 것이다. 사례 1은 타멧의 어린 시절 이야기이며, 사례 2는 청년 시절 이야기이다. 타멧은 자폐성장애의 일종인 아스퍼거증후군[2]을 가지고 있으면서 동시에 서번트증후군[3]도 가지고 있다. 일상생활에서는 대인관계에 어려움을 겪지만 수학과 어학 분야에서는 타의추종을 불허한다. 장애로 인해 어떤 면은 능력이 낮지만 또 다른 면에서는 우수한 능력을 나타낼 수 있다. 비장애인이 장애인보다 어떤 면에서는 능력이 높을 수 있지만 또 다른 면에서는 그렇지 않을 수도 있다. 비장애인은 시각장애인보다 더 잘 볼 수는 있지만 점자책을 읽을 수는 없다. 수어도 볼 수는 있지만 그 뜻을 알지 못한다. 이런 관점에서 보면 누가 어떤 능력이 높고 낮은지 판단하는 것이 꼭 필요한가 하는 생각도 든다.

살펴본 바와 같이 비장애인은 사회적, 문화적 환경에 의해 의식하지 못하는 사이에 장애인을 부정적으로 인식하게 된다. 장애인에 대한 부정적 인식은 개개인의 삶 속에 자연스럽게 스며든다. 이 부정적 인식은 장애인의 사회참여에 균등한 기회를 제공하지 못하게 만들고, 장애인이 직면하고 있는 어려움의 원인이 될 수 있다.[21] 이제 비장애인이 주체적으로 장애인에 대한 부정적 인식을 올바른 인식으로 바꾸어야 할 때다.

---

2. 언어 및 인지발달은 정상적이지만 운동기능의 발달에 지체가 나타나고, 정서적·사회적 발달에 결함을 보이는 자폐성장애 하위유형의 하나 https://terms.naver.com/entry.nhn?docId=5676799&cid=62841&categoryId=62841
3. 자폐증이나 지적장애를 가진 사람이 암산, 기억, 음악, 퍼즐 맞추기 등 특정 분야에서 매우 우수한 능력을 발휘하는 것 https://terms.naver.com/entry.nhn?docId=3397270&cid=58345&categoryId=58345

쉬어가기

태아에게 나타날 수 있는 잠재적 장애를 출산 전에 감별하고, 후손에게 생길 수 있는 잠재적인 장애에 대한 유전학적 '진단'을 제공하는 의학적 기술과 관련해 실질적으로 이런 질문이 제기된다. (중략)
장애인의 삶에 대한 전반적인 무지, 장애에 대한 공포, 장애가 사회적으로 구성된 것이 아니라 생물학적으로 결정된 현상이라고 보는 전제가 장애를 예방하려는 욕망에 기여한다는 점을 지적하고 싶다. 장애를 예방하려는 욕망은 사회의 신체적이고 정신적인 '규준'에서 벗어나는 차이를 예방하고자 하는 것이다. 장애를 차이로 가치 있게 여기는 사람들은 장애인이 태어나는 것을 막음으로써 장애를 예방하려는 시도들을 남아선호사상에 따라 남자아이의 출생을 보장하려는 것이나, 유전적 기술을 이용해 피부색의 차이를 없애려는 것과 같다고 본다.

수잔 웬델(2013) 「거부당한 몸」 p161

결혼을 하고 아이를 임신하면 누구나 건강한 아이를 원한다. 이 때 누구나 원하는 아이는 사회가 '정상'으로 암묵적으로 규정하고 있는 신체적, 정신적 이상이 없는 아이이다. 태아 검사에서 이상이 감지되면 그 아이는 누구나 원하는 아이가 되지 못한다는 구실로 낙태된다. 한 생명이 세상에 태어날 기회조차 가질 수 없이 사라져 버린다. 잠재적인 장애로 인해 태아의 입장에서는 인간의 존엄을 말살 당하게 된다. 장애인도 같은 사회구성원으로서, 한 인격체로서 주체성과 존엄성을 가진다는 기본적인 전제를 흔드는 행위이기도 하다.
나는 장애인 자녀를 둔 부모가 양육에 힘들어하는 모습을 많이 보아 왔기에 임신 초기 기형아 검사가 필요 없다고 말할 자신은 없다. 그러나 장애아를 둔 부모가 힘든 것은 자녀의 장애보다 비장애인 위주의 사회 구조 속에서 겪어야 하는 불합리와 불평등, 소외, 편견의 시선이다. 장애아를 키울 수 있는 환경이 너무도 열악한 것이다. 이 문제의 초점은 기형아 검사나 임신중절의 찬반 유무가 아니다. 모든 사람의 존엄성을 보장해야 한다는 사회적 인식과 공감대 형성과 함께 어떤 사람이라도, 누구라도 적절한 사회적 지원을 제공받는 환경을 어떻게 만들 것이냐 이다.

장애에 대한
인식은
현실이 된다

자기충족적 예언

 2019년 12월경부터 코로나 바이러스가 전 세계에 창궐하였다. 이 바이러스는 발열, 기침, 호흡곤란 및 폐렴, 급성호흡곤란증상까지 다양하게 나타나며 심하면 죽음에 이르기까지 했다. 특히 사람 간에 비말, 접촉 등을 통해 자신도 모르게 감염된 터라 사람들의 공포는 극에 달했다. 당시에 우리나라는 예외였지만 코로나로 인해 전 세계에서 생필품 사재기가 일어났다. 특히 휴지는 품귀현상까지 발생했다. 마스크와 원료가 같아서 생산이 줄어들 것이라는 소문과 중국에서 휴지 재료를 수입하는데 앞으로 어려울 것이라는 가짜 뉴스 등으로 사재기가 일어난 것이다. 사람들의 사재기로 인해 실제로 웃돈을 내고 사야 하는 현상과 가판대에 휴지를 볼 수 없는 현상이 발생하게 되었다. 이처럼 미래에 대한 기대와 예측에 부합하기 위해 행동하여 실제로 기대한 바를 현실화하는 현상을 '자기충족적 예언Self-Fulfilling Prophecy'이라 한다.[22] 자기 충족적 예언은 '저 학생은 똑똑하니까 열심히 공부하면 좋은 결과를 얻을 것이다'라는 긍정적 기대 심리 효과를 가져 오기도 하지만 코로나로 인한 휴지 사재기와 같은 부정적 결과를 낳기도 한다. 사람이 잘못된 상황 판단을 하면 그 다음 행동으로 잘못된 생각을 실현하려고 노력한다. 이를 '부정적 자기충족적 예언'이라 한다.

한 사람만 휴지가 없을 것으로 생각하지 않고 모든 사람이 휴지가 없을 것이라 생각하는 순간 휴지 사재기라는 사회적 혼란이 발생하고, 품귀현상으로 이어진다. 사람들의 인식이 모여 현실을 바꾸는 순간이다.

비장애인의 장애인에 대한 인식도 곧 현실이 된다. 감염병 확산으로 인한 휴지 품귀현상처럼 장애인에 대한 개개인의 잘못된 고정관념이나 부정적 인식이 모여 장애인의 부정적 사회분위기 즉 여론을 형성한다. 이는 다시 장애인에 대한 오해와 왜곡을 진실로 재가공해서 생산되어 비장애인 개개인의 부정적 인식으로 고착화된다.

비장애인의 장애인에 대한 부정적 자기충족적 예언은 비장애인이 장애인에게 기대하는 행동들이 일치할 때 더 강화된다. 예를 들어 휠체어를 탄 지체장애인은 스스로 청결을 유지하기 힘들 것이라는 오해를 한다면 실제 휠체어를 탄 지체장애인을 만났을 때, 체취만으로도 심한 냄새가 난다고 느낀다. 그러고는 모든 휠체어를 탄 지체장애인에게 청결하지 못하다는 부정적 감정을 가질 수 있다.

장애여성에 대한 편견도 마찬가지다. 장애인이 임신하면 장애아를 낳을 수도 있다는 편견은 임신한 장애여성에게 축하와 격려가 아닌 걱정과 염려의 눈빛을 보내게 된다. 그리고 임신한 장애여성에게 "태어날 아이가 장애아가 아닐 수도 있잖아?"라는 격려(?)의 말을 스스럼없이 한다. 만약 장애여성이 비장애아를 출산하면 "거 봐. 내 말이 맞잖아. 축하해"라고 말하고, 장애아를 낳게 되면 "내 예상이 맞았어······."라며 뒤돌아 혼잣말을 하면서 편견을 진실로 만들어 버린다.

대형마트 장애인 주차구역을 보면서 역차별이라 생각하는 사람은 마트 주차장이 붐빌 때는 "장애인 주차구역은 이해하지만 이렇게 복잡할 때는 일반 차량도 이용할 수 있게 만드는 게 더 합리적이지 않나?"라고 투덜댄다. 주차공간이 여유가 있을 때도 "장애인은 좋겠다. 마트 출입구랑 가까워서. 특별대우 해주는 것 같아."라고 비아냥거린다. 이처럼 장애인 주차구역을 보면서 한 번도 만나본 적이 없는 장애인에게 불만을 가진다.

우리 사회는 장애를 바라볼 때 동정, 봉사, 극복의 고정적인 이미지를 가지고 있다.[23] 주로 대중매체에서 장애인에 관한 이야기를 다룰 때, 장애 때문에 겪는 고통과 어려움을 통해 '장애=고통'의 등식을 성립시켜 동정심을 유발한다. 그리고 장애로 인해 힘들게 살아가는 데 도움을 주는 사람들의 이야기를 통해 '장애=힘든 삶'이어서 '봉사'라는 남의 도움이 필요한 존재로 보여준다. 끝으로 개인의 노력만으로 성공한 장애인을 통해 '장애=극복 가능한 것'이라는 논리로 장애를 이겨내야 함을 강요한다. 이러한 주류적 시각이 형성되면 비장애인은 장애인에 대한 자기충족적 예언으로 동정, 봉사, 극복의 대상으로 간주하고 장애인이 이에 부합하는 행동을 할 것을 기대한다. 그 기대가 일치하면 더욱 더 장애인에 대한 편견과 부정적 인식이 강화되고, 일치하지 않으면 인지부조화cognitive dissonance[4]가 발생해 일치하지 않는 이유를 찾아 변명하려 한다.

비장애인이 '장애인은 비참하게 산다.'라는 인식을 가졌을 때, TV에서 힘들게 살아가는 장애인을 보면서 자신이 생각하는 장애인의 이미지가 부합함을 느낀다. 이는 시혜적 입장에서 동정심을 발동시킨다. 반면에 양말사업가로 매년 400만 달러 이상의 수익을 내는 지적장애 다운증후군 존 크로닌의 이야기[24]를 알게 되면 인지부조화가 일어난다. 이 때 비장애인은 '지적장애가 있으니 누군가 도와주었을 거야. 혹시 바지사장(실제 사장은 따로 있고, 사장 직함만 있는 사람) 인지도 몰라.'라고 사실을 왜곡해 장애인을 비난한다.

자기충족적 예언이나 인지부조화로 비장애인 개개인의 장애인에 대한 부정적 인식은 사회적 분위기로 형성되어 굳어져 왔다. 이는 지금까지 장애인의 사회적 통합에 큰 걸림돌이 되고 있다. 비장애인의 장애인에 대한 잘못된 인식이 바뀌지 않으면 장애인이 이동권을 주장하며 쇠사슬로 몸을 묶고 도로를 점검하고 국회 앞에서 장애인 차

---

4. 인지부조화란 개인의 신념, 태도, 행동 간의 불일치 혹은 부조화 상태가 발생하면 불편감이 생기게 되고, 이를 해소하기 위해 기존의 태도나 행동을 바꾸게 된다는 이론이다. (출처 : 네이버 지식백과. 상식으로 보는 세상의 법칙 : 심리편)

별을 외치며 단식 농성을 해도 사회는 바뀌지 않는다. 비장애인의 인식이 긍정적으로 형성되지 않는 한 장애인의 권리가 보장되는 사회는 요원할 수 밖에 없다.

현실은 장애인에 대한 이미지를 만든다

사람들은 장애인에 대한 이미지를 가지고 있다. 이것은 고정관념으로 편견, 왜곡, 착각으로 만들어진 경우가 많다. 반대로 비장애인에 대한 이미지도 있다. 이 역시 진실이 아닐 수 있다.

두꺼운 안경을 쓴 사람에게 '책을 많이 보고, 고지식하다'라는 고정관념을 가질 수 있다. 이처럼 장애인이건 비장애인이건 상관없이 그 대상이 가지는 이미지는 진실이 아닌 고정관념일 확률이 크다. 그럼에도 불구하고 사람들은 비장애인과 장애인을 상대적으로 비교하면서 장애인보다 비장애인에게 긍정적으로 반응한다. 그 이유는 장애인이 비장애인보다 능력 면에서 떨어질 수 있다고 인식하기 때문이다.

실제로도 장애인은 비장애인에 비해 임금이 상대적으로 높은 대졸 이상의 고학력 비중과 정규직 비중이 낮다. 그리고 관리·전문직이나 사무직과 같은 고임금 직종보다는 단순노무직이나 숙련·기능직 등의 저임금 직종을 선택하는 비중이 높아 임금격차가 크게 발생하고 있다.[25] 정말로 장애인이 비장애인보다 능력이 낮을까? 이 질문은 '여성이 남성보다 능력이 낮을까?' 라는 질문과 유사해 보인다.

한국노총 중앙연구원에 따르면 2018년 통계청 경제활동인구조사를 기준으로 한 남녀 성별임금격차는 37.1%로 OECD 국가 중 가장 심각한 수준인 것으로 나타났다.[26] 동일노동에 종사하는 여성이 남성보다 상대적으로 낮은 임금을 받거나 승진 기회가 적다. 왜 그럴까? 여성의 능력이 아니라 남성중심의 채용문화 혹은 남성보다 높은 진입장벽에 직면하고 있기 때문이다.[27]

"임신, 육아 등의 변수가 아무래도 남성보다 여성이 많다." "결혼하면 회사 일에 이전처럼 적극적이지 않다." "여자는 독해야 승진한다." "남자 직원이 많아서 회사 생활 적응이 어렵다." "여자치고는 잘하는 편이다." "여자는 야근을 강요하기 힘들다" 등 잘못된 고정관념을 재생산한다. 주요 구성원이 남성위주의 사회구조를 깨지 않기 위해 여성에 대한 부정적 인식을 계속해서 강화한다.

장애인의 경우도 마찬가지다. 비장애인에 비해 장애인이 낮은 임금과 처우를 받는 이유 중 하나는 장애인의 일자리 선택job choice에 대한 진입장벽이 높게 존재한다는 것이다.[28] 남성 위주의 사회, 비장애인 위주의 사회가 형성되어 있는 현실은 남성과 비장애인에게 유리한 기울어진 운동장이다.

"장애인은 힘든 일은 못 시킨다." "장애인보다 비장애인이 일을 더 하니까 임금차이가 날 수 밖에 없다" "장애로 인해 할 수 있는 일이 제한되어 있어서 원하는 부서에 배치하기 힘들다." "능력 위주로 승진 기회를 주다 보면 장애인은 조금 늦어질 수 있다" "장애인치고는 일을 잘하는 편이다." 등 비장애인 위주의 조직 내에서 장애인에 대한 잘못된 인식을 확대하고 재생산하여 고정관념을 강화시킨다.

현실은 장애인에 대한 편견을 바탕으로 비장애인에 비해 상대적으로 업무 성취의 기회를 덜 부여하고 동일 노동과 성과에 대해 낮게 평가한다. 이는 장애인의 성장과 발전을 더디게 만든다.

이와는 반대로 비장애인은 장애인에 비해 긍정적 고정관념을 얻는다. 그리고 현실은 계속해서 긍정적인 기대를 하게 되고 마침내 높은 성과를 얻는다. 높은 성과는 높은 임금과 승진을 약속한다. 긍정적 자기충족적 예언의 실현이다. 현실 속의 조직 구성원들이 비장애인에게 유리한 상황을 연출하기 위해 장애인에 대한 잘못된 이미지를 만든다. 이는 장애인에 대한 부정적 인식을 강화시킨다. 악순환이 반복되는 것이다.

「장애인고용촉진 및 직업재활법」이 제정되어 시행된 지 30년이 지났다. 긴 세월이 흘렀음에도 고용과 직장에서의 장애인 차별은 크게 개선되지 못하고 있다. 지금 해야 할 일은 장애인에 대해 잘못된 고정관념을 주의 깊게 탐색하고 문제점을 파악한 후 비장애인, 장애인 모두가 적극적으로 대응하는 것이다. 적극적 대응이란, 비장애인이 장애에 대한 부정적 인식을 개선하는 것과 장애인은 스스로 만든 부정적 고정관념에서 벗어나 자기 정체성을 찾아나가는 것이다.

그럼 대체 장애인 차별의 근본적 원인이 되는 비장애인의 장애에 대한 인식은 어떻게 해야 개선될 수 있을까?

쉬어가기

장애인 당사자가 지하철에서 엘리베이터를 타자 옆자리에 여성분이 코끝에서 손사래를 치면서 "냄새가 왜 이렇게 심해. 다들 냄새 안 나세요?"하면서 주변 사람들에게 이야기하면서 장애인분을 바라봤다. 그리고 이후에도 계속 장애인 당사자를 따라 다니며 이런 혐오발언을 계속하다가 자신이 앞을 제대로 확인하지 못하면서 결국 당사자의 굽혀지지 않는 왼쪽 다리에 걸려서 넘어졌다. 그런데 그 여성이 자신을 일부러 발로 찼다고 신고하였고, 그 과정에서 괴롭힘을 당했던 장애인 당사자가 오히려 폭행 가해자로 기소 유예를 받았다.

김성연, '다름을 혐오하는 사람들' 원고에서 사례 발췌

본 사례는 장애인에 대한 잘못된 인식이 차별을 넘어 혐오로까지 이어질 수 있음을 잘 보여준다. 비장애인은 스스로도 인식하지 못하는 사이에 장애인에게 폭력을 행사할 수 있음을 알아야 한다.

출처 : 국가인권위원회 부산인권사무소(2019). 장애인차별금지법 시행 11주년 장애인 차별과 혐오 해소를 위한 토론회 자료집. p17.

장애인식은
개선될 수
있을까?

인식은 쉽게 바뀌지 않는다

2007년 1월 어느 추운 아침, 미국 워싱턴 지하철역 앞에서 야구 모자를 눌러쓴 평범한 한 남자가 바이올린을 연주하기 시작했다. 그는 열정적으로 45분 동안 클래식을 연주했다.

거리에 있는 대부분의 사람들은 그의 연주에 귀 기울이지 않았다. 그저 출근 시간을 지키기 위해 서둘러 역으로 오고 갈 뿐이었다. 연주가 끝났을 때 박수 치는 관객은 없었으며, 바이올린 케이스에는 32달러 14센트만 덩그러니 놓여 있었다.

바이올린을 연주한 사람은 세계 최고의 바이올리니스트 조슈아 벨이었다. 그가 연주한 바이올린 가격만도 350만 달러였다.[29] 벨은 음악가로 명성이 높으며, 공연 입장표는 매회 매진될 정도로 대중의 사랑을 받고 있었다. 그런 그가 옷과 장소만 바뀌었을 뿐인데 대중들에게 철저히 소외되었다.

　이 실험은 워싱턴 포스트의 한 기자가 대중의 음악 평가를 위해 기획한 것이었다. 실험을 기획한 기자는 조슈아 벨의 지하철 공연을 통해 현대인의 음악에 대한 무지를 지적하기도 했다. 기자의 글처럼 사람들의 무지를 탓할 수 있지만 실험은 정해진 환경 속에서 사람들의 인식이 바뀌기 어렵다는 사실을 알게 해주었다는 데 의미가 있다. 특히 고정관념이 강한 사람은 자신이 보고 싶은 것만 본다.[30]

　모든 사람은 제각각 생각의 틀을 가지고 있어서 경험한 것을 바탕으로 상황을 판단한다. 그리고 자신이 내린 판단과 결정은 큰 계기가 없는 한 바꾸지 않는다.

　누가 세계 최고의 바이올리니스트가 추운 겨울 아침 지하철역 앞에서 연주를 한다고 생각할 수 있었을까? 대부분 사람의 생각 속에서는 '거리의 음악가'라는 인식이 이미 존재하기에 '연주가 훌륭하다', '감동적이다'라는 순수한 느낌이나 감정보다 이성이 선행하게 된다.

　2019년 7월 걸 그룹의 한 멤버가 '노브라 공항패션'을 선보여 이슈가 된 적이 있다. "공인으로서 공공장소에서 노브라는 민폐" "민망하다"라는 비난과 "브래지어 착용은 본인의 선택"이라는 옹호의 의견이 연일 인터넷을 달구었다. 찬성과 반대를 떠나서 한 개인의 속옷 미착용이 왜 사회적 이슈가 되었을까? 사람들의 인식 속에 공인이라면 복장에 대해 세심한 주의를 기울여야 하기에 브래지어 착용은 당연하다는 고정관념이 있기 때문이다. 이처럼 사람들은 자신이 가진 가치관이나 사상, 생각, 개념 등으로 인식이 쉽게 바뀌지 않고 바뀌기도 어렵다.

앞서 밝힌 바와 같이 비장애인은 임신 중 기형아 검사나 신체의 건강함 등 사회적으로 형성된 장애에 대한 부정적 고정관념을 무의식중에 자연스럽게 가지게 된다. 이는 쉽게 바뀌기 힘들다. 특히 비장애인의 장애인에 대한 부정적 자기충족적 예언이나 인지부조화 등으로 한번 고정된 인식을 스스로 전환하기란 쉽지 않다.

2017년 장애인 실태조사 결과에 따르면 장애인이 느끼는 우리 사회의 차별에 대한 인식은 79.9%로 매우 높게 나타났다.[31] 2011년(80.7%)의 결과와 비교해도 별 차이가 없다. 수년간 80%의 장애인들이 사회에서 차별을 받고 있다고 주장한다. 장애인이 비장애인과 비교해 상대적으로 차별을 받고 있다고 느끼는 것은 우리 사회의 장애인에 대한 인식이 어떠한지를 잘 보여준다. 장애인에 대한 차별은 여전하고, 우리 사회의 인식은 크게 향상되지 않았음을 알 수 있다. 장애인에 대한 인식개선이 시급해 보이지만 앞서 밝힌 바와 같이 사람의 인식이 바뀌기는 어렵다. 비장애인의 장애인에 대한 부정적인 고정관념이 긍정적으로 쉽게 바뀔 수 있을까?

장애에 대한 부정적 인식을 바꿀 수 있을까?

나는 25년 간 담배를 피웠다. 수없이 금연을 다짐했지만 일이 잘 풀리지 않을 때면 언제나 그렇듯 또 다시 담배를 입에 물었다. 그러던 중 건강보험관리공단 금연 지원 사업을 알게되어 지정병원에 가서 약 처방을 받았다. 처방 받은 약을 정기적으로 복용해야 하는데 그러지 못하고 또 다시 금연에 실패했다. 그런데 2개월이 지난 후 건강보험관리공단에서 금연축하 선물로 15만원 상당의 스마트 밴드를 보내왔다. '웬 떡이냐.'라는 생각도 잠시, 금연에 실패했으니 이 물건을 다시 돌려 보내야 하나? 그냥 모른 체하고 손목에 차고 다닐까? 고민하다가 그날부터 다시 금연을 결심했다. 금연에 성공해서 당당히 차고 다니고 싶었다. 4년이 지난 지금까지 금연 중이다. 건강보험관리공단은 스마트 밴드를 미끼로 나를 금연시킨 셈이 되었다.

한 개인의 인식을 바꾼다는 것은 개인이 가지고 있는 오래된 습관을 바꾸는 것과 비슷하다고 생각한다. 끊임없는 반복을 통해 몸에 굳어진 습관은 하루아침에 고치기 힘들다.

지속적으로 강화된 고정관념의 틀 속에 형성된 장애에 대한 부정적 인식 역시 쉽게 바뀌기 어렵다. 대부분의 사람들은 좋은 습관을 몸에 익히기 위해 노력하지만 실패하는 경우가 많다. 매일 운동하기, 매일 한 시간씩 독서하기, 식단 조절하기, 아침형 인간되기 등 원하는 습관을 만들기 위해 힘쓰지만 작심삼일이 되기 일쑤다. 몇 번을 반복하다 다시 포기하고, 새해, 새달, 다음 주, 내일이 되면 또 다시 도전한다. 나쁜 습관은 손쉽게 길들여지지만 좋은 습관은 만들어 나가는 자체가 힘들다.[32] 마치 라면이나 자장면 같은 탄수화물은 매일 즐겨 먹지만 소스 없는 샐러드는 사흘을 먹기 힘든 것과 마찬가지 이치다.

타인에 대한 부정적 인식은 머릿속에 오래 남지만 긍정적 인식은 부정적 인식보다는 덜 각인된다. 나에게 돈을 안 갚은 사람은 오래 기억하지만 내가 누군가에게 빌린 돈은 잘 기억하지 못하는 것과 같다. 부정적 인식을 긍정적 인식으로 전환하기는 어렵다. 다만 내가 금연에 성공했듯이 인식도 절대 바꿀 수 없는 것은 아니다. 좋은 습관도 어렵지만 한 번 형성되면 지속적으로 유지되듯이 부정적 인식도 일단 바뀌면 보는 눈이 달라질 수 있다. 장애에 대한 잘못된 고정관념, 왜곡된 인식, 선입견, 편견 등이 바뀌면 장애인을 대하는 태도가 수용적이며 긍정적으로 바뀐다.[33] 장애인에 대한 인식의 변화로 인간에 대한 이해와 존중, 권리 보장 등을 실천할 수 있다. 그러므로 부정적 인식을 바꾸기 위해서는 시작부터 달라야 한다. '장애에 대한 부정적 인식을 바꿀 수 있을까?'가 아니라 '장애에 대한 부정적이고 잘못된 인식은 반드시 바꾸어야 한다' 부터 출발해야 한다.

장애인식개선, 어디서부터 시작해야 하나?

첫째 아들이 고등학교 1학년 때 일이다. 그 반에 지적장애학생이 한 명 있었다. 식탁에서 아들과 이야기를 나누다가 장애학생과는 잘 지내는지 물어보았다. 아이는 "아빠. 나 그 아이 곁에 잘 안 가. 나쁜

만이 아니라 반 애들 다 그래." 이유를 물어보니 학기 초에 비장애학생이 장애학생을 놀렸는데 장애학생이 선생님께 일러 학부모까지 개입되는 일이 있었다고 한다. 그 이후로 누구도 장애학생 가까이 가지 않으려 했고, 심지어는 장애학생하고 이야기하면 '학교폭력'이 된다는 소문까지 돌았다고 하였다.

나는 아들 둘을 초등학교 시절부터 고등학교 때까지 특수학교나 장애인 시설에 정기적으로 자원봉사를 보냈다. 그래서 아들이 누구보다 장애에 대한 이해가 높을 것이라 생각했지만 실제로는 그렇지 않았다. 이번일을 계기로 아들의 장애에 대한 편견이나 부정적인 생각이 오히려 더 커진 것을 느꼈다.

국가의 통합교육 활성화 정책에 따라 20년 전에 비해 통합교육을 받는 장애학생 수는 2배 이상 증가하였다.[5] 그러나 아직까지도 비장애학생이 있는 학급에 장애학생만 배치하고 적절한 지원이 부족해 '물리적 통합교육 수준'이라는 비판이 제기되고 있다.[34] 학년이 높아질수록 학습내용이 어려워지고 우수대학진학이 목표가 되면서 장애학생이 통합교육을 포기하고 특수학교로 전학을 가는 경우가 많아지는 것이 현실이다.[35] 통합교육이 물리적 통합에 그치는 이유 중 하나는 비장애학생, 교사, 관리자 등의 장애에 대한 이해와 인식 부족에 있다.[36] 그래서 국가는 학생뿐만 아니라 모든 교직원을 대상으로

---

5. 2002년 특수학급 학생 수 26,925명, 통합학급 학생 수 3,908명
   2021년 특수학급 학생 수 54,266명, 통합학급 학생 수 16,600명 출처 : 교육부. 2021 특수교육 통계.

장애이해, 장애인식개선 교육을 의무적으로 실시하도록 하고 있다.

현재 모든 공공기관 종사자에게 장애인에 대한 인식개선 교육을 연 1회 이상 의무적으로 실시하도록 법[6]으로 규정하고 있다. 또한 교육부「특수교육 운영계획」에 모든 학생에게 장애이해교육(장애인권교육 포함)을 연 2회 이상 의무 실시하도록 명시되어 있다.

이처럼 교사뿐만 아니라 학교 내 모든 교직원이 정기적으로 장애인식개선 교육을 받고 학생들도 장애이해 교육을 받고 있는데 장애에 대한 인식이 개선되지 못하고 있는 이유가 무엇일까?

현재의 장애인식개선 교육, 장애이해 교육이 장애와 관련된 지식적인 측면에 치우쳐 있기 때문이다. 현재「장애인 복지법」시행령 제16조에 장애인식개선 교육에 반드시 포함해야 할 사항으로 장애의 정의, 장애인의 인권과 관련된 법과 제도, 장애인의 행동특성 및 능력, 장애인과 의사소통 하는 방법, 장애인보조기구 및 장애인 편의시설 등을 제시하고 있다.

'장애유형은 시각장애, 청각장애, 지적장애, 지체장애 등이 있다, 장애인을 위한 주요 법으로는「장애인차별 금지 및 권리구제에 관한 법률」과 교육법으로는「장애인 등에 대한 특수교육법」이 있다, 장애

---

6. 장애인 복지법 제25조(사회적 인식개선) ①국가와 지방자치단체는 학생, 공무원, 근로자, 그 밖의 일반국민 등을 대상으로 장애인에 대한 인식개선을 위한 교육 및 공익광고 등 홍보사업을 실시하여야 한다.
② 국가기관 및 지방자치단체의 장,「영유아보육법」에 따른 어린이집,「유아교육법」·「초·중등교육법」·「고등교육법」에 따른 각급 학교의 장, 그 밖에 대통령령으로 정하는 교육기관 및 공공단체의 장은 소속 직원·학생을 대상으로 장애인에 대한 인식개선을 위한 교육을 실시하고, 그 결과를 보건복지부장관에게 제출하여야 한다.
③국가는「초·중등교육법」에 따른 학교에서 사용하는 교과용도서에 장애인에 대한 인식개선을 위한 내용이 포함되도록 하여야 한다.
④제1항 및 제3항의 사업, 제2항에 따른 교육의 내용과 방법, 결과 제출 등에 필요한 사항은 대통령령으로 정한다.

유형에 따라 각각의 행동특성이 다르다, 자폐성 장애의 행동특성은 사회적 상호작용에 어려움에 있다, 농인은 수어를 사용한다, 지체장애나 지적장애는 보완대체의사소통 기기를 통해 상호 소통하기도 한다, 모든 시설은 경사로, 복도 이동 손잡이 등 편의시설이 필요하다.' 등 장애와 관련된 지식 습득이 주요 내용이다. 어쩌면 지금까지의 장애이해 교육, 장애인식개선 교육은 장애 관련 지식 교육과 에티켓 교육, 장애체험 교육이 전부라고 해도 과언이 아니다.

아는 것과 실천하는 것이 다르듯이 장애 관련 지식을 갖춘다고 저절로 장애이해가 되지는 않는다. "갈 길을 아는 것과 길을 걷는 것의 차이는 다르다."는 영화 매트릭스의 한 대사처럼 알고 있는 것을 실천하는 것은 그만큼 어렵다.

장애인식 개선의 첫 단계는 장애인이 이 세상에 존재하고 있음을 인식하는 단계이다. 이 인식은 비장애인 스스로가 장애인에게 가지고 있는 부정적 고정관념, 왜곡되거나 잘못된 인식, 오해와 편견 등이 있는지 올바른 장애인식을 점검하는 데서 시작해야 한다. 스스로 장애에 대한 인식의 문제가 있음을 알고 인식을 바꾸어야 한다는 것을 깨닫는 동기가 필요하다.

영화 매트릭스 속 주인공 네오가 가상세계가 진짜 세계가 아님을 깨닫는 데서 자기 정체성을 찾듯이 장애인식개선 교육도 자신의 장애에 대한 인식에 문제가 있음을 알고 바꾸어야 한다고 마음먹는 데서 출발한다. 이 부분을 소홀히 한 채 장애관련 지식만 강조하면 이

성적으로는 장애를 이해하지만 실제로 개개인의 생활 속에 장애인이 들어오면 불편함을 느끼게 된다. 그렇다면 비장애인의 장애인식개선을 쉽게 할 수 있는 방법이 있을까?

우선 내 인식이 장애인에게 부정적인가? 긍정적인가? 반문해 보고 그 이유가 무엇인지 사회적·문화적 관점으로 분석하고 객관적이고 논리적으로 생각해 보아야 한다. 그런 다음 장애와 관련된 현실적인 질문을 통해 장애를 자기 내부로 받아들이고 수용해야 한다.

> "취업이 힘든데 장애인을 왜 별도 채용해야 하는가?"
> "장애인의 이동권을 보장해주면 비장애인의 이동권이 제한을 받지는 않는가?"
> "통합교육에서 장애학생의 학습권을 보장해주면 비장애인의 학습권은 침해받지 않는가?"
> "장애인이 특별전형으로 유명대학에 입학하는 것은 비장애인에 대한 역차별이 아닌가?"

비장애인 입장에서 장애인에 대한 잘못된 생각을 여지없이 드러내 보이는 질문을 스스로에게 던진다. 그리고 이 질문에 인권을 중시하고, 개개인의 고유성을 인정할 수 있는 납득할 수 있는 답을 찾아야 한다. 이것이 장애에 대한 진정한 이해의 시작이다.

장애 관련 지식이 밖으로 보이는 표상이라면, 표상 내 숨겨진 내면을 알기 위한 노력이 선행되어야 한다.

자기가 어떤 생각을 하는지, 상대방을 어떻게 바라보고 있는지, 내가 어떤 사람인지 알아보는 것은 삶을 더 없이 풍요롭게 만들고 사람 간의 관계를 원만하게 만들 수 있다. 비장애인은 '장애'를 통해 자신을 되돌아 볼 수 있어야 한다.

쉬어가기

〈언니가 이해하셔야 돼요〉는 다운증후군 은혜의 실생활을 찍은 영화입니다. 친구들에게 '뚱보메기'라고 놀림 당하고, 컴퓨터에 매달려 있고, 친구가 없어 가상의 친구를 만들어 대화하며 놀지만, 은혜는 어눌한 어조로 느리지만 당당하게 말합니다.
"내 앞에서 장애인 이야기 하지 마세요."
"나 같은 인간은 사람이 아닌가?"
"어떤 아이가 있었는데요. 진짜 나쁜 애 아니거든요? 그러니까 언니가 이해하셔야 해요."
'비장애인이 장애인을 이해할 수 있을까? 내가 정말 은혜를 이해할 수 있을까?'
(중략) 우리가 노인 공경이나 예절을 책으로 배우는 것이 아니라 생활 속에서 은연 중에 보고 배우듯이, 장애인 문제도 자주 만나고 부딪히고 함께 살아가면서 저절로 익히는 것이라고.

출처 : 구본권 등(2012). 별별차별. 영화 속 인권이야기. 씨네북스. p52-53.

장애와
긍정적 인식

    2006년 7월, 서울대학교 지구환경과학부의 이상묵 교수는 학생 13명을 인솔하여 미국 캘리포니아 공과대학 학생, 교수들과 함께 캘리포니아 데스벨리 사막에서 지질 조사를 하였다. 조사가 거의 끝날 무렵 비포장도로를 달리다가 차가 전복되었다. 이 사고로 한 명이 사망하고 이상묵 교수는 척추가 손상되어 어깨 이하로는 몸을 움직일 수 없게 되었다. 실의에 빠져있을 때 일면식도 없는 국민대 이건호 교수가 경암학술상을 받은 상금 1억 원을 이상묵 교수에게 전달했고, 이후 여러 재활과정을 거쳐 2007년에 다시 강단에 복귀하였다.

    내가 2008년도에 특수교육 계간지 「현장특수교육」을 담당하면서 강단에 복귀한 지 얼마 되지 않았던 이상묵 교수를 서울대학교에서 인터뷰를 한 적이 있다. 다음은 인터뷰 내용 중 일부이다.

> 문 : 사고 후 변화된 점이라면?
> 답 : 무엇보다 삶의 질이 바뀌었어요. 그 전에 생각하지 못했던 일도 있고요. 예전에는 과학자로서 상을 받겠다는 목표가 있었는데 잘 되지 않더라고요. 장애인이 된 후는 오히려 집착이 없어지고, 제 경우는 특수해서 그런지 살기 나쁘진 않아요.
> 문 : 장애 때문에 좌절하신 적은 없는지요?
> 답 : 한 번도 장애로 인해 좌절을 느껴본 적이 없습니다. 죽을 수도 있었는데 사막 한가운데까지 헬기가 와서 구해줬고, 이렇게 살아있잖아요. 44년 동안 비장애인으로 살아오면서 안 해본 것도 없었고, 세계 안 가본 곳 없이 여행도 많이 다녔기 때문에, 나머지 인생은 다르게 살아보는 것도 나쁘지 않겠다는 생각을 합니다. 44년 동안 정상인으로 살아왔을 때도 마냥 행복하지만은 않았거든요. 그때도 불행하다고 느낀 적이 있습니다. 지금은 몸이 불편할 뿐이지 불행하지는 않아요. 행복합니다.
>
> 출처 : 현장특수교육 2008년 제15권 3호, 만나고 싶었습니다.

    2000년 7월 30일 밤 11시 서울 한강로 1가에서 차량 여섯 대의 추돌사고로 스물 셋의 이지선은 얼굴을 포함한 온몸에 3도 중화상을 입게 되었다. 사고 후 두 달간의 중환자실 생활과 다섯 차례에 걸친 전신의 반 이상의 피부를 걷어내는 화상치료와 함께 피부 이식 수술을 받았다. 신체 일부도 손상되어 엄지손가락을 제외한 8개의 손가락은 한 마디 정도씩 잃었고, 오른손은 거의 쓰지 못하게 되었다. 이후에도 이식한 피부가 계속 당겨져서 턱과 등을 바로 세울 수 없게 되자 일본으로 건너가 피부 조직 확장 수술을 세 번에 걸쳐 다시 받았다. 차라리 미쳐버렸으면 좋겠다고 바랐던 수 차례의 화상치료 고통을 감내해야만 했다.

2003년도에는 자신의 수술과정과 일상생활을 담담하게 쓴 책 <지선아 사랑해>를 발간하여 베스트셀러가 되었다. 2005년도에 <오늘도 행복합니다>를 발간했고, 2010년에 이 두 권의 책을 합본하여 다시 <지선아 사랑해>라는 개정합본판을 냈다. 이후 미국으로 다시 건너가 UCLA 대학원에서 사회복지학 박사학위를 취득했고, 현재 한동대학교 교수로 재직 중이다.

나는 2010년도에「현장특수교육」의 '차 한 잔을 마시며' 코너를 취재하기 위해 서울 한 교회에서 이지선 교수(당시 작가)를 만났다. 미국 유학을 준비 중이라 인터뷰 시간은 짧았다. 그래서 추가 내용을 다시 메일로 받아서 원고를 구성했던 기억이 난다. 그 내용의 일부는 다음과 같다.

PART 2 변화 그리고 감사
짧아진 8개의 손가락을 쓰면서 사람에게 손톱이 얼마나 중요한 것인지 알게 되었고, 1인 10역을 해내는 엄지손가락으로 생활하며 이렇게 글도 쓰면서 손가락 중에 가장 중요한 엄지손가락이 온전히 남아 있어 감사했습니다. (중략) 그리고 그 일상에 저는 매일 감사하며 살고 있습니다. 감사는 그 동안 진통제가 결코 줄 수 없었던 마음의 평화를 가져다 주었습니다. 감사는 미비하지만 어제보다 좋아진 오늘을 발견할 눈을 뜨게 해주었고, 또 오늘보다 내일을 소망할 힘을 주었습니다.

PART 4 행복
지난 10년의 시간은 정말 끝난 것 같은 인생에서 지독한 운명과 화해할 수 있는 법을 알게 해주었고 이렇게 눈물과 아픔의 소리가 아닌 행복의 비밀을 이야기할 수 있게 해주었습니다. 이제 겉모습과 관계없이 내가 어떻게 보이든 상관없이 나는 나임

> 을 깨닫게 되었습니다. (중략) 인생의 바닥에서 내가 누군지 알게 되었고, 껍데기와 속이 하나가 되는 사는 맛을 알게 된 뒤로는 '진짜로 행복하다'고 느낍니다. 여전히 완벽한 삶은 아니지만 적어도 지금 저는 내가 나로 살고 있음에 행복합니다.
>
> 출처 : 현장특수교육 2010년 제17권 3호. 차 한 잔을 마시며

이 두 사람은 비장애인이었다가 사고로 인해 장애를 가졌다는 공통점이 있다. 그리고 또 다른 공통점은 옵티미스트Optimist라는 점이다. 옵티미스트란 '긍정주의자', '낙관주의자'로 번역될 수 있다. 그러나 단순히 긍정적이고 낙관적인 태도로 살아가는 사람이라는 의미가 아니다. 옵티미스트는 '나'와 '나를 둘러싼 환경'을 최적의 상태로 유지하고자 적극적으로 노력하는 사람으로서 긍정적인 사고방식으로 삶의 자세를 견지하며 실천하는 사람을 말한다.[37] 단순히 상황이 나빠지는데도 '잘 되겠지', '잘 될 거야', '좋은 날도 오겠지'라고 생각만 하는 비현실적 낙관주의자unrealistic optimist와는 다르다.

높은 수익을 가져다 준다는 말에 자신의 퇴직금을 투자한 뒤 높은 수익을 꿈꾸거나, 기도를 열심히 했기에 자신은 결코 심근경색이나 고혈압이 없이 건강히 살 것이라는 믿음, 열심히 저축하지 않으면서도 미래는 자산가가 되어있으리라는 희망 등 현실적 사실을 외면하고 직시하지 않으면서 막연히 긍정적인 사고를 하는 것은 비현실적 낙관주의다. 아무런 근거 없이 그저 잘되리라고 생각하는 비현실적 낙관주의는 긍정이 아니라 자기 부정이고 왜곡이다.

이스라엘식 낙관주의를 '이히에 베세데'라고 한다. 이 낙관주의는 '모든 것은 잘 될 것이다'라는 긍정의 믿음에 반드시 행동이 따라야 한다고 한다.[38] 긍정적인 믿음을 구현하기 위해 노력하는 것을 강조한다. 이러한 정신이 이스라엘을 수많은 분야의 인재 배출과 한치 앞을 내다볼 수 없는 불안한 지정학적 위치에서도 존재감을 드러낼 수 있는 나라로 만들었다. 이처럼 진정한 긍정이란 자신에 대한 믿음, 타인에 대한 신뢰를 바탕으로 결단, 인내, 노력하는 것을 말한다.

이상묵, 이지선 교수는 사고 후 장애를 가진 자신을 인정하고 받아들였다. 최악이라고 느끼는 상황에서 최선이 무엇인지 생각하고 자신이 할 수 있는 것을 찾아나갔다. 이상묵 교수는 사고 이후 삶의 질이 달라졌다고 하면서 비장애인으로 살아보았으니 장애인으로 살아보는 것도 나쁘지 않겠다고 말했다. 이지선 교수는 자신의 화상 경험을 통해 몸의 소중함을 알게 되었고, 주어진 시간을 낭비하지 않겠다고 했다. 두 분 다 삶에 대해 감사와 소중함을 이야기하고, 지금이 가장 행복하다고 했다. 나는 인터뷰 동안 두 분의 이야기에 진심과 진정성을 느꼈고, 십여 년이 지난 지금도 그 마음이 잊히지 않는다.

비장애인은 앞서 밝힌 바와 같이 본인이 의도하든 그렇지 않든 '장애'는 좋지 않은 것, 나와 다른 것, 건강하지 않는 것, 불쌍한 것, 싫은 것 등 여러 가지 부정적 인식을 가진다. 장애에 대한 부정적 감정과 인식을 긍정적으로 전환해야 한다. 대부분 부정적 인식이란 '좋지 않게 생각하는 것', 긍정적 인식이란 '좋게 생각하는 것'이라 여긴다.

그러나 '부정적'의 사전적 의미는 '그렇지 않다고 단정하거나 옳지 않다고 반대하는 것', '바람직하지 못한 것'이며 '긍정적'이란 '그러하거나 옳다고 인정하는 것', '바람직한 것'이란 뜻이다. 이러한 사전적 의미를 고려한다면 '부정적 인식'이란 단순히 좋지 않게 생각하는 것이 아니라 '있는 그대로를 인정하지 않고 수용하지 않는 것'을 의미하며, '긍정적 인식'이란 좋게 생각하는 것이 아닌 '있는 그대로를 인정하고 수용하는 것'을 말한다. 장애인을 긍정적으로 인식한다는 것은 장애를 있는 그대로 인정하고 받아들인다는 의미다. 이상묵 교수나 이지선 교수가 장애를 자신의 일부로 받아들였듯이, 비장애인도 장애인을 볼 때 '장애가 있는 사람'이라는 자체로 보고 인정하라는 것이다.

장애를 긍정적으로 보기 위해서는 장애가 아무 것도 아닌 것처럼 여기거나, 장애를 그 사람이 가진 모든 가치로 과대해서 보거나, 전부로 보아서는 안된다. 섣불리 장애에 대한 잘못된 고정관념이나 편견을 가지는 것도 경계해야 한다. 비장애인은 장애인을 부정적으로 인식하기도 하지만 잘못된 긍정으로 바라보기도 한다. 예를 들어 비장애인이 장애인에게 장애를 긍정적으로 생각하라는 의미로 '장애인이라서 좋은 점'을 강조하기도 한다.

"장애인이 열차를 이용할 때 동반하는 사람까지 할인 혜택을 받으니 얼마나 좋아."
"장애인 주 정차 구역에 차를 주차할 수 있어 주차 난은 없겠네."
"청각장애인은 강사의 입 모양을 보아야 한다는 이유로 강의실 맨 앞자리 고정해서 앉을 수 있어 좋겠다."
"장애인은 대학 진학할 때도 특례입학이 가능하잖아."
"장애인은 국가에서 치료지원비도 나오고, 장애인 택시도 이용가능하며, 활동보조인도 지원받는 등 여러 혜택을 누릴 수 있잖아."

이 같은 생각은 장애인에 대한 지원을 혜택이나 장점으로 여기는 잘못된 긍정적 시각이다. 장애인에 대한 지원은 장애인이 누리는 정당한 권리다. 국가는 장애인이 사회적 배제와 소외를 당하지 않고 사회 적응과 통합을 위해 이 권리를 보장해 줄 의무가 있다. 일부 비장애인은 정당한 권리와 국가의 의무를 마치 비장애인이 누리지 못하는 것을 장애인은 누린다는 식으로 간주하고 있다. 이는 장애를 '수혜적', '혜택적'으로 보는 잘못된 긍정의 시각이 만들어낸 결과다.

또 다른 장애에 대한 잘못된 긍정적 시각은 장애인(또는 장애인의 부모)에게 지금은 장애가 있지만 곧 나을 것이라고 위로하거나 격려하는 것이다.

장애아를 둔 부모는 아이가 '지적장애', '자폐성장애' 등 장애판정을 받게 되면 장애는 다른 질병과는 달리 완치되지 않는다는 것을 머리로는 알지만 가슴으로는 받아들이기 힘들다. 그래서 치료에 더 매달린다. 주변에서는 안타까운 마음에 장애아동 부모에게 냉정하게 말하지 않는다. "잘 될 거야." "지성이면 감천이라고 하늘도 돕는다잖아." "열심히 치료하면 완치될 거야." 이들은 객관적인 장애아동의 상태와 삶의 방향에 대해 조언하지 않는다. 그저 위로가 되라고 듣기 좋은 말만 한다. 이 말들은 장애인 당사자나 장애인을 둔 부모에게 '거짓 희망'을 주고, 장애자녀를 완치시켜야 할 '책임감'을 부여한다.

장애는 감기처럼 호전되는 질병이 아니다. 장애가 완치된다는 것은 명백한 '거짓'이며, 진실 왜곡이다.

달콤하고 허황된 긍정의 말들은 결과가 비참하다.

1997년 11월 21일 대한민국 정부가 국제통화기금IMF에 자금 지원 요청을 하는 외환위기가 있기 바로 전날까지도 정부는 국가 신용도에 아무 문제가 없으며, 외환 보유액이 부족하다는 말을 하지 않았다. 한마디로 '괜찮다'였다. 그 결과로 1998년 상반기에만도 1만 개 기업이 부도 처리되었고 이후에도 수많은 기업이 문을 닫았으며, 상시 구조조정으로 인해 130만 명의 실업자가 생기며 국민들은 엄청난 고통을 감내해야만 했다.

2014년 4월 16일 인천항을 출발해 제주로 가던 여객선 세월호가 침몰했다. 탑승객 476명 중 304명이 사망·실종되는 비극적인 일이 발생했다. 온 국민은 세월호가 침몰해가는 과정과 승객이 목숨을 잃어가는 과정을 몇 시간에 걸쳐 지켜보아야만 했다. 배가 침몰할 당시 선장과 선원은 아무런 상황도 설명하지 않은 채 "자리에 대기하라"는 안내 방송만 하고는 탈출했다. 이 사건은 전 국민을 슬픔과 비통에 잠기게 했다.

장애인을 거짓으로 대하거나 진실을 왜곡해서 전달하게 되면 장애인과 가족들은 현실의 고통 속에서 살아갈 수도 있다.

장애아동을 둔 부모에게 '요즘은 의학이 발달해서 자폐성 장애도 나을 수도 있대' '지적장애를 없앨 수 있다고 한다.' '치료만 꾸준히 받으면 비장애인처럼 걸을 수 있다' 등의 거짓말로 허황된 희망을 주는 사람들이 있다. 이런 경우는 대부분 장애인이나 그 부모의 간절한 심정을 이용해 금전적 이득을 취하기 위한 목적이 있다.

내가 모 특수학교 초등 1학년 담임했던 때 일이다. 학교만 오면 계속 칭얼거리며 우는 지적장애학생이 있었다. 처음에는 학교에 적응하기 어려워서 그런 거라 생각했다. 2개월이 지나도 칭얼대며 우는 행동은 멈추지 않았다. 그러던 중 체육시간에 학생의 체육복을 갈아입히다 보니 오른쪽 가슴에 계란모양의 크기로 금방이라도 피가 나올 것 같이 빨갛게 살갗이 벗겨져 있었다. 보건교사는 감염우려가 심하니 빨리 병원을 가야 한다고 했다.

지금까지 아이는 학교에 적응이 어려워 우는 것이 아니라 가슴 쪽 살이 벗겨진 상처가 너무 아파서 울었던 것이다. 방과 후 학생을 데리고 부모를 만나러 갔다. 그리고 자녀가 이 지경이 되도록 왜 방치했는지 물어보았다. 부모는 이게 다 자녀를 위해서라고 했다. 자녀는 현재 소문난 기氣치료사에게 '기 치료'를 받고 있으며, 주에 1번씩 가슴 쪽에서 나쁜 피를 빼내고 있다고 했다. 치료사는 부모에게 학생이 기 치료를 꾸준히 받으면 몸의 나쁜 피가 없어져 정신이 맑아지고, 지적장애가 호전될 거라 했다.

그 말을 들은 나는 너무 황당해서 말이 나오지 않았다. 기치료사라는 자는 지적장애를 조금이나마 나은 상태로 될 수 있다는 부모의 간절한 마음을 이용해 금전적 이익을 취하는 것도 모자라 장애아동의 신체에 심각한 상처를 주고 있었다.

장애인에게 달콤한 유혹과 허황된 믿음을 심어주어 이용하는 경우는 드물지 않다.

장애인에게 잠자리 제공과 높은 급여를 약속했지만 이를 지키지 않아 노동력만 착취당하는 삶을 살기도 한다. 장애인을 대상으로 축사 강제 노역, 타이어 강제 노역, 염전 강제 노역, 토마토 밭 강제 노역 사건 등이 대표적이다. 가해자들은 장애인에게 폭행과 강제 노역은 기본이고 제대로 급여를 주지도 않았으며, 장애인 앞으로 나오는 기초생활수급비까지 가로챘다.

2019년 장애인학대 현황보고서[39]에 따르면 장애인을 대상으로 한 경제적 착취는 328건이 있었으며, 그 중 94건(28.7%)이 노동력 착취인 것으로 나타났다. 노동력 착취의 피해 장애유형은 지적장애가 69.1%로 가장 많았다.

이처럼 장애인을 잘못된 긍정적 시각으로 바라보는 것은 장애인을 왜곡하고 이용하며, 부정적 인식을 더 강화할 수 있어서 위험하다. 비장애인은 장애를 긍정적으로 인식해야 한다. 긍정적 인식이란 장애를 있는 그대로 받아들이고 수용하는 것을 말한다. 장애인을 한 인격체로 존중하고 존엄함을 인정하며, 할 수 있는 것과 그렇지 않은 것을 알고 정당한 지원에 적극적으로 동의해 이를 실천하는 것을 의미한다. 그리고 장애 유무와 상관없이 개인의 소질과 특성, 장점을 찾아내고 이를 강화시켜주어야 함을 아는 것이다. 이것이 비장애인이 가져야 할 장애인에 대한 올바른 긍정적 인식이다.

장애를 긍정적으로 인식하기 위해서는 무엇보다도 비장애인 스스로 긍정주의자(옵티미스트)가 되어야 한다. 삶을 긍정적으로 보는 사람만이 타인을 바라볼 때 긍정적으로 인식할 수 있기 때문이다.

긍정적인 인식이나 사고는 노력하지 않아도 항상 떠오르는 부정적인 생각이나 감정과는 달리 이스라엘식 낙관주의인 '이히에 베세데'처럼 끊임없이 노력해야만 얻을 수 있다. 자신을 믿음으로써 긍정적인 사고방식을 가지고 현재의 상태에서 최선을 다해 세상을 행복하게 살아나가는 긍정주의자가 되기 위해 노력해야 한다. 이것이 장애인을 긍정적으로 인식하게 되는 출발점이다.

PART 5 장애... 아무것도 아닌 선입견

장애인이 되고 난 뒤 몸과 정신이 불편한 사람들의 심정을 알게 되었습니다. (중략)
장애는 보는 사람의 시선이 어떠하냐에 따라 달라집니다. (중략)
장애인의 단점을 보지 않고 잘하는 것들을 인정하면서 함께 할 수 있는 마음을 가져야 합니다. 통합교육, 사회적 통합은 사람들의 마음이 열려야 가능합니다. 마음이 열린다는 것은 내가 앉은 자리에서 일어나 내 자리를 내어줘야 하는 것이라 생각합니다. 장애인이든 장애인이 아니든 우리 모두는 다르지 않으니까요. 이제는 구별하지 않았으면 합니다.

출처 : 현장특수교육 2010년 제17권 3호, 차 한 잔을 마시며 이지선 인터뷰 내용 중

낯선 것에
대한
두려움

30년 전 일이다. 나는 고등학교를 졸업하고 대학이라는 새로운 세계에 발을 내딛었다. 1학년 때 과대표를 맡으면서 동기들을 즐거움의 구렁텅이로 몰고 갔다. 대학 축제부터 MT, 일일 호프, 나이트까지 쉼 없이 유흥을 즐겼다. 대학 1학년 시절은 나의 전 생애에서 가장 나사 풀린 시절이었다. 학점을 내팽겨친 채로 미친 듯이 놀며 지냈다.

그 해 가을, 학과가 특수교육인 만큼 동기들이 봉사활동을 가자고 해서 장애인 시설로 5~6명이 자원 봉사를 갔다. 그날 나는 처음으로 지적장애인을 접하게 되었다. 시설에 들어서자 다운증후군 아이가 사람이 그리웠는지 해맑게 뛰어와 내 가슴에 안겼다. 내 뒤로 또 다른 아이 하나가 달려들어 등을 안았다. 아이들은 처음 본 나를 낯설어하거나 경계하지 않았고 진심으로 좋아하고 따랐다. 그날 아이들과 뜀뛰기, 공놀이, 술래잡기 등 다양한 활동을 했다. 자원 봉사를 마치고 난 후 나는 혼란에 빠졌다. 지적장애 아이들을 처음 본 순간 너무 낯설어 어떻게 행동해야 할지 당황스러웠기 때문이다. 한편으로 나와 다르다는 것에 대한 두려움도 느꼈다. 그래서 아이들과 함께 활동하는 시간 동안 아주 부자연스러운 미소를 지으면서 마지못해 소극적으로 아이들과 함께 활동을 한 것 같다. 이런 가식적인 나의 행동을 돌이켜 보면서 한없이 부끄럽고 또 부끄러웠다. 나아가 '내가 이 아이들을 진심을 다해 가르칠 수 있을까?'라는 생각이 들었다. 그 생각은 정리가 어려웠고 재미있던 대학 생활을 한 순간에 고민으로 가득 차게 만들었다.

'장애아동을 어떻게 진심으로 대할 수 있을까?'에 대한 숙제를 해결하지 못한 채 도망치듯 군 입대를 했다. 제대 후 복학해서 특수학교, 특수학급, 조기교육실 등으로 자원봉사와 실습을 나가면서 점차 장애아동에 대해 익숙해지기 시작했다. 장애아동을 접할 기회가 늘어나면서 점차 '장애'라는 것을 자연스럽게 받아들일 수 있게 되었다.

처음 지적장애아동을 대할 때 가진 낯선 감정과 두려움은 내가 도덕적으로 문제가 있거나 양심이 없어서가 아니다. 단지 익숙하지 않고 접해보지 않았기 때문이다.

이나미 심리분석연구원 원장은 한 칼럼[40]에서 원래 인간은 낯선 이를 만나면 본능적으로 두려움과 긴장을 느낀다고 한다. 그 이유는 인간이 원시시대 때부터 낯선 집단과 만나 싸움 끝에 주인과 노예 관계가 형성되어 왔기에 낯선 존재를 없애거나 이겨야 한다는 생존본

능이 작동하기 때문이다. 인간의 무의식에 원시성이 존재하기 때문에 낯선 존재나 물건, 상황 등에 본능적으로 두려움을 가지게 된다. 장애에 대한 낯선 느낌과 두려움은 본능이며 자연스러운 현상이다. 그러기에 사람들은 장애에 대해 익숙해지면 자연스럽게 내면으로 장애를 받아들이게 된다.

부모가 자녀의 장애를 알게될 때 겪게 되는 심리상태는 충격과 불신, 부정이다. 자녀가 장애아라는 것에 대해 충격을 받고 정신적 마비 상태가 온다. 그 충격을 완화하기 위해 자녀의 장애를 인정하지 않으려 애를 쓰다가 자녀 상태를 거부하고 부정한다. 이 모든 것이 두려움으로 인해 일어나는 현상이다. 부모가 자녀의 장애를 심리·정서적으로 수용하기까지는 시간이 필요하다. 부모가 자녀에게 익숙해져 수용할 수 있는 시간이 필요한 것이다.

통합교육 환경의 비장애학생들도 장애학생을 처음 접하게 되면 내가 지적장애학생을 처음 보았을 때처럼 낯선 감정과 두려움을 가질 수 있다. 교사는 낯선 감정과 두려움에 대해 학생들에게 알려주어야 한다. 왜 그런 감정을 가지게 되는지, 그리고 익숙해지려면 진정한 마음으로 상대를 받아들여야 한다는 것을 가르쳐 주어야 한다.

우리 사회가 장애인에게 불리한 환경이 된 것은 비장애인이 장애인을 만나면 낯설어하고, 거리감을 두며 나와는 다른 존재로 인식하는 비장애인 중심의 사회체계로 구성되었기 때문이다.

어릴 때부터 장애인과 함께 생활하면 장애에 대해 낯설어하거나 두려워하지 않고 자연스럽게 받아들일 수 있다. 장애인과 함께 성장한 이들은 편견이 없고, 서로의 존재에 대해 편안함을 느끼며, 장애인이 자유롭게 활동할 수 있는 사회적 분위기를 만들어 나갈 것이다. 이들은 비장애인 중심의 사회체계를 모두를 위한 사회체계로 바꿔놓을 수 있다. 교육부가 통합교육을 활성화하려는 이유도 바로 여기에 있다.

만나는 사람의
인식 범위 확장이
필요한 이유

　　우리 집에서는 항상 실패하지만 매일 다이어트를 하는 한 명이 있다. 아내다. 운동도 적당히 하는 편이다. 아침은 간단한 선식으로, 점심은 일반적인 식사, 저녁은 굶거나 아주 적게 먹는다. 매일 아침 체중을 재고, 가급적 야식은 먹지 않는다. 다이어트 약이나 살 빠지는 한약을 복용하기도 한다. 살을 빼기 위해 안 해본 것 없다. 그런데도 몸무게는 줄지 않는다고 푸념이다. 갖은 노력을 다하지만 살은 잘 빠지지 않는다. 다이어트를 그만할 만도 한데 불굴의 의지로(?) 결코 포기하지 않는다.

　　대학 동창회에서 여성 동창의 주요 주제 중 하나도 다이어트다. 이 날은 서로 간의 다이어트 정보를 공유하는 뜻 깊은 만남의 시간이 된다. 그 노력이 결실을 맺으면 좋으련만 매년 서로가 넉넉해져 가는 모습을 보면서 동지애를 느낀다. 남성도 마찬가지다. 요즘 중년 다이어트가 붐을 이루고 있다.

건강한 몸을 넘어서 지나치게 날씬한 몸매를 강조하는 사회적 분위기가 어쩌면 정상 체중을 비정상 체중으로 만들고 있는지 모른다.

몸무게가 지극히 정상적인 여자 중·고등학생 넷 중 하나는 자신을 뚱뚱하다고 여기며, 열 명중 다섯 명은 일부러 체중을 줄이기 위해 애를 쓰는 것으로 나타났다.[41] 질병관리본부의 '2013년 청소년건강형태 온라인조사' 결과에 따르면 전국 중·고등학생 7만354명 중 79.8%가 '정상 체중'으로 조사됐다. 살을 뺄 필요가 없는 학생이 TV와 같은 방송 매체에 지나치게 마른 여성 아이돌과 비교해 살찐 상태라고 생각하고 있다는 것이다. 이것을 '신체 이미지 왜곡'이라 한다. 정상 체중 학생들은 심리적으로 정상의 범위를 스스로 아주 좁혀서 살을 빼야 하는 강박관념을 가지게 된다.

이런 신체적 강박관념에서 벗어나게 할 수는 없을까? 방법은 있다.

개개인이 정한 심리적 정상 체중의 기준 범위를 넓혀 주면 된다. 살이 찌는 것에 대한 불안감과 두려움도 자신이 정한 것이다. 자신이 정상이라고 생각하는 신체 체중의 범위를 넓혀버리면 강박관념에서 벗어날 수 있다. 예를 들어 A라는 여학생의 키 대비 정상 체중이 60kg이라 하자. 이때, A가 생각하는 심리적 정상 체중이 45kg이 아니라 65kg이라고 인식한다면 A는 무리한 다이어트를 하지 않게 된다.

불안감도 마찬가지다. 하지현 정신과 전문의는 한 강연[42]에서 불안감을 없애는 방법으로 불안의 정상 범위를 넓히라고 강조했다. 불안이란 과거의 부정적이고 공포스러운 경험으로 인해 다시 그 일이 반복될지도 모른다는 막연한 예감이다.[13] 미래에 오지도 않을 두려운 일들이 지금 당장 나를 불안하게 만든다. 불안감을 줄이는 방법 중 하나는 이 정도의 두려움은 누구도 느낄 수 있다고 의도적으로 생각하면서 불안의 범주를 넓게 가지는 것이다.

불안감은 생명이나 생존의 위협을 느낄 때도 발생한다. 실제 생존이나 생명의 위태로움을 느끼는 경우보다 그렇지 않은 때가 더 많음에도 불구하고 현대인은 항상 불안하다. 이는 우리 사회가 생존의 욕구보다 욕망의 충족을 '정상'이라고 규정하면서 끊임없는 경쟁을 강요하다 보니 이를 채우지 못해 생기는 '사회적 불안감'이다.

2020년 전국 부동산이 폭등하면서 집 없는 서민들의 불안감은 영혼까지 끌어 모아 대출을 받아 집을 사는 '영끌' 현상으로 나타났다. 상대적 비교에 따른 욕망이 해결되지 않으면 생존을 위협받는다는 착각에 빠져 사회적 불안감을 확대시킨 것이다. 의식주에 대한 최소한의 욕구가 해결되어 생존을 위협받지 않는다고 확신하면 자기 집이 없어도, 중형급의 자동차를 보유하고 있지 않아도, 일정 금액의 현금을 보유하고 있지 않아도 불안감에 빠지지 않는다. 잘 산다는 것의 정상 범위를 욕망이 아닌 욕구 충족으로 넓히게 되면 현재 위치에서 아무것도 바뀌지 않아도 생존 위협의 불안감은 대폭 줄어들 수 있다. 이와 같이 비정상이 아니면 다 정상이라는 심리적 정상 범위를 넓히면 불안감도 줄어든다.

정상체중인식이나 불안감 감소를 위해 심리적 정상 범위를 넓히듯이 비장애인에게 만나는 사람의 인식 범위를 확장시키는 것도 필요하다. 비장애인이 장애인을 접하게 되면 겉으로 표현하지 않지만 내면에 낯설다는 두려움 감정을 가질 수 있다. 그리고 '나와는 다르다'라는 느낌을 갖는다. 그 이유는 비장애인이 생각하는 손님, 직장동료, 친구 등 만나는 사람의 범위에 장애인이 포함되어 있지 않기 때문이다.

비장애인은 지적장애, 청각장애, 시각장애 등 다양한 장애인을 자주 접함으로써 만나는 대상의 심리적 범위가 확장될 수 있다. 장애인을 자주 접하지 못한다면 다양한 매체를 통해 장애에 대한 정보를 습득해야 한다. 적어도 장애유형별 특성 정도는 알고 있어야 한다. 반대로 장애인 역시 비장애인을 자주 접함으로써 만나는 사람의 심리적 범위가 확장된다.

장애인과 비장애인이 서로 만날 기회가 늘어나면 늘어날수록 '서로 달라 낯설다'는 반응에서 '서로의 차이를 인정하고 당연하다'는 반응으로 인식의 범위가 넓어질 수 있다. 많은 기존의 문헌들에서 장애인과 접촉 경험이 있는 것이 없는 것보다 그리고 접촉경험이 많을수록 친밀감이 높아지며, 비장애인을 대하는 태도에 긍정적인 영향을 미친다고 한다.[44]

교육부에서 시각장애인 교육연구사(현재는 교육연구관이다)와 함께 근무한 적이 있다. 나는 특수교육과를 졸업했기에 낯설지 않을 줄 알았다. 그러나 나도 모르게 실수를 할 때도 있었다. 휴지가 어디에 있냐는 물음에 나도 모르게 "저기 있어요"라고 답한 적이 있었으며, 업무에 대해 모니터 화면을 같이 보고 있다고 생각하면서 이야기를 나눈 적도 있었다. 시각장애에 대해 잘 알고 있다고 생각했던 것은 나만의 착각이고 오만이었다. 1년 정도 함께 근무하면서 시행착오를 거쳐 서로를 이해하게 되었다. 만나는 사람의 인식 범위를 확장하는 것이 중요한 이유다.

아내는 다이어트를 포기하지 않았다. 그러나 소파와 한 몸이 된 상태에서 입으로는 케이블TV에서 홍보하는 가정용 헬스기구를 사달라고 조른다. 언제나 그러하듯이 퇴근 후 4캔에 만 원을 주고 산 맥주 중 한 캔은 나의 몫이요. 나머지는 아내 몫이다. 아내의 몸무게 정상 범위를 넓히는 것을 권해야 할지 좀 좁히라고 권해야 할지 잘 모르겠다.

한국과 미국의
장애인에 대한
인식 차이

국립특수교육원에서는 매년 장애인 가족을 위해 학생, 부모가 함께 외국의 특수교육을 체험할 수 있는 연수프로그램을 운영하고 있다. 연수 과정명은 '장애학생 가족참여 국외체험연수'이다. 2019년은 청각장애 영역의 17가구 34명이 선발되었다. 나는 인솔 단장으로 참가했다. 인솔 첫날, 연수 참가자들은 미국으로 가는 항공기 탑승 수속을 위해 인천국제공항에 모였다. 단장으로 미국 여행에 들떠 있는 가족들을 보면서 어떻게 안전하게 비행기 안까지 통제해야 할지 사뭇 긴장이 되었다. 이러한 긴장감은 그때뿐이었다. 우리가 탑승할 K 항공사 직원 한 명이 나오더니 장애학생 별도 수속에 도움을 주겠다고 했다.

연수생 모두는 항공사 직원의 도움을 받아 비장애인과는 다른 별도 체크인 카운터에서 빠르게 탑승 수속을 마쳤고, 짐을 수화물로

부쳤다. 출국장으로 이동할 때도 장애인, 노인 등 노약자 우선 창구를 통해 빠르게 이동할 수 있었다. 일반적인 해외여행을 갈 때 비행기 탑승까지 3시간 가량이 소요되는 것을 감안한다면 우리 연수단은 매우 짧은 시간에 탑승 수속부터 출국장까지 편안하고 안전하게 안내 받았다.

K 항공의 장애인에 대한 감동 서비스는 여기서 끝나지 않았다. 미국에 도착해서 공항에서 입국 수속을 할 때 현지 K 항공사 직원이 나와서 출국 인터뷰까지 도와주는 것이 아닌가! 입국 심사 직원에게 우리나라에서 온 장애학생 가족 연수단이라는 것을 상세히 안내하고 보다 빠르게 출국할 수 있도록 노력을 아끼지 않았다. 나는 우리나라 항공사의 적극적인 장애인 지원에 새삼 놀랐고 한편으로 감동받았다.

장애인이 아닌 내가 장애인이 받는 혜택을 어부지리로 누린 것 같아 머쓱하기까지 했다. 나중에 안 사실이지만 여행사에서 K 항공사에 장애인 관련 서비스를 요청했고, 항공사는 이를 받아들여 장애인 단체에 대해 출국에서부터 다른 나라 입국 시까지 교통약자 서비스를 제공한 것이다.

미국은 어떨까? 여행사는 미국 공항 측에도 입국 심사 시 장애인임을 고려해 별도의 빠른 입국을 요청했다. 미국 케네디 국제공항 관계자가 여행사 측에 "학생들이 걸을 수 있나요?"라고 물었다. 여행사 직원은 청각장애학생이라 스스로 이동하는 데는 별 문제가 없다고 대답했다. 공항 관계자는 '걷는데 지장이 없다면 장애인이라도 입국을 위한 별도의 지원은 제공하지 않는다. 비장애인과 같은 입국절차를 거치기 바란다.'는 답변이 왔다. 그래서 국외체험연수단 모두는 출국 때와는 달리 비장애인과 동일한 절차를 거쳐 1시간 30분 만에 미국에 입국할 수 있었다.

한국과 미국의 출입국 경험을 통해 나는 두 나라간 장애인에 대한 인식의 차이를 알 수 있었다. 한국은 장애인이냐 아니냐를 우선시한다. 장애인이라면 장애유형에 상관없이 지원이 가능하다. 미국은 장애인이냐 아니냐보다 지원이 필요한가, 아닌가를 중요하게 본다. 장애인이라도 불필요한 지원은 하지 않는다. 한국은 '장애'가 중요한 기준이 되며, 미국은 '지원'이 중요한 기준이 된다. 한국에서는 장애인이면 누구나 동일한 혜택이나 지원을 받아야 한다. 미국은 장애로 인해 살아가는데 불편한 부분에 대한 지원이 우선시 된다.

왜 이런 차이가 나는 것일까? 나는 장애인에 대한 인식의 차이가 아닐까 생각한다.

한국에서는 장애인과 비장애인을 정확히 구분한다. 그래서 사람들은 장애인이라면 당연히 법으로 정해진 보편적인 혜택이나 지원을 받아야 한다고 인식한다. 미국에서는 장애disability라는 용어보다 특별한 요구special needs라는 용어를 선호한다. 장애인으로 인식하기보다 장애로 인해 특별한 요구나 지원이 필요한 사람으로 인식하는 것이다. 요즘은 한발 더 나아가 not special needs 즉, 특별한 요구가 아닌 인간이기에 당연한 요구, 적절한 요구just human needs라는 용어 사용

을 주장하고 있다.[45]

장애인이냐 비장애인이냐가 기준이 되면 무의식 중에 장애와 비장애로 구분하게 된다. 장애인은 비장애인과는 다른 사람이라는 인식이 강화되게 된다. 그러나 지원이 기준이 되면 장애인이냐 비장애인이냐는 중요하지 않게 된다. 어떤 지원이 필요하냐가 더 중요하게 된다.

하반신 마비 지체장애인이 사무 업무를 할 때는 별다른 지원을 하지 않지만 이동할 때는 전동휠체어, 보조인력 등 적절한 지원을 제공한다. 청각장애인은 이동에 불편함이 없기에 관련해서는 별도 지원은 필요가 없다. 하지만 병원 이용은 수어통역사를 배치해 진료받는 데 불편함이 없도록 지원해야 한다.

지원 중심은 장애인의 사회생활을 촉진시킨다. 그리고 주변에 장애인을 쉽게 볼 수 있어 사람들은 장애인에 대해 익숙해진다. 시각장애인이 거리를 다녀도 사람들이 과도하게 관심을 갖거나 유심히 쳐다보는 일이 드물다. 특별한 시선으로 바라보지도 않는다. 반대로 장애인이 중심이 되면 비장애인은 장애인을 무조건적으로 배려해야 한다는 착각에 빠진다. 비장애인이 주로 이용하는 거리에 장애인이 등장(?)한 것이 낯설고 신선해 자꾸만 쳐다보게 된다. 시각장애인이 버스 정류장을 찾거나 버스 탑승을 할 때 과잉친절을 보이기도 한다.

장애인에 대한 인간적인 배려는 거기까지다. 종합병원에 청각장애인 환자를 위한 수어통역사 배치 의무화가 추진되자 일선 병원들이 강하게 반발하였다.[46] 장애인 의료 접근성 확대 책임을 의료기관들에게 전가한다는 것이 그 이유다.

한국도 장애인에 대한 복지와 서비스가 지속적으로 발전했다.

2019년 장애등급제가 폐지되면서 장애인의 복지 서비스 필요도를 파악하여 적절한 지원을 하기 위한 「장애인 서비스 지원 종합조사 제도」를 단계적으로 실시하고 있다.

물리적 교육환경이나 교수·학습 자료 등은 선진국보다 더 나은 부분도 있다. 2015년부터 영국, 아일랜드, 독일, 미국 등 여러 나라 학교를 방문했지만 우리나라 교과서보다 가독성이나 재질이 좋은 교과서는 보지 못했다. 전자칠판이나 컴퓨터 등 교육 정보화 기자재는 세계 최고라고 해도 과언이 아니다. 그러나 한국의 장애인 법·제도와 정책 지원이 지금보다 더 향상된다고 해도 사회구성원의 인식이 달라지지 않는 한 장애인의 사회적 통합은 요원할 수밖에 없다.

미국이나 유럽 등 선진국은 장애인에 대한 시설이 우리나라보다 우수하지 않다. 그러나 장애인의 천국이라고들 한다. 그 이유는 장애인에게 필요한 지원 중심의 사회 환경이 잘 구축돼 장애인이 살아가는 데 불편함을 최소화 했기 때문이다.

우리나라는 선진국의 장애인 지원 정책 중 개개인에 적합한 지원을 강화하는 제도는 받아들이는 한편, 학생뿐만 아니라 모든국민을 대상으로 하는 장애인식 개선 교육을 실시할 필요가 있다.

장애와
문화 DNA

저명한 사회심리학자인 리처드 리스벳 교수는 그의 저서 『생각의 지도』에서 동양과 서양의 문화에 따라 사고방식이나 체계가 다르다는 것을 밝혀냈다. 동양인은 관계를 중시하고, 서양인은 개인을 중시한다는 문화적 차이를 닭, 소, 풀 그림의 실험을 통해 밝혀냈다.

미국과 중국의 어린이들에게 '닭', '소', '풀' 이 세 가지 그림을 보여주고 연관성이 있는 그림 2개를 묶어보라고 하였다. 서양인은 소와 닭을 묶었고, 동양인은 소와 풀을 엮었다. 서양인은 '동물'이라는 하나의 공통점으로 보는 반면, 동양인은 '소가 풀을 먹는' 인과관계로 보았다. 서양인은 범주를 중시하고, 동양인은 관계를 중시하는 문화적 차이임을 잘 알 수 있다.

리스벳 교수는 이와 유사한 실험을 실시하였는데 서양인 학생과 동양인 학생에게 '원숭이', '바나나', '호랑이' 중 서로 연관성이 깊은 단어 두 개를 선택하게 하였다.

결과는 앞서 제시한 실험과 마찬가지였다. 아시아 학생 대부분이 '원숭이'와 '바나나'를, 서양 학생은 '원숭이'와 '호랑이'를 짝지었다. 서양인은 범주를 중시하는 분류적 사고를 중시하며, 동양인은 상호 간의 관계를 중시하는 연관적 사고를 중시한다.

이런 차이를 이해하지 못한 한 광고가 화제가 되기도 했다. 뉴욕 타임즈에 추신수가 불고기를 권하는 광고 포스터가 실린 적이 있다. 이 광고를 본 대부분의 미국인들은 그 의미를 몰라 의아해 했다.

추신수 선수가 불고기를 젓가락으로 들고 권하는 사진과 함께 큰 문구로 "BULGOGI?"라고 글이 쓰여 있다. 광고의 목적은 '유명한 한국 메이저리그 야구선수 추신수=한국음식 불고기'를 연관시키면서 불고기에 대한 호기심을 불러일으키는 것이었다. 그러나 사물을 범주별로 묶어 보는 대부분의 미국인은 야구라는 운동과 불고기의 공통점을 찾지 못해 광고를 보고 고개를 갸우뚱거리며 혼란스러워하는 일이 발생한 것이다.[47]

리스벳 교수가 실험에서 밝힌 바와 같이, 동양과 서양은 서로 문화가 다르다. 동양은 관계 중심이며, 서양은 범주 중심이다. 서양은 개인의 자율성을 강조하는 반면, 동양은 집단의 자율성을 강조한다. 서양은 독립성을 우선시 하고, 동양은 상호의존적인 어울림을 강조한다. 그래서 서양 문화를 이해하지 못하면 수출 중심의 우리나라는 무역에 고전을 면치 못할 수 있다.

문화를 형성하는 구성원들은 문화 DNA를 가진다. 여기서 문화 DNA란 동양, 서양, 어느 나라 출신인가에 따라 다른 유전자를 가지고 태어난 것처럼 성향, 사고와 행동방식, 소비 패턴, 미적 기준 등에서 나타나는 차이를 말한다. 문화가 부모세대에서 자녀세대로 대물림 되며 일종의 '후천적 유전요인'이 되는 현상을 의미한다.

장애인에 대한 문화 DNA도 존재할까?

한국의 장애인에 대한 문화적 인식을 알기 위해서는 지금까지 장애인이 어떻게 불리어 왔는지를 알아보면 된다. 우리나라에서는 이전부터 장애인을 '병신', 지체장애인을 '절름발이·앉은뱅이·꼽추·곰배팔이·난쟁이', 시각장애인을 '소경·장님', 청각장애인을 '귀머거리·벙어리', 지적장애인을 '바보·천치·머저리' 등으로 불렀다.

노동력이 중요한 농경사회에서 노동력이 약한 장애인은 사회적으로 무시당하는 존재였기에 비하하거나 동정의 대상이 되었다. 가족에게 장애인은 타인의 시선을 중요시하는 유교문화에서 감추어져야 하는 존재였고, 가문의 명예를 훼손하는 부정적 존재였다. 요약해보면 전통 문화 속에서 우리나라 사람들은 장애인을 동정과 혐오의 대상으로 보고 있었으며, 장애 원인을 개인이나 가정의 책임으로 돌리고, 가정이나 마을(지역공동체)에서 은폐와 보호를 해왔다.

한국의 전통적인 장애인관은 구한말과 일제 강점기 동안 '불구자'라는 개념으로 변화되었다. 식민지하에서 '불구자'라는 용어는 신체적·정신적 결함을 나타내는 용어로 사용되었을 뿐 아니라 나라 잃은 조선인의 자기 인식을 비유적으로 표현하는 수단이기도 했다.[48] '불구'라는 용어는 장애가 선천적이라는 전통 문화적 장애인관에서 전쟁 등으로 인해 후천적으로 발생할 수 있는 부분을 포함하여 이전의 '병신'이라는 개념에서 '보편적 인간'으로 이해가 바뀌기 시작했다는 데 의미가 있다. 그러나 사회적 기능을 하지 못하고 보호받아야 할 부정적인 존재라는 인식은 바꾸지 못했다.

해방되고 한국전쟁이 발발한 후에는 상이군경에 대한 사회적 혜택이 주어지면서 장애인에 대한 관심이 높아졌으나, 상이군경이 아닌 장애인에 대한 관심이나 인식은 크게 변화하지 않았다.

1981년 심신장애자복지법이 제정되어 5년마다 전국 규모 장애인 조사가 실시되기 전까지 장애인은 우리 사회에서 소외된 소수이면서 타자였다. 장애인에 대한 우리나라 국민 인식에 관해 한 연구자는 "사회적 차원의 철저한 무관심과 방치"로 특징지었다.[49] 집단 중심, 관계 중심, 상호의존성이 강한 동양 문화 속에서 우리나라의 장애인은 주체적이고 독립적이지 못했다. 대부분의 국민이 장애인에 대해 부정적으로 생각하고 사회적으로 보호받아야 할 존재로, 동정의 대상으로 인식하고 있었다.

우리나라 국민은 부모와 그 부모의 세대에서 문화 DNA를 물려받으면서 어쩌면 장애인에 대한 부정적 인식을 함께 물려 받았을 수 있다. 문화 DNA는 후천적인 요인이기에 얼마든지 경험과 학습을 통해 변화시킬 수 있다. 부정적이고 잘못된 문화를 선대에서 물려받았다면 이것을 인식한 순간 얼마든지 올바른 문화로 바꾸어 후대에 물려줄 수 있어야 한다. 그러므로 국민 모두가 인간적 존엄과 생명 존중 정신을 바탕으로 장애인을 사회의 주체로 인정하고 생존권, 교육권, 직업권 등 권리를 보장해주어야 한다는 인식을 가져야 한다.

장애인에 대한 긍정적 인식을 가진 학생들이 커서 성인이 되고 또 다음 세대의 아이를 키울 때 올바른 장애인에 대한 문화 DNA를 물려줄 수 있지 않을까? 기성세대로서 교육종사자로서 무거운 책임감을 느낀다.

쉬어가기

서양철학과 중국철학은 차이가 난다. 서양철학이 기본적으로 동일성identity을 사유했다면 중국 철학은 관계relation를 사유했다는 점을 들 수 있다. (중략) 예를 들어 우리 앞에 의자가 있는 경우를 생각해보자. 서양철학은 의자가 의자로 자신을 유지할 수 있는 동일성을 찾는다. 의자는 네 다리가 있고 그 위에 앉을 수 있는 받침대가 있는 모양을 하고 있다. 그리고 이런 형상을 해야만 의자일 수 있다. 이런 형상이 바로 의자 자체를 규정하는 것이다. (중략) 그러나 중국철학에서는 의자는 기본적으로 나와 어떤 관계에 있느냐를 사유하려고 한다. 의자는 기본적으로 내가 앉을 수 있는 것이다. 그래서 다리가 세 개가 있다고 해도 만약 그것이 앉을 수 있는 것이라면 의자라고 부를 수 있다. 반면 다리가 네 개라고 해도 만약 그것이 내가 누울 수 있는 것이라면 침대라는 다른 사물이 될 수밖에 없다. 결국 의자는 나와의 관계를 통해서 의자로 규정될 수밖에 없는 것이다.

출처 : 강신주(2014). 강신주의 노자 혹은 장자. 오월의 봄. p.426~427

너와 나의 관계를 중시하는 동양 철학을 바탕으로 한 우리나라 문화 DNA가 전 세계에 스며들고 있다. 그 한 예가 BTS(방탄소년단)다. 인터넷 네트워크를 통해 전 세계 팬덤 '아미ARMY'가 형성되었다. '아미'는 지금까지 글로벌 아티스트 발굴 공식에서 벗어나 BTS라는 뮤지션을 중심으로 전 세계 팬들과 상호 관계를 맺으면서 음악과 콘텐츠를 공유하였다. 음악을 소비하는데 그치지 않고 하나의 '아미 문화ARMY culture'를 형성해 자발적인 홍보를 통해 BTS가 세계적인 아티스트 반열에 오를 수 있는 결정적 역할을 했다.
우리나라 문화 DNA의 장점을 살린다면 BTS처럼 다른 나라가 부러워하는 장애인과 비장애인 상호 관계를 존중하는 사회를 구현할 수 있으리라 확신한다.

제2부
장애와 개인

장애인은
누군가의 가족이자 친구이며
우리의 소중한 이웃입니다

2015년 서울특별시는 총 8편의 '장애인식개선 교육 영상 및 캠페인 동영상' 콘텐츠를 만들었다. 그 중 메인은 장애인식 개선 캠페인 영상이다. EBS가 제작해서 인지 장애인과 비장애인은 다르지 않다는 것을 따뜻하고 차분한 영상으로 풀어내고 있어 보는 내내 감동을 받았다. 그런데 영상의 마지막 부분에 '장애인은 누군가의 가족이자 친구이며 우리의 소중한 이웃입니다.'라는 글이 선명하게 나타났다. 캠페인이 말하고자 하는 핵심 메시지였다.

그 글을 읽으면서 장애인은 누군가의 가족이자 친구인 것도 맞고, 소중한 이웃인 것도 알겠는데 '우리'는 과연 누구를 말하는 걸까 의문이 들었다.

문장으로만 해석하면 '우리'에는 장애인이 빠져 있다. '장애인은 우리의 소중한 이웃입니다.'를 조금 과도하게 해석하면 지금까지 '우리'에는 장애인이 포함되지 않았고, 이웃이 아니라고 생각하는 사람이 있다면 소중한 이웃임을 알아야 한다는 의미이다.

영상과 관련된 댓글에도 일부 비슷한 글이 있었다.

장애인은 우리와 다르지 않습니다.(이○○)
장애인도 우리와 같은 사람입니다.(챠○)
우리 일반인과 같은 사람입니다.(오○○)
장애인도 결국 사람입니다.(○○○루)
정책도 중요하지만 먼저 우리들의 편견과 차별을 깨는 것이라는 생각이 들어요.(채○○)

위의 글에서 보듯이 '우리'라는 범주에는 비장애인만 있다. 지금까지 비장애인은 장애인을 이미 나와 다른 사람으로 구분해서 인식하고 있었음을 알 수 있다.

'우리'는 한국인이 가장 많이 사용하는 용어 중 하나이다. 이 글에서도 '한국인'이라는 용어를 사용하는 것보다 '우리나라 사람'이라는 용어를 쓰면 읽는 이가 글을 더 친밀하게 느낄지 모르겠다('우리'라는 용어에 대한 혼선을 줄이기 위해 한국인이란 용어를 사용하였음을 이해해주기 바란다.). '우리'라는 말은 회식 때 술잔을 높이 들면서 자주 사용된다. "우리가 남이가!"

일반적으로 이 용어는 공동체의 개념을 포함한다. '우리 엄마', '우리 동네', '우리 민족', '우리 집' 등 '우리'는 하나라는 소속감을 바탕으로 한 울타리 안에 같이 있다는 의미가 내포되어 있다. 이 용어를 자주 사용한다는 것은 타인과 동질감을 가지고 허울 없이 지내면서 어울리고 싶어 하는 욕망이 외부로 표현된 것이라 할 수 있다. 이러한 한국인의 심리를 허태균은 '가족확장성'[1]으로 설명했다.

가족확장성이란 다양한 사회적 관계와 체계를 가족의 개념으로 이해하는 것으로 다양한 인간관계를 너무나도 쉽게 혈연관계로 환원해 버린다. 예를 들어 식당이나 가게 등의 종업원을 가족이나 친척에게 사용되는 호칭인 아저씨, 아주머니, 오빠, 언니, 동생으로 부른다. 오히려 "종업원!"이라고 외치는 것이 더 어색하다(그래서 함부로 호칭을 부르지 말라고 주문 벨이 있는 식당이 많아지고 있는지 모르겠다.). 이렇게 한국인은 상호간의 친밀감을 형성하기 위해 주변 아무하고나 가족을 만든다. 그리고 아무하고나 '우리'가 된다. 출신 초등학교가 같아서, 종교가 같아서, 지역 연고가 같아서, 같은 부대 출신이라서, 같은 대학 출신이라서, 심지어는 비슷한 스타일의 옷을 입어서 '우리'가 된다. 사람들은 어떻게든지 자신의 주변 사람을 '우리'라는 울타리 안으로 끌어들이기 위해 노력한다.

그런데 '우리'가 되지 못하면 어떻게 될까?

같은 성, 같은 종교, 같은 출신 등의 명분이 주어진 '우리'라는 공동체는 반드시 우리가 아닌 집단을 만든다. 우리가 아닌 사람들은 '타인'이며, '나와는 상관없는 사람'이라는 인식이 형성되고, 그 사람이나 집단을 소외시키거나 배척하기도 한다.

내가 '장애인은 누군가의 가족이자 친구이며 우리의 소중한 이웃입니다.'라는 문구가 불편했던 이유가 바로 여기에 있다. '우리'는 비장애인을 암시한다는 것과 비장애인이 우리가 배려해서 장애인도 우리라는 공동체 안으로 넣어주자고 주장하는 느낌을 받았기 때문이다. 마치 선심 쓰듯 말이다.

사회에서 장애인이 아직 '우리'가 되지 못한다면 이제는 '우리'라는 용어에 이미 장애인이 포함된 사회를 만들어야 한다. '우리'라고 말하거나 용어를 사용할 때 항상 장애인을 염두에 두는 것이 장애인식개선의 시작임을 명심하자.

'모든 아이는 우리 모두의 아이'라는 교육부 슬로건이 있다. 모든 아이는 교육받을 권리가 있고, 국가가 책임지고 한 명의 아이도 소외됨 없이 교육하겠다는 다짐을 나타내는 문장이다. 여기서 '우리'는 대체 누구를 말하는 걸까?

장애인은 왜 '우리'가 되지 못할까?

한국인은 우리 엄마, 우리 아빠, 우리 친척, 우리 친구 등 '우리'라는 말을 애용한다. 서로 비밀을 공유할 때도 "우리끼리라서 하는 말인데……."로 시작한다. '우리'는 편을 가를 때 자기편을 가리키거나 하나의 공동체를 의미할 때 주로 사용한다. '우리'라는 단어를 빼도 문장이 되거나 말이 되는데도 굳이 '우리'라는 용어를 사용하는 경우도 많다. '우리'라는 말은 주로 친근감을 나타낼 때 쓴다. 그래서 이 말을 사용하면 왠지 상대방에게 정감이 간다.

앞서 밝힌 바와 같이 이런 아름다운 용어인 '우리'에 왜 장애인이 빠져 있었을까? 장애인은 왜 '우리'가 되지 못할까?

장애를 차별하면 안 된다는 것을 비장애인은 잘 알고 있다. 그러나 지체장애인이 버스에 승차하기 위해 시간이 지연되면 약속시간이 늦을까 자신도 모르게 장애인을 원망하기도 한다. 장애를 이해한다고 말하지만 자신은 장애인이 아니기에 장애는 나와는 상관없는 일로 생각한다. 장애인은 나와 다른 사람이라고 인식하기도 한다. 장애인과 만난 적이 별로 없어 직접 대면하면 당황하기도 한다. 장애에 대한 잘못된 고정관념과 편견, 이중적인 생각 등으로 장애에 대한 거부감을 가지기도 한다. 이처럼 사람들은 자신도 모르는 사이에 장애와 장애인에 대한 배타성에 익숙해져 있다. 왜 이렇게 되었을까?

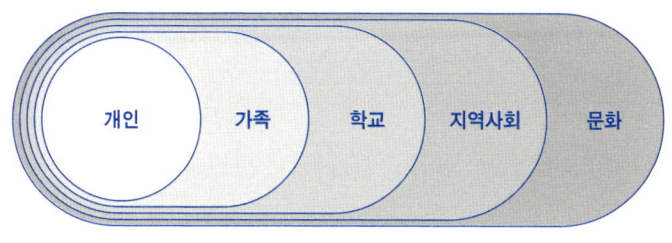

생태학적 모형

생태학적 관점[2]에서 본다면 지역사회와 문화를 포함하는 사회구조가 사람들의 생각에 영향을 주는 주된 요인이 된다. 가족이나 학교 요인은 개개인마다 장애인에 대한 배타성에 차이가 있을 수 있지만 지역사회와 문화를 아우르는 개념인 사회환경 및 구조는 모든 사람에게 공통적으로 적용되기 때문이다. 즉 우리나라 사회가 장애인을 배척하고 비장애인 중심의 생활 환경으로 구성되었기에 무의식적으로 사람들은 장애인을 배타적으로 대한다고 볼 수 있다.

비장애인 중심의 사회구조를 만든 대표적인 이념과 사상, 인식으로는 '단일민족, 민족주의적 인식', '그릇된 전체주의 신념', '자본주의 이념' 등을 들 수 있다.

단일민족, 민족주의적 인식

1980년대까지 사회 수업이나 도덕 시간에 가장 많이 강조되었던 내용은 '우리 민족은 단군의 자손으로 찬란한 반만년 역사를 가지고 우수한 문화와 전통을 이어왔다.' '수많은 외세의 침략을 물리쳤으며, 단일민족을 이루며 살아왔다.' '한민족이다.' '백의민족이다.' '단일민족국가다' 등이다. 2000년대 들어 인구 감소와 국제결혼, 외국인 노동자의 유입 등으로 다문화 사회로 접어들면서 학교교육에서 자연스럽게 단일민족에 대한 개념이 사라졌다. 그러나 일제강점기를 경험한 한국인의 인식은 언제나 동질성을 강조한 한민족, 단일민족, 백의민족의 개념을 포함하고 있다. 그렇다면 과연 우리 민족은 과연 백의민족, 단군의 후손인 단일민족일까?

생물학자 김욱은 최근 한국인 100여 명의 유전자를 정밀 분석한 결과, 평균적으로 북방계에 속하는 동북아시아 유전자 집단과 남방계에 속하는 동남아시아 유전자 집단이 60대 40으로 섞인 것으로 나타났다. 즉 우리 민족이 유전학적으로 한 계통에서 분화된 단일민족으로 분류될 수 없다고 하였다.[3] 2000년대 전까지 우리는 실제로 단일한 인종으로 구성된 민족이 아님에도 불구하고 학교에서 '단일민족'이라고 끊임없이 배워왔다. 왜 국가는 단일민족을 강조하였을까?

대한민국은 예로부터 외세침략이 잦았기에 하나의 공동체를 형성하는 구심점이 필요했다. 이 구심점은 '우리'이며, '우리=한韓민족'이었다. 단일민족이라는 슬로건은 하나의 공동체를 형성하고, 정체성과 차별성을 확립하여 협동과 단결로 이어졌다. 한마디로 말하면 '우리는 하나'를 강조하기 위함이다.

단일민족이라는 민족주의는 우리나라 역사에 긍정적인 영향을 미쳤다. 일제강점기의 3.1운동, IMF 외환위기 사태 때 금모으기 운동, 2002년 월드컵 거리 응원, 대통령 탄핵 촛불집회 등 너와 나를 하나로 뭉치는 역할을 하였다. 그러나 민족주의는 '강한 민족'을 우선하게 마련이어서 단일민족이라는 이념적 맥락에서는 장애인을 부정적으로 인식하게 된다.[4]

역사적으로 보면 강한 민족을 앞세워 왜곡된 민족주의를 주장한 일본의 제국주의나 독일의 나치즘으로 인해 전 세계가 비극을 겪었다. 나는 단일민족을 앞세운 민족주의의 옳고 그름을 논하고자 하는 것은 아니다. 좋은 의미의 민족주의든 나쁜 의미의 민족주의든 공통된 위험이 따르며, 그 위험은 '타자에 대한 배타성'이라는 것을 말하고자 함이다.[5]

타자에 대한 배타성이란 어떤 사람을 볼 때 나와 다른 사람이라 인식하는 것을 의미한다. '나와 다르다'라고 규정할 때 구분되는 기준은 장애, 인종, 계급, 성 정체성, 나이, 민족, 소외계층 등이 된다. 단일민족을 강조하면 할수록, 민족주의를 강화하면 할수록 집단 내 '우리'라는 또 하나의 단결된 집단을 만들기 위해 애쓰게 된다. 그 결과 한국인은 어떻게 해서든 자신 주변에 '우리'라는 울타리를 하나라도 더 치기 위해 아낌없이 노력한다. 같은 고등학교, 같은 대학 출신이라서, 고향이 같아서, 회사가 같아서, 부서가 같아서 심지어는 종교가 같아서, 본관이 같아서 등 어떤 식으로라도 공통점을 찾아서 '우리'라는 틀에 넣는다. 이렇게 한국 사회에서 모든 '나'는 '우리'가 되어야 한다. 우리가 되기 위해 같은 성, 같은 종교, 같은 출신 등의 명분을 찾고 동시에 이와 다른 사람은 우리가 아닌 '타인', '나와는 상관없는 사람'이 되어버린다.

민족주의는 그 자체로 '우리'라는 한 공동체를 형성하게 되고, 다르다는 것에 대해 배타적으로 명확히 구분 짓게 한다. 즉 민족주의는 의도하건 의도하지 않건 사회적 배제를 전제로 한다. 민족주의를 강조할수록 나와는 다른 타인에 대해 부정적이게 만들어 장애인을 나와는 다른 사람으로 인식할 가능성이 크고 장애인에게 배제와 차별을 더욱 강화시킨다. 최근 특수교육법, 장애인차별금지법, 장애인복지법 등 다양한 법적·제도적 장치를 통해 장애인의 권리를 사회가 보장하지만 '우리'를 강조하는 민족주의적 인식을 개선하지 않는 한 장애인은 대한민국에서 영원한 사회적 타자가 될 수밖에 없다.

그릇된 전체주의 신념

나는 '초등학교' 세대가 아닌 '국민학교' 세대다. 1996년 3월 1일자로 국민학교가 초등학교로 명칭이 변경되었음을 감안하면 지금의 40

대 이상은 국민학교를 다닌 셈이다. 중학교, 고등학교와는 달리 국민학교의 명칭이 변경된 이유는 '국민'이라는 단어 때문이다.

일제강점기 시절인 1941년 3월 21일 일본은 민족말살정책의 일환으로 '보통학교'를 '일본 천황의 국민이 다니는 학교'라는 의미의 '국민학교'로 바꾸었다.[6] 일제 잔재의 명칭을 50여 년간 사용해온 것이다.

국민학교는 그 명칭만큼이나 개인보다 전체를 강조했고, 국가를 강조했으며, 집단 위주의 획일성과 보편성을 추구했다. 어린 시절 학교에 대한 기억 중 하나는 무엇이든지 '다 함께'였고, 열외가 없었던 학교 규칙이 많았다는 것이다. 일주일에 한 번은 꼭 운동장이나 강당, 교실 등에서 전체 조회를 했으며, 국민체조를 생활화(?)했다.

그 시절 가장 많이 들었던 말은 '앞으로 나란히'와 '양팔 옆으로'다. 전체 조회시간에 앞줄과 뒷줄, 옆줄을 다 맞추어야 하기 때문이다. 항상 일과의 시작과 끝은 '선생님께 경례'였으며, '우리는 민족 중흥의 역사적 사명을 띠고…'라는 393자의 '국민교육헌장'을 다 외워야만 했다. 운동회의 꽃은 군대식 '매스게임'이었다. 매스게임의 절정은 인간 탑을 만든 뒤 가장 위에 서 있는 학생이 태극기를 흔드는 것이었다. 물론 바닥에 안전매트는 없었다. 지금 생각해 보면 학생 안전은 뒷전인 너무도 위험천만한 일이었지만 당시에는 개의치 않았다. 이 모든 것이 일제강점기 교육의 잔재였고, 유신독재 시절 국민을 통제하기 위한 전체주의식 교육이었다.

영화 '국제시장'에서 주인공 덕수가 베트남 파견 문제로 아내 영자와 용두산 공원에서 언쟁을 벌인다. 한창 다투다가 오후 다섯 시가 되자 둘 다 언제 그랬냐는 듯 다툼을 멈추고 국기가 있는 방향으로 손을 가슴에 올리고 '국기에 대한 맹세'를 하는 장면이 나온다. 국가주의, 전체주의를 잘 보여주는 참으로 '웃픈' 장면이다. 당시 모든 국민은 오후 다섯 시가 되면 어딘가에서 흘러나오는 반주에 따라 국가에 충성하는 의미로 바른 자세로 서서 가슴에 손을 얹고 국기가 있는 방향을 향해 경례를 했다.(경례를 하지 않고 가던 길을 계속 가면 이상한 사람 취급을 당했다.) 이처럼 40대 이상의 한국 국민은 본인의 의사와 상관없이 일제강점기, 한국전쟁, 유신독재와 군부정권의 전체주의에 영향을 받아왔다.

개인보다 조직이 우선시되고, 나보다 우리가 강조되었다. 넓게는 개개인의 삶보다는 나라, 기업이 잘되어야 하며, 나라와 기업이 발전해야 개인이 발전할 수 있다는 신념을 가지고 있다. 오늘날에도 나보다 조직을 우선시 하는 사회적 경향이 있으며, 이 논리는 지금 대한민국 사회의 보수와 진보를 구분하는 기준으로도 작용하고 있다.

그렇다면 40대 이하는 전체주의의 영향을 받지 않았을까?

그렇지 않다. 국민학교에서 초등학교로 명칭만 바뀌었을 뿐 교육 방식이나 학교 운영 방향 등에 있어서는 10년 전이나 30년 전이나 바뀐 것이 없다. 학교는 중·고등학교로 올라갈수록 공부를 잘하는 학생과 그렇지 않은 학생으로 구분하고, 옆 친구와 점수 경쟁을 하는 것 역시 변함없다. 과학실이나 음악실 등 특별실을 제외하고는 모든 책상은 칠판과 교탁을 향해 배치되어 있다. 교사는 대다수 학생의 학습능력 향상을 위해 학급 평균에 맞춘 획일적인 수업을 진행한다.

한국의 교육은 주체성과 자발성을 중시하고 개개인의 특성을 고려한 교육보다 모두가 똑같이 교육받는 평균 중심의 균등 교육을 지금껏 지향해 오고 있다. 학교와 교사는 지금까지 모두가 같은 교육을 받아야 한다는 전체주의에 입각한 교육의 틀을 벗어나지 못했다. 학생들은 학업 경쟁의 서바이벌 공간인 학교에서 시험을 통해 누가 승자인가를 계속 비교당하고 있다.

학벌을 중시하고 성적으로 줄을 세우는 학교교육환경이 변화하지 않는 한 인간성, 비전, 상상력, 창의력, 비판 정신, 자기 책임성에 기초한 민주시민 양성은 오늘날에도 요원하다. 이러한 학교 상황에서 비장애학생에게 장애학생을 이해하고 동등한 친구로 협력하고 소통하기를 바라는 것은 교사나 부모의 괜한 욕심일 수 있다.

전체주의적 관점에서는 학급이나 학교의 성적 향상을 위해 수업을 다수의 비장애학생 위주로 진행한다. 이 때 평균에서 크게 벗어난 발달장애학생은 자주 교육에서 배제되기도 한다. 대다수를 위해 소수를 희생시키고 있는 것이다.

이처럼 오늘날 한국은 세대를 뛰어넘어 국가와 집단을 중시하고, 최대 다수의 최대 행복을 주장하면서 다수 위주로 생각하는 그릇된 전체주의 신념이 아직도 존재하고 있다.

우리는 역사를 통해 전체를 위한 개인의 희생은 불가피하다는 전체주의 신념이 얼마나 위험한지 잘 알고 있다.

오직 국가와 민족의 이익을 위해 절대 복종을 주장한 이탈리아의 무솔리니는 파시스트를 만들었고, 히틀러는 독일민족의 우수성을 강조한 결과, 유대인, 집시, 장애인 등을 없애야 한다고 믿어서 실제 600만 명에 달하는 유대인을 학살하기도 했다.

전체주의가 위험하다는 것을 알면서도 오늘날 한국사회는 그릇된 전체주의로 인해 장애인, 다문화인, 탈북인, 성적 소수자, 외국인 노동자 등 사회적 약자를 차별하고 있다. 나와 다르다는 이유로 정상과 비정상으로 끊임없이 구분하면서 장애인을 비하하고, 모욕하면서 차별을 일삼기도 한다. 자신이 저지른 차별 행위는 대의를 위한 소수의 희생으로 포장한다. 그리고 장애인의 문제를 사회적 문제로 보지 않고 개인의 잘못이나 책임으로 돌린다. 이는 차별을 찬성하고 묵인하는 행위다. 장애인과 같은 사회적 소수자의 차별을 정당화하는 것은 과거 경제발전을 핑계로 노동자 인권을 탄압한 것의 정당성을 부여했던 그릇된 전체주의와 다를 바 없다. 어떠한 경우라도 국가나 조직이 앞장서서 개인의 희생을 강요하지 않는 진정한 의미의 전체주의 이념을 재정립할 필요가 있다.

사상가인 함석헌은 개인과 전체에 대해 이렇게 말했다. "하나를 살리려면 전체가 동원되어야 하고 전체를 살리려면 하나하나가 살아야 한다."[7] 이는 개인이 없이는 전체도 없으며, 전체가 없이는 개인도 존재하지 않는다는 의미이다. 누구도 소외되지 않고, 개개인이 존중

받는 사회적 분위기 속에서 전체를 위한 함의가 도출될 때 진정한 전체주의라 말할 수 있다. 앞서 밝힌 바와 같이 국가와 민족을 위해 다수를 중시하고 소수를 제외하는 그릇된 전체주의 신념은 장애인에 대한 사회적 배타성을 높이는 요인이 된다. 그러므로 개인과 전체를 고려한 자율, 중용, 형평을 중시하는 개인 존중의 전체주의 신념을 가지는 것이 중요하다.

인문학자 김상봉의 글[8]을 통해 전제주의에 대해 한 번 더 생각해 보았으면 한다.

> 국가는 인간을 위해 존재하는 것이지 인간이 국가를 위해 존재하는 것일 수는 없습니다. 그러므로 우리가 정말로 좋은 국가를 만들기 원한다면 국가에 관해 먼저 생각해야 할 것은 국가에 대한 시민의 의무가 아니라 시민에 대한 국가의 책임과 의무입니다. 나를 책임져주지 못하는 국가는 존재 이유가 없는 국가입니다. 우리 사회에서 국가에 얽힌 불행은 바로 이 명백한 이치를 인정하지 않는 데서 시작합니다.
> ...(중략)...
> 참된 의미에서 전체를 위한 일이 과연 무엇이겠습니까? 그것은 오직 하나, 전체 공동체 내에서 가장 약한 사람의 이익과 행복을 증진시키는 일일 뿐입니다. 가장 약한 자에게 좋은 일은 모두에게 좋은 일이기 때문입니다. 오랫동안 인류는 강자를 위해 약자를 희생시키면서 그것을 진보라 믿었습니다. 이제 그릇된 길에서 벗어나 약하고 느린 자와 같이 걷는 법을 배울 때입니다. 사랑의 진보만이 참된 진보이기 때문입니다.

자본주의, 경제 중심주의의 사회구조

나의 아버지는 수학교사였지만 어려운 살림살이 때문에 그만두시고 30년 넘게 위생도기 도소매상을 하셨다. 아버지가 장사를 하시던 80년대, 90년대 중반까지는 경제발전 시기여서 건설과 관련된 일은 호황기였고, 사업도 나쁘지 않았다. 그러나 돈을 많이 벌지 못했다. 당시에는 약속어음을 많이 사용했다. 어음은 물건 먼저 받고 돈은 나중에 준다고 약속하는 종이이다. 건설업 특성상 문제가 발생하면 어음 수표는 휴지조각이 되는 경우가 허다했기 때문이다. 그러다 보니 아버지는 언제나 돈에 대해 민감하게 반응했다. "돈은 피와 같다. 피가 없으면 사람이 죽듯이 돈이 없어도 사람은 죽는다." 당시 내가 귀에 못이 박히도록 밥상 앞에서 들었던 말이다. 우리나라가 지난 30년 동안 급속한 경제성장으로 전통적 농업사회에서 근대 산업사회의 자본주의 구조로 변화하는 한 단면을 보여주는 실화이다.

우리나라는 짧은 시간에 경제발전을 이루기도 했지만 1997년 IMF 외환위기, 2007년 세계 금융위기와 같은 어려움도 겪어왔다. 이러한 경제발전 과정을 통해 한국인의 머릿속에는 금전을 우선시하는 자본주의적 인식이 자리 잡고 있다. 특히 산업자본주의 사회는 인간의 가치를 노동의 생산성에 두고 있다. 자본주의 사회에서는 수익을 얻기 위해 저비용 고효율을 추구하고, 개인의 가치나 역량을 생산성이나 노동력으로 본다. 즉 부가가치의 창출능력이 얼마나 높은가 판단하여 개개인을 우수한 노동 상품 또는 질 낮은 노동 상품으로 보기도 한다.

　개개인의 상품의 질을 여러 관점에서 구분을 하는데 노동 상품의 질은 나이, 성별, 건강, 교육수준 등이 기준이 된다.[9] 노동시장 참여와 취업이 비장애인에 비해 현저히 낮은 장애인은 높은 상품으로 인정받기 어렵다. 장애로 인한 직업능력 저하와 낮은 수준의 기술능력 등으로 인해 실질적 생산성을 낮기 때문이다.[10] 유동철은 "중증 장애인들은 자본주의적 경쟁 원리가 지배적인 사회에서는 생활하기가 어려운 사람들이며, 따라서 속성상 반자본주의적일 수밖에 없다[11]"고 하였다. 이는 기계의 발전 및 생산 과정의 효율화로 자본주의의 발달이 점점 심화될수록 장애를 가졌다는 것은 사회에 배제될 수 있음을 의미한다. 나아가 비장애인이 지적장애와 같은 발달장애, 지체장애, 시각장애, 청각장애 등 장애인을 질이 낮은 노동력을 가진 사람으로 인식하게 만든다. 다시 말해 경제 중심의 자본주의 논리로 보면 장애인은 상품성이 낮은 개인, 생산성이 떨어지는 사람, 사회에 적응하기 어려워 불필요한 사람으로 여겨진다. 그래서 비장애인에게 '장애'란 '또 다른 특성을 가진 개인'이 아니라 '나와는 다른 사람', '쓸모 없는 사람', '짐이 되는 사람'이라는 인식을 심어주게 된다. 이처럼 경제 중심의 자본주의 사회구조는 비장애인이 장애인에 대한 그릇된 생각을 가지게 하는 한 요인으로 작용할 수 있다.

　여기서 한 가지 의문점이 생긴다. 자본주의가 발달한 미국이나 독일 등 선진국에서는(인권적인 측면을 제외하고) 왜 장애인이나 노인과 같은 생산성이 없는 사람들의 자립과 취업을 독려하고 복지와 지원을 강화할까? 그리고 사회적 통합을 강조할까?

장애인을 보는 관점에서 차이가 있다. 사회복지 수준이 높은 선진국일수록 장애인을 낮은 생산성을 지닌 존재로 인식하는 것이 아니라 사회의 한 구성원으로 인식한다. 자본주의 사회에서는 모든 사람들이 사회 구성원으로서 생산주체이면서 소비주체가 되는 선순환 구조를 국가적 비용이 적게 드는 이상적인 사회로 본다. 장애인도 예외가 아니다.

장애인이 사회에서 생산성이 높던 낮던 관계없이 비장애인과 함께 직업을 가지고 생활한다면 경제주체가 된다. 장애인에게 자립할 수 있는 기반을 마련해 주면 생산자로서 소비자로서 자본주의의 한 구성원으로 역할을 다할 수 있다. 국가가 직접 지원하는 장애인 복지비도 줄고 세금은 늘어난다. 가정이나 시설에만 있는 장애인보다 직업을 가진 장애인이 훨씬 사회적으로 질 높은 생활을 누릴 수도 있다. 장애 당사자뿐만 아니라 장애인 가족이나 보호자 역시 장애인을 돌봐야 한다는 부담에서 벗어나 안정적인 생활을 보장받을 수 있다. 그러나 장애인이 가정이나 시설에서만 생활한다면 국가에서 제공하는 보조금으로는 소비와 지출에 제약을 갖게 되며, 생산자로서의 역할을 잃게 된다. 국가에서 장애인의 생활을 위해 지원해야 하는 비용이 증가할 수밖에 없다. 장애인 가족이나 보호자 역시 장애 당사자를 위해 더 많은 노동과 비용을 지불함으로써 소비가 위축될 수 있다. 이것이 경제논리로만 바라볼 때 자본주의가 발달한 선진국에서 장애인의 자립과 취업을 강화하는 이유다.

장애인 복지가 발달한 선진국에서는 보호와 지원이 상시 필요한 중증장애인이라도 사회적 부가가치를 창출한다는 면을 주목한다. 장애인을 위한 사회복지사, 보조인력, 특수교사 등 다양한 인력이 취업한다. 복지관, 보호작업장, 평생교육 기관 등 다양한 시설이 생겨나며 새로운 직업을 만든다. 장애의 치료를 위한 의료적 발달과 지체장애를 위한 새로운 보조공학기기가 끊임없는 만들어진다. 인구의 노령화가 심각한 선진국일수록 노인, 장애인을 위한 새로운 직업과 서비스가 계속해서 생겨나고 사회적 부가가치를 창출해 나가고 있다.

경제 중심의 자본주의 사회구조에서 비장애인이 장애인을 생산성이 떨어지는 무능력한 사람으로 인식하는 것은 사회 전체적 측면에서 넓게 본 것이 아니라 장애인과 비장애인을 비교하는 개인적인 측면에서 좁게 보기 때문은 아닐까? 또한 대한민국 사회가 개개인의 능력과 특성에 맞는 직업을 가지는데 우선순위를 두지 않고 남과 비교해 능력이 뛰어난 것을 강조하고 이에 따른 서열화를 중시하는 풍토가 만연해서이지 않을까?

자본주의의 발달과 비례하여 사회복지가 향상되듯이 우리의 인식도 한 단계 성숙해져야 한다.

영혼 없는 친절,
친절한 거부와
친절한 차별

영혼 없는 친절은 거부를 의미한다

　교육부에서 근무할 때 즉시 해결하기 어려운 민원 전화를 받는 경우가 있었다. 그럴 때는 최대한 친절하게 민원인의 감정이 상하지 않도록 유념하면서 교육부의 입장을 설명하고, 시·도교육청과 협의하여 민원해결에 최선을 다할 것을 약속한다. 담당자는 민원에 대한 공감과 민원인 입장에 서서 생각하는 자세가 중요하다. 짧은 시간이지만 민원인과 담당자 간의 깊은 이해를 바탕으로 신뢰를 쌓아야 한다.

　문제는 이러한 민원 전화가 자주 올 때 발생한다. 여러 건의 민원 전화를 받게 되면 민원인의 애로사항에 공감하지 못하고, 나도 모르게 형식적으로 전화를 받게 된다.

　대부분의 민원인은 부모 또는 교사로 자신의 요구가 시·도교육청에서 해결되지 않기에 교육부에 민원을 제기한다. 민원인 입장에서는 교육부가 자신의 문제를 해결해 줄 최후 보루인 셈이다. 장애인 당사자나 보호자가 민원인일 경우 교육부 담당자가 형식적으로 전화를 받으면 마음의 상처를 받는다. 민원인은 장애 관련 지원을 제대로 받지 못한 현실에 상처를 받아 이를 해결하고자 교육부에 민원을 제기한다. 그러나 담당자의 친절하지만 형식적이며 영혼없는 태도는 민원인에게 또 다른 마음의 상처가 된다.

우리는 살아가면서 수많은 '영혼 없는 친절'을 접한다. 커피숍이나 음식점, 백화점, 병원, 동사무소, 은행 직원의 "안녕하십니까? 고객님. 무얼 도와드릴까요?"라는 말은 친절하지만 차갑고 형식적인 느낌을 준다. 이러한 영혼 없는 친절을 일상생활에서 자주 접하기에 아무런 불쾌감 없이 당연시 여기기도 한다. 그러나 영혼 없는 친절함의 대상이 장애인인 경우는 평상시의 당연함으로 넘겨지지 않는다. 왜냐하면 장애인의 요구 대부분은 '차별'과 관련이 있기 때문이다.

전입학 거부, 교육 지원 미비, 취업 시 면접 기회 미부여, 상대적으로 낮은 임금, 요식업 시설 이용 거절, 보험계약 거절, 편의 시설 미지원 등 차별받지 않기 위한 장애인의 요구는 지극히 당연하다. 이러한 요구를 매우 친절하지만 아주 형식적이고 고정된 답변으로 응대한다면 장애인은 "친절한 거절, 거부"라는 또 다른 형태의 차별을 경험하게 된다.

지체장애인이 구청에서 운영하는 헬스장 등록신청을 거절당했다.[12] 구청 측은 장애인용 운동 장비가 없고 다른 회원이 다칠 수 있다는 이유로 헬스장 이용을 거부하면서 장애인 전용 헬스장을 알아봐주겠다고 했다. 장애인의 요구는 구민이면 누구나 이용할 수 있는 헬스장을 이용할 수 있게 해달라는 것이다. 장애인이기에 헬스장에서 이용하는 기구가 많지 않아서 차별을 받는 것도 억울한데 안전과 시설 미비로 아예 헬스장 등록조차 거부 당하는 것은 누가 보아도 잘못된 행위다. 구청 측은 이런 행위가 차별이라는 걸 몰랐을까?

당시 구청 측 공무원과 트레이너는 자신들이 행한 조치가 장애인을 위한 것이라는 걸 강조했다. 헬스장 시설이 너무 낙후되어 장애인 복지관에서 전문 재활 트레이너로부터 더 안전하게 교육을 받을 수 있다고 판단했다고 답변했다.[13] 구청 측은 장애인을 위한 선의의 조치라고 생각했을 뿐 차별을 의도하지는 않았다는 걸 알 수 있다. 이처럼 장애인의 당연한 요구와 권리에 대해 무의식 중에 친절함을 앞세워 차별이 발생할 수 있다.

차별은 장애인이 비장애인에 비해 상대적인 박탈감과 소외감을 느끼게 만든다. 장애인의 요구는 단순하다. 장애로 인한 차별을 하지 말아달라는 것과 지원을 강화해 달라는 것이다. 이러한 절박한 요구를 영혼 없는 친절함으로 넘겨버리면 장애인의 입장에서는 사회에서 배제되고 있다고 느낄 수밖에 없다.

장애인이나 그들 부모를 대할 때 눈을 마주보고, 귀를 세우고 장애인의 입장에서 깊이 공감하려는 자세를 가져야 한다. 무엇보다도 몸에 익숙한 '영혼 없는 친절'은 모두가 조심해야 한다.

친절한 거부는 그냥 거부다

 2018년 「장애인 등에 대한 특수교육법 개정 연구」 당시 장애학생의 부모, 교사 등을 대상으로 현장의견 수렴에 참석한 적이 있었다. 의견을 나누는 자리에서 부모 다수는 장애학생에게 특수교육관련서비스가 제대로 이행되지 않는다고 주장했다. 법에 등하교 지원, 보조인력 배치, 치료지원비 등을 얼마 이상 금액을 지원해야 한다는 것을 명시해야 한다는 의견을 냈다. 나는 의견을 낸 부모들에게 '법에는 특수교육관련서비스 지원비용까지 상세히 명시하지 못하는 것을 양해해 달라'는 말과 함께 다른 의견을 주셨으면 한다고 정중히 부탁했다. 부탁이 끝나자마자 한 부모가 "교육부에서 언제 우리 말을 들어주기라도 했나."라고 툭 말을 내뱉었다. 의견수렴이 끝나고 나는 그 부모의 말이 계속 머리에 맴돌았다. 나는 무엇을 잘못했는가?

 장애학생 부모의 의견 핵심은 현재 장애학생을 위한 특수교육관련서비스 지원이 부족하니 법으로 이를 보완해주었으면 한다는 것이다. 그러나 나는 법의 세부 내용에만 집중한 나머지 장애학생 부모의 진의를 받아들이지 못했다. 대답은 정중했으나 확실한 거절이었던 셈이다. 부모의 입장에서 보면 교육부 관계자가 자신의 의견을 정중히 무시했다고 받아들일 수밖에 없었으리라.

 장애인은 사회에서 비장애인이 인식하지 못하는 수많은 거부와 차별을 당한다. 차별이라는 것을 알면서 당하기도 하고 모르면서 당하기도 한다. 이전에는 "우리 영화관은 휠체어가 들어갈 수 없습니다. 다른 영화관을 이용해 주세요."와 같이 노골적인 거부와 차별이 대부분이었다. 오늘날에는 "우리 영화관 규정상 휠체어는 맨 앞자리에서만 영화 관람이 가능합니다. 괜찮으시겠어요?"[14]라고 장애인 입장에서 받아들일 수밖에 없도록 친절히 거부와 차별을 행한다. 영화관 맨 앞자리에 앉아 목을 뒤로 젖혀가며 영화보기를 원하는 사람은 아무도 없다. 다수가 선호하지 않는 위치를 장애인에게 강요하는 건 영화관 측의 선의나 배려는 아닌 듯하다. 장애인을 거부하고 차별하는 방식이 친절함을 내세워 교묘해지고 있는 것은 확실하다.

장애인을 위한다는 명분을 세워 친절하게 차별이 아닌 듯이 차별하고 거부하기도 한다. 모 관광시설에서 초등학생도 이용 가능한 놀이기구에 건강한 청각장애인의 탑승을 거절한 사례가 있었다.[15] 시설 관계자는 놀이기구 특성 상 운영위원의 방송을 듣지 못해 서행 유도나 정지 등이 어려워 충돌 위험 발생 가능성이 커서 안전을 책임질 수 없다는 이유를 들었다. 즉, 장애인의 안전을 위해 부득이하게 놀이기구를 타지 않도록 조치했다는 것이다.

또 한 사례는 한 발달장애 학생이 일반승마체험 프로그램에 참여했다가 주관 부서에서 발달장애학생임을 알고는 다른 승마장의 재활승마체험을 하라고 권고한 일이 있었다.[16] 일반승마체험은 난이도가 높아지면 안전문제가 발생할 수 있어 부득이하게 제한한다는 것이었다. 장애인은 안전하게 장애인만을 대상으로 하는 재활승마체험만 하라는 의미다.

　이 두 사례는 국가인권위원회에서 장애인 차별로 판단하고 시정명령을 내렸다.

　규정으로 정해져 있어서, 안전상의 이유로 등 장애인을 위한다는 명분으로 거부와 차별을 행하고 있다. 거부와 차별의 이면에는 장애인은 장애로 인해 비장애인보다 위험할 수 있고, 사고가 날 확률이 크다는 책임자의 그릇된 인식이 있다. 즉 시설이나 프로그램은 비장애인을 위한 것일 뿐 장애인을 고려하지 않았다는 걸 반증하는 것이라 마음이 더 씁쓸하다.

친절한 차별을 자신도 모르는 사이에 하고 있다

　비장애인은 장애인을 차별하면 안 된다는 것을 잘 알고 있다. 그러나 일상생활에서 비장애인은 자신도 모르는 사이에 장애인에게 친절한 차별을 한다.

　한 인터넷 방송채널에 '발달장애아의 부모들이 가장 듣기 싫은 말'이라는 주제로 올라온 영상에서 장애인 부모가 비장애인에게 들었을 때 서운했던 말들은 다음과 같다.[17]

　"애가 왜 저래?", "장애아는 키울 만한 능력이 있는 사람한테 간다.", "어머님들 참 밝으시네요."

　말하는 이는 잘 모르고 그냥 툭 던지는 말인데 당사자는 상처를 크게 받는다. 위로로 하는 말인데 당사자는 전혀 위로가 되지 않는다. 장애아부모라고 자녀 때문에 매일 우울해하지 않는다. 어쩌면 비장애 아이가 속을 더 썩이는 경우가 많을 수도 있다.

다음은 국가인권위원회에서 발행한 장애인 차별 예방 자료 중 일부 사례에서 발췌한 말들이다.

"불쌍해서 어떡해" 휠체어를 탄 뇌병변장애인을 보고 지나가던 행인이 한 말이다.

"불편한 몸으로 애기 제대로 낳을 수 있니?" 임신한 지체장애인에게 가족이나 친구들이 하는 말이다.

"오늘은 내가 좋은 일 하는 거니 그냥 내리세요." 장애인을 태운 택시 기사가 한 말이다.

장애유형별로 장애인들이 자주 듣는 말도 있다.[18]

청각장애인이 비장애인들만 웃어서 왜 웃느냐고 물어볼 때 "아냐 별거 아니야."

저시력 시각장애인에게 비장애인이 시력 정도를 물어볼 때 "얼마나 보여요? 이거 보여요?"

휠체어를 탄 여성 장애인이 자주 듣는 말 "휠체어만 안 탔으면 참 예뻤을 텐데."

다리가 불편한 지체장애인이 자주 듣는 말 "앉아 있을 때 너무 멀쩡해서 그런 줄 몰랐어."

그밖에 "집에 갈 수 있어요?", "결혼은 했어요? 착한 사람 만났네.",

"청각장애인 같지 않아요." 등이 비장애인이 장애인에게 하는 말들이다.

학교에서 교사도 예외는 아니다.

"장애를 가진 친구들을 잘 대해주어야 해요." 장애학생이 있는 학급에서 교사가 장애인의 날 수업에 한 말이다.

"네가 참아야지. 같이 싸우면 안 되지." 교사가 장애학생과 비장애학생 간의 갈등을 중재할 때 비장애학생에게 한 말이다.

비장애인이 장애인에게 하는 말 대부분이 선의와 친절, 호감을 가진 말이다. 남을 배려하고 친절하며 친밀함을 줄 수 있는 말 대부분이 비장애인 중심의 사고방식에서 나온다. 비장애인의 입장에서 장애를 바라보면 안타까운 마음에 "불쌍해서 어떡해"라는 동정이 섞인 말을 하게 된다. 휠체어를 탔다고 해서 모든 장애인이 불쌍하지는 않다.

비장애인이 "오늘은 내가 좋은 일 하는 거니 그냥 내리세요." 친절을 베푼다고 장애인이 좋아할까? 감동받아 기뻐할까? 장애인을 자신보다 못한 소외계층으로 규정한 것과 같기에 장애인 입장에서는 '내가 거지인줄 아나'라고 불쾌해 한다.

학급에서 처음 장애학생을 대하는 교사나 학생들은 진심으로 마음을 다해 친절을 베풀려고 노력한다. 급식시간에 장애학생 대신 줄을 서준다든지, 또래 도우미들이 번갈아 가면서 수시로 학교 활동에 도움을 주기도 한다. 그러나 동정심에 의한 과도한 친절과 배려는 비장애학생이 장애학생을 보호해야 할 존재로 만든다. 이는 동료와 친구의 관계가 아닌 도움을 주고 보호해주는 돌봄의 종속관계가 될 수 있다. 교사가 비장애학생에게 "장애학생을 잘 대해줘야 한다.", "네가 참아야지. 같이 싸우면 안 되지."라고 말하는 것이 위험한 이유다. 교사가 비장애학생에게 장애학생을 동정으로 대하라고 가르치는 것과 같다.

비장애인이 장애인에게 행하는 친절과 호의의 내면에 깔린 동정은 차별을 만든다. 차별은 비장애인 중심의 사회구조에서 비장애인이 장애인에게 베풀어주는 것이지 권리를 보장해주지 않음을 의미한다. 이러한 비장애인을 김지혜 교수는 선량한 차별주의자[19]라고 했고, 장혜영 의원은 친절한 차별주의자[20]라고 했다.

비장애인은 의도적인 목적을 가지고 장애인을 차별하지는 않는다. 그러나 비장애인이 중심이 되는 사회 구조 속에서 비장애인의 입장에서 무심코 내뱉는 말이 차별이 될 수 있다. 별 생각 없이 하는 일상적인 말들 속에서 비장애인은 친절한 차별주의자, 선량한 차별주의자가 된다.

김성윤의 수필집 〈아름다운 동행〉에서 지체장애인인 자신이 비 오는 날 우산 없이 걸어가는데 한 사람이 우산을 받쳐준 것에 대해 '이렇게 좋은 사람이 있는 세상을 저주한 것이 죄송합니다.'라고 하느님께 회개했다고 한다. 버스를 타는데 천천히 올라오라는 버스기사의 부드러운 한 마디에 '살다 보면 이처럼 기쁜 날도 있나 보다'고 감격했다고 한다.

장애인에게는 장애인, 비장애인을 떠나서 상대방을 대할 때 존중과 예의 그리고 공감할 수 있는 진심을 담는 것이 더 필요한 것은 아닐까?

동정과
공감 사이

당신은 장애인을 동정하는가?

　장애인이 장애를 가졌다는 이유로 비장애인에게 단순한 동정을 받는 사례는 비일비재하다. 지체장애인 작가 김성윤도 택시 기사가 "돈도 없을 텐데 택시 타고 다니지 말라."며 돈을 받지 않은 일이 있었다.[21] '살아온 기적, 살아갈 기적', '내 생애 단 한번' 등을 발간하신 고故 장영희교수는 지체장애로 인해 목발을 하고 옷가게 앞에서 동생을 기다릴 때, 점원이 나와서 '지금은 동전이 없으니 나중에 다시 오라'는 말을 들은 적이 있다.[22] 장애인권운동가이자 여성 변호사인 브레슬린이 공항에서 전동휠체어에 앉아 커피를 마시고 있는데 한 여인이 장애인이 구걸하는 것으로 착각해 그 컵에 25센트짜리 동전을 던진 일화도 있다.[23]

　최근 사례도 있다. 2019년 중순에 인터넷 포털 사이트에 장애인과 관련된 글이 올라오면서 누리꾼들 사이에 갑론을박이 벌어진 적이 있었다.[24] 10대 작성자의 글의 요지는 수화를 하고 계신 노인 두 분을 보고 자신도 모르게 울컥해서 삼만 원씩 드렸다면서 용돈으로 착한 일을 해서 흐뭇하다는 것이다.

장애인을 보고 울컥해서 청각장애인에게 3만 원씩 준 10대의 행위에 누리꾼 대부분이 비난했다. 장애인이라고 불쌍하지 않다는 것과 돈을 주는 것 자체가 장애인을 모욕하는 일이니 잘못된 행위라는 의견이 다수였다. 누리꾼은 장애인이 영문도 모른 채 돈을 받는 것은 기분 나쁘게 느낄 수 있다고 지적했다. 그리고 단순히 선의에 의한 행위라도 장애인 입장을 고려하지 않은 매우 일방적인 행동이었다고 했다. 무엇보다 더 수많은 사람들이 장애인을 '동정'하지 말라고 했다. 이처럼 우리나라 대부분의 국민이 장애인을 동정해서는 안 된다는 사실을 잘 알고 있다. 그러나 실제로 대부분의 비장애인은 장애인에 대해서 '공감'적 입장보다 '동정'적 입장을 취한다.

동정심compassion이란, 라틴어 'cum'(함께), 'patior'(고통 받다)에서 파생된 말로서 '함께 괴로워하다', '함께 고통 받다'란 의미로 타인의 고통을 개선시키고자 하는 동기를 불러일으키는 정서이다.[25] 국어사전에는 '남의 어려운 처지를 안타깝게 여기는 마음'이라고 정의하고 있다. 따라서 동정심을 '타인의 고통을 헤아려 불쌍히 여기는 마음'[26]이라고 규정하는 것이 적절할 듯하다.

TV 방송에서 장애인 빈곤 가정의 안타까운 사연을 소개하면서 후

원을 권하기도 하는데 이는 장애로 사람들의 '동정심'을 유발하는 전형적인 방법이다. 사람들은 TV를 보면서 그 장애인이 하루빨리 생활의 어려움과 고통스러운 신체적 아픔에서 벗어나기를 간절히 바라면서 자발적으로 후원을 한다. 이처럼 '동정심'은 자신보다 어려운 이웃을 돕는데 망설임 없게 만드는 아름다운 마음이다. 그러나 인간의 아름다운 마음 중 하나인 '동정심'은 몇 가지 제한점이 있다.

첫 번째가 일방향이다. 타인의 어려운 상황을 보고 일방적으로 도와주고 싶은 마음이 생기는 것이 동정심이다. 상대방이 도움을 원하는지는 중요하지 않다. 동정심은 본인의 마음이 더 중요하다.

두 번째가 시혜적이다. 시혜란 '은혜를 베풀어 준다'[27]는 뜻이다. 본인보다 약한 사람에게 기꺼이 도움을 주는 것을 의미한다. 잘 사는 사람, 부유한 사람, 권력이나 명예, 힘이 있는 사람에게는 발현되지 않는 마음이다. 자기 기준에서 낮은, 사회적 약자이거나 보호의 대상이 되는 사람에게만 기꺼이 물질적, 정신적으로 베풀어 주게 된다. 단, 베푸는 것은 자기 마음이다. 자기가 마음이 내키지 않으면 도와주지 않는다.

세 번째가 '다름'을 전제하고 있다. 어려운 처지, 불리한 신체, 심각한 결핍 등 타인의 고통을 접하면서 본인의 상황보다 타인이 더 힘들다고 인지한다(본인의 상황이 타인보다 낫다고 인지하기도 한다). 그리고 본인과는 다른 타인의 상황을 조금이나마 향상시키거나 같게 만들고 싶은 마음이 생긴다.

이처럼 동정심은 남을 위한 아름다운 마음임은 분명하지만 '일방향', '시혜적', '다름'이라는 의미를 내포하기에 장애인이라는 이유만으로 발현하는 것은 곤란하다. 장애인에 대한 동정심은 장애인의 입장을 고려하지 않을 수 있다. 자칫하면 내가 너보다 높은 위치에 있으며 너는 불쌍한 존재이기에 도움을 준다는 시혜적 마음을 가질 수 있다.

끝으로 장애인과 비장애인은 엄연히 다른 존재라는 것을 전제해 둘 수 있다. 그러기에 동정심은 비장애인의 입장에서 자신의 이익과 상충될 때는 언제라도 거둘 수 있다.

지체장애인이 휠체어를 타고 지하철을 이용하려 할 때 어려움을 겪는다면 비장애인은 선뜻 도움을 준다. 시각장애인이 버스정류장에서 타고자 하는 버스를 알려줄 것을 비장애인에게 요청하면 대부분 친절하게 선의를 베푼다. 그러나 비장애인이 이렇게 따뜻하고 아름다운 모습만 보여주는 것은 아니다.

2018년 7월 신길역에서 서울장애인차별철폐연대가 장애인 리프트 추락참사에 대해 서울시에 공개사과를 촉구하며 '지하철 타기' 시위를 벌였다. 50여 명의 지체장애인들이 휠체어를 타고 전철에 탑승하는 시위였다. 이 시위로 전철 운행이 지연됐고, 함께 타고 있거나 전철을 기다리고 있는 사람들은 화를 참지 못하고 장애인을 비난했다. "몸도 장애인인데 머리도 장애인이다." "세금으로 먹여 살려놓으니, 장애인들이 배가 불러서 저런다." "장애가 특권이냐" "나라가 개판이다, 국가가 먹여 살리면 고마운 줄 알아야 한다."고 고성과 막말을 쏟아냈다.²⁸ 비장애인의 이익과 불편함이 수반될 때 장애인에 대한 동정심은 언제 존재했었냐는 듯 사라진다. 비장애인은 장애인으로 인해 겪는 불편함을 참지 못한다.

한 언론사에서 기자가 지체장애인의 대중교통 이용 체험을 한 적이 있다. 비장애인이면 대중교통 이용에 30분 소요될 것을 휠체어를 탄 지체장애인은 1시간 30분이 걸렸다.²⁹ 우리나라 지하철, 전철 등 대중교통은 비장애인 기준으로 설계되어 있기에 장애인이 불편함을 겪고 있으며, 심지어 리프트 추락사와 같은 사망사고도 발생한다.

비장애인에게 필요한 것은 '오죽 했으면 지하철 타기 시위를 벌일까' 하는 장애인에 대한 동정심이 아니다. 장애인 비장애인 모두가 만족하도록 대중교통 이용 체계를 개선하는 것이다. 비장애인이 장애인을 대할 때 내면의 동기가 '동정심'이어서는 안 된다는 것을 한 번 더 강조하고 싶다.

동정 대신 공감이 필요하다?

2017년 강원도 모 특수학교에서 교사가 장애학생을 성폭행한 사건과 서울시 특수학교에서 사회복무요원이 장애학생을 학대한 사건이 연이어 발생했다. 이에 교육부는 장애인에 대한 인권침해 사례가 발생하는 근본 원인이 비장애인의 장애인식 부족이라 판단했다. 그 해 하반기부터 대대적으로 범국민 장애공감문화를 조성을 위한 범국민 장애인식 개선 캠페인을 벌였다. 장애인식개선 영상을 만들어 공영방송의 주요 광고 시간에 방영하기도 했으며, 라디오에 교육부 장관이 직접 내레이션하면서 장애공감을 호소하기도 했다.

　교육부의 활동은 단발성에 그치지 않았다. 특수교육 중장기 계획인「제5차 특수교육 발전 5개년 계획('18~'22)」의 4번째 과제로 장애공감문화 확산 및 지원체제 강화를 포함시켰다. 그 내용은 유·초·중·고 학생 대상 장애이해교육을 연 2회 이상 의무 실시로 강화하고, 관계부처 협업으로 범국민 장애인식 개선을 위한 홍보활동을 연중 추진하는 것이다. 교육부는 비장애인이 장애에 대해 충분히 공감한다면 장애인식이 개선될 수 있으며 나아가 장애인의 인권을 보장할 수 있다고 생각했다.

　나는 비장애인이 장애인을 '공감'하지 못한다는 것에 대해 동의하고 교육부의 방향이 올바르다고 생각한다. 다만 정책 수행의 핵심이 '공감'인 만큼 얼마나 비장애학생을 포함한 비장애인들이 장애에 대해 긍정적으로 공감을 할 수 있느냐가 정책 성공의 관건이라고 본다.

　현대 사회는 '공감'의 사회이다. '자녀 감정 코칭'이나 '성공적인 대화법' 등 다양한 인간관계 도서나 프로그램에서 빠지지 않는 것이 '그래서 그랬구나.'이다. 타인의 상황과 행동을 자기 입장이 아닌 상대방의 입장에 서서 공감하는 방법 중 하나이다. 그래서인지 인터넷 포털 사이트에 '공감'이라는 키워드를 넣으면 정책, 경제, 문화, 사회 모든 면에서 '공감'과 관련된 서적부터 강의, 프로그램, 신문기사 등이 물밀 듯이 쏟아져 나온다. 어쩌면 현재 '공감'이 하나의 시대적 트랜드는 아닌가 싶다.

'공감'이란 'Einfuhlung'은 독일 철학자 Vischer(1873)가 처음 사용한 말로, 'Ein'(안에)과 'fuhlen'(느끼다)의 결합어로 '안으로 들어가서 느낀다.'는 것을 의미한다.[30] 심리학자인 Rogers(1975)는 자신의 감정과 타인의 감정이 섞이지 않으면서 타인의 내면세계에 들어가 그 사람이 경험하는 느낌과 의미에 익숙해지는 것이라고 정의하였다.[31] 표준국어대사전에 '남의 감정, 의견, 주장 따위에 대하여 자기도 그렇다고 느낌. 또는 그렇게 느끼는 기분[32]이라고 하였다. 공감은 인지적 요소와 정서적 요소로 나눌 수 있는데 인지적 요소는 역할 수용, 감정 재인이 있으며 정서적 요소에는 감정공명, 대리감정이 있다.

〈표 5〉 공감의 인지적, 정서적 요소

구분	정의	내용	학자
인지적 요소	역할수용	자신의 관점에서 벗어나 타인의 관점에서 상대를 이해하는 것으로 상대방이 처한 상황에서 그 사람이 되어봄으로써 상대방의 입장을 이해하는 것	Gurman(1977), Flavell 등(1968), Feshbach(1975), Rogers(1957)
	감정재인	타인의 감정 상태를 알아차리는 것	Borke(1975), Feshbach(1975)
정서적 요소	감정공명	한 사람의 감정이 무의식적·자동적으로 다른 사람에게 전이 또는 공명되어 상대방과 동일한 감정을 느끼는 것	Cattaneo & Rizzolatti(2009), Masten 등(2009), Sullivan(1964), Winnicott(1965)
	대리감정	타인이 처한 상황을 이해함으로써 상대방이 느끼는 감정과 동일하지는 않더라도 그의 상황에 부합한 정서를 경험하는 것	Bryant(1982), Eisenberg & Miller(1987), Hoffman(2011)

출처 : 김윤희(2016). 공감 척도 개발 및 타당화. 경북대학교. 박사학위논문. p11~14

공감은 상대방의 감정을 함께 느낀다는 점에서 동정과 유사하다. 그러나 공감은 동정보다 포괄적 의미를 지닌다. 공감의 목적은 상대방을 이해하는 것이고, 동정은 상대방의 어려움이나 상황을 걱정하는 것이다. 공감은 상대방의 경험을 함께 체험하는 것이 강하다면 동정은 상대방의 감정을 공유하는 것이 강하다. 동정은 나와 상대방의 감정을 동일시하는 반면 공감은 타인의 감정을 이해하지만 자신과 상대방을 분리시킬 수 있다. 공감은 정서적 요소를 포함하지만 인지적 요소가 더 강해 상대방이 처한 상황을 보다 객관적으로 보고 분석할 수 있다.

이처럼 공감은 동정을 넘어서 다른 사람이 처한 상황 속에서 자신을 체험하고 또 누군가가 무엇을 해야 할지 혹은 할 수 있을지에 대해 함께 생각하고 느낀다는 뜻이다.[33]

공감은 장애인을 이해하고 장애인과 관련된 근본적 문제해결을 위해 꼭 필요하다. 공감은 자신이 타인과 '같음'에서 전제한다. 즉 비장애인이 장애인과 같은 생각을 가진다는 의미다. 그리고 자신과 타인을 '분리'할 수 있어 비장애인이 장애인의 어려움을 객관적으로 분석한다. 공감은 장애인의 현안에 대해 비장애인과 장애인의 인지적·정서적 연대를 만들어 낸다.

장애인과 비장애인 모두를 위해 '공감'이 필요한 것은 사실이다. 그러나 현실 속에서는 비장애인이 장애인을 공감하지 못하는 경우가 종종 발생한다.

2019년 3월 한 음식점에서 시각장애인 보조견 출입을 거부하는 일이 발생했다.[34] 시각장애인 등 일행 4명이 음식점에 보조견 2마리가 같이 들어갈 수 있는지를 문의했다. 식당 측에서는 신발을 벗고 들어오는 음식점 내부로 개가 들어오면 다른 손님들이 불편해 할 수 있다면서 안내견이 음식점 내부로 들어오는 것은 거부하였다. 사실상 시각장애인의 식당이용을 불허한 것이다. 이 일은 국가인권위원회에 진정되었고, 장애인의 손을 들어주었다. 식당 측은 억울했다. 다른 손님들도 받아야 하니 3층에 안내견을 두고 편하게 2층에서 식사할 것을 권했고, 장애인분들이 출입구와 신발장 쪽 테이블을 원해서서 다른 손님들의 이동이 많은 곳이라 안쪽 테이블로 안내했다는 것이다. 안내견을 거부한 것도 아니며, 시각장애인이라 식사를 하지 못하게 거부한 것도 아니기 때문이다. 식당 측은 장애인을 차별할 생각은 없어 보인다. 장애인이건 비장애인이건 간에 사람이 개, 고양이와 같은 동물을 데리고 식당에 들어와 식사를 하는 것은 식당규정 상 금지되어 있기에 그렇게 한 것뿐이다.

  인권위 결정을 떠나서 식당 측은 무엇을 잘못했을까?

  내가 볼 때 법 위반을 떠나서 시각장애인의 상황과 보조견에 대한 이해와 공감이 없었기 때문으로 판단된다.

  식당 측은 식당 내 '동물출입금지'라는 규정을 적용했다. 예외를 두지 않는 것이 모두에게 공평하다고 생각했다. 장애인도 예외가 될 수 없었다. 누구도 예외가 없다는 것이 공평함일까? 그렇지 않다. 서로 다름의 차이를 알고 비슷한 입장이나 평등할 수 있도록 조건을 만들어 줄 때 '공평'이라는 것이 성립될 수 있다.

육상선수와 비육상인이 100미터 경주를 한다고 할 때, 같은 출발점에 서서 달리는 것을 공평하다고 할 수 있을까? 그렇지 않다. 육상선수의 능력을 감안하여 비육상인은 적어도 출발선 보다 몇 미터 앞에서 출발시키는 것이 공평하다. 시각장애인은 시각에 장애로 인해 이동이 어렵지만 비장애인은 어려움이 없다. 시각장애인에게 적어도 흰지팡이나 보조견을 제공해 이동에 도움을 주는 것이 비장애인과 비교하면 공평한 행위라 볼 수 있다. 식당에서 가만히 앉아서 식사만 하지 않는다. 화장실도 가고 잠시 자리에서 일어나 조용한 곳에서 전화를 받기도 한다. 장애인의 이동권은 실외에서만 보장되어야 하는 것이 아니라 실내에서도 보장되어야 한다. 보조견이 동물이라는 이유로 시각장애인에게 필요한 지원수단을 빼앗는 것은 공평함이 아니라 불공평이다.

식당 측은 시각장애인의 이동에 대한 이해와 공감이 부족했기에 비장애인의 기준으로 장애인을 대한 것이다. 이는 장애인 차별로 이어진다. 비장애인이 장애인에 대한 공감이 부족하면 자신도 모르는 사이에 차별을 행하게 된다. 비장애인에게 장애공감교육이 필요한 이유다.

'공감'에는 유의해야 할 것도 있다. 바로 장애에 대한 잘못된 '공감'이다. 사람들은 공감능력이 풍부하기 때문에 오히려 비인간적인 일을 벌이기도 한다.

　1900년대 초 전 세계는 '우생학'의 논리가 유행했다. 장애인과 같은 결함이 있는 인간은 다음 세대에 존재할 수 없도록 증식을 제한하는 단종법斷種法이 세계 각국에서 만들어졌다. 독일 나치 하에서도 예외는 아니었다. 나치 치하에서 1942년까지 장애인 27만 5천여 명이 살해되었다.[35] 그 당시는 장애인은 이 세상에서 없어져야 할 존재로 대부분의 비장애인이 '공감'했고, 이를 실천한 사례라 볼 수 있다. 우리나라도 예외는 아니었다. 1973년 모자보건법에 장애인에게 임신중절을 할 수 있도록 법적으로 규정했으며, 1998년 김홍신 의원에 의해 지적장애인 수용시설에서 100명 이상의 장애인이 강제 불임 수술을 받은 것이 밝혀지기도 했다.

　장애에 대한 비장애인의 잘못된 '공감'은 장애인에 대한 무관심보다 더 위험할 수 있다. 2015년~2017년 교육부 재직 당시 장애학생의 교육권 향상을 위해 전국적으로 특수학교 설립이 활성화된 적이 있었다. 그러나 정작 특수학교 설립은 1년에 1개교가 채 되지 않았다. 새로운 특수학교 설립단계부터 주민반대가 커서 진척이 되지 않았던 것이다. 주민의 특수학교 설립반대 이유는 주변 집값 하락이었다. 주민들은 장애인 시설이 들어서면 집값이 떨어진다는 것에 모두 공감하고 동의하고 있었다. 집값하락이 사실이 아님에도 불구하고 특수학교를 혐오시설로 오해하고 있었다. 이는 비장애인이 장애인을 대상으로 갖는 '폐쇄적 공감'이다. 공감 본성은 열린 마음이지만 끼리끼

리 집단 안에서 자신들만의 감정과 생각이 자기발전하며 확고해져 타인과 격리되게 한다.[36]

폐쇄적 공감은 '공감'이 아니다. '공감'은 보편적이고 상식적이어야 하며 장애인과 비장애인이 서로의 느낌과 생각, 입장을 객관적으로 공유해야만 비로소 진정한 공감이라 할 수 있다. 무엇보다도 장애인과 비장애인이 함께 같은 세상을 바라보아야 할 것이다. 그렇지 않으면 장애인을 동정하는 작금의 시혜적 사회 환경을 바꿀 수 없다.

편견, 사랑, 배려, 극복의 숨겨진 이면

장애와 관련해서 자주 접하는 단어들이 있다. '편견', '사랑', '배려', '극복' 등이다. 이러한 단어가 장애와 연관될 때 비장애인이 인식하지 못하는 미묘한 차별을 만들기도 한다. 그래서 장애 관련 대화를 할 때나 글을 쓸 때는 단어 사용이 적절한지 한 번 더 생각해 보아야 한다.

'편견'

장애와 떼려야 뗄 수 없는 단어 중 하나가 '편견'이다. 인터넷 포털 사이트에 '장애', '편견'이라는 키워드를 넣으면 '편견을 버려라', '편견, 장애인과 비장애인을 가로막는 장벽', '장애 편견 "색안경" 없는 사회를 바라며', '장애 편견 없는 세상을 향해' 등 장애에 대한 편견을 없애자는 글이 다수이다. 비장애인의 장애이해와 인식개선 목적 중 하나도 '장애인 편견 해소'이기에 우리 사회에서 '장애'와 '편견'은 마치 연인관계처럼 붙어서 사용될 때가 많다. '장애'하면 '편견'이 떠오를 만큼 연관성이 깊어 보인다.

　편견을 사전적 의미로 해석하면 '한쪽으로 치우친 생각이나 태도'를 뜻한다. 단어의 뜻만 생각해보자면 한쪽으로 치우친 생각이나 태도를 취하는 주체는 누가 될까? 그 주체는 모든 사람이다. 그러나 장애와 편견을 연결시키면 그 주체는 비장애인이 된다. 장애인인권운동가 김형수는 "편견이라고 하는 것이 편견이다"라고 했다.[37] 비장애인이 장애인을 대상으로 '편견'이라는 단어를 사용함으로써 주체인 비장애인과 객체인 장애인을 구분하게 만든다. 비장애인과 장애인을 구분하게 되면 비장애인의 내면에 장애인은 '나와는 다른 사람', '나와는 다른 존재'로 남게 된다. 장애와 연결된 '편견'이란 단어는 '장애'와 '비장애'의 구분을 담고 있기에 '편견'이 '편견'을 낳는 악순환을 겪게 될 수 있다.

　장애에 대한 편견이 편견을 낳는 경우도 있다. 비장애인의 장애에 대한 편견을 없애거나 해소하기 위한 목적으로 장애인식개선이나 장애이해교육 등을 많이 한다. 이때 잘못된 예시를 사용하면 오히려 장애에 대한 편견을 심어줄 수 있다. 예를 들어 '청각장애인은 음악을 잘 하지 못한다.', '시각장애인은 사진을 찍지 못한다.'라는 장애에 대한 잘못된 편견이 있다고 하자. 이러한 편견을 없애주기 위한 목적으로 수업을 진행한다면 청각장애인은 음을 듣지 못해서 음악을 잘 하지 못하고, 시각장애인은 볼 수 없기 때문에 사진을 찍지 못한다고 가정할 수밖에 없다. 즉 수업을 시작하기도 전에 이미 비장애인에게 장애인에 대한 선입견을 가지게 만든다. 청각장애인 음악가도 있고, 시각장애인 사진작가도 있다는 것을 수업 중반부와 후반부에 알려준다고 하더라도 비장애인은 이미 장애인에 대한 선입견과 고정관념을 가져버린 상황이라 이를 없애기 힘들다. 병 주고 약 주듯 비장애인이 가지고 있지 않던 장애에 대한 이미지를 '편견'이라는 용어로 인해 오히려 잘못 형상화된 이미지로 강화시키는 결과를 초래할 수 있다.

종합해 보면 '장애'와 '편견'이 연관되는 순간 비장애인은 장애인을 나와 다른 존재로 보고, 장애에 대한 편견이 강화될 수 있다. 그렇게 되면 비장애인은 장애인을 동등한 입장에서 보지 않고 시혜적, 수혜적 관점으로 보게 된다. 그리고 장애인을 보호해야 할 대상, 배려해야 할 대상으로 간주한다. '편견'이 비장애인의 관점에서 장애인을 보게 되는 '편견'으로 내면화할 수 있다.

김형수는 "이러한 것이 편견이다. 그래서 우리 인식을 바꾸자라는 논리에 숨어 있는 무서운 함정, 그 함정이 지니고 있는 또 다른 편견의 얼굴들, 그것은 자연스럽고 일상적인 것이라 지속될 수밖에 없다"고 말한다.[38]

장애와 편견을 연결시키면 장애인의 인권을 보장해주고 비장애인의 인식을 개선시킨다는 본래 교육적 취지의 목적을 살리는데 한계가 있다. 또한 장애인에 대한 편견 해소가 직접적으로 장애 차별을 줄이거나 없앨 수 있는 것도 아니다. 그러기에 '장애'와 연관시켜 '편견'이라는 용어 사용에 유의해야 한다. 무조건적으로 장애와 관련해 편견이라는 용어를 사용하기보다는 고정관념, 오해, 거짓, 잘못된 생각, 착각 등 다양한 표현을 때와 장소, 상황에 따라 적절히 사용해 볼 것을 제안한다.

'사랑'

한때 보험회사나 통신사에 전화하면 고객센터에서 "사랑합니다. 고객님~ 무엇을 도와드릴까요?"라는 응대가 유행한 적 있다. "사랑합니다. 고객님"은 어디 가나 들을 수 있었다. 나는 곰곰이 생각했다. '콜센터 직원이 정말 날 사랑할까?', '백화점 직원이 처음 본 날 사랑할까?' 이 혼자만의 물음에 '나에게 저렇게 친절하게 대하는 걸 보니 날 정말 사랑하나봐. 이미 난 결혼을 했는데 어쩌지?'라고 단 한 번도 생각해 본 적이 없다.

TV 가전제품 광고도 마찬가지다. "사랑해요. LO"라는 광고를 보고는 '내가 왜 저 기업을 사랑해야 하지?' 반대로 '저 기업은 왜 날 사랑하지?'라고 생각해본 적이 없다. 그 이유는 콜센터 직원, 백화점 직원, 기업 광고 등에서 사용한 '사랑'이라는 단어는 모르는 사람 간에 어색함을 줄여주고, 보다 친근감을 주기 위한 목적으로 사용되기 때문이다.

모든 사람이 '사랑'이라는 단어에 거부감이 없기에 더욱 더 잘 활용된다. 그러나 남녀간의 '사랑'은 다르다. 정말 좋아하는 사람 앞에서 '사랑합니다.'라고 쉽게 말하지 못한다. 상대방에게 사랑한다고 고백하는 것은 큰 용기가 필요하다. 거절당할 것을 각오하고 풍경 좋은 카페에서 분위기를 잡은 후 '사랑'한다는 말을 조심스럽게 꺼낸다. 이런 순간에 사용하는 '사랑'이라는 단어에는 고백하는 이의 '진심'과 '진정성'이 내포되어 있다. 이처럼 사랑은 상대방에게 자기 자신을 모두 드러내기에 '사랑한다.'는 말을 쉽게 꺼내기조차 어렵다.

이렇듯 '사랑'이라는 단어는 모르는 사람에게도 사용할 수 있는 '보편성'과 아주 가깝고 친밀한 관계에서만 사용할 수 있는 '특수성'을 모두 가지고 있다. 그런데 '사랑'이라는 단어와 '장애'라는 단어가 함께 쓰이면 어색하거나 불편할 때가 있다.

첫 번째가 장애와 관련해 홍보와 알림을 목적으로 '사랑'이라는 용어를 사용할 때다. "○○은행 노조, 장애인 사랑 남다르다. ○○은행 노동조합 장애인 거주시설에 지원금 5백만 원 전달", "강원 모 복지재단, △△ 장애인 시설에 '사랑의 빵' 전달", "모 사찰, 장애인 사랑 '감동', 매년 ○○장애인협회에 기부", "모 업체 장애인 복지관에 사랑의 갈비 나눔" 등이 있다. 언론 헤드라인의 '사랑'은 보편적 의미를 지닌다. 대부분 장애 관련 기관에 기부를 하는 행위를 보다 따뜻하고 훈훈하게 표현하기 위해 '사랑'이라는 용어를 사용한다.

'사랑'은 주는 이와 받는 이의 사이에 대가나 조건이 있어서는 안 된다. 그리고 평등한 관계에서 공감이라는 상호작용을 통해 상호 만족감을 줄 수 있어야 한다. 그런 의미에서 장애인 또는 장애 관련 단체에 기부를 하면서 '사랑'이라는 용어를 사용하는 것은 부적절해 보인다. 생활이 어려운 장애인이나 운영에 어려움을 겪는 장애 관련 기관에 기부를 하는 것은 '시혜적' 행위이기에 '사랑'보다는 '봉사'와 '나눔'의 선행적 성격이 강하다. 시혜는 은혜를 베푸는 것으로 주는 이와 받는 이의 서열이 정해지기에 '사랑'이라는 단어를 사용하는 것은 적절하지 않다. 장애 관련 기부 기사에 '사랑'이라는 단어는 내가 콜센터 직원에게 들었던 '사랑합니다.'와 유사해 보인다. 그래서 그 '사랑'은 가벼워 보이고 공허하다.

두 번째는 '장애'와 연관해서 '사랑'이라는 의미를 부여하는 행위이다. 내가 대학에 입학한 후 주위 분들이 학과를 물었다. '특수교육과'라고 대답을 하면 어르신 열에 아홉은 "아이고, 좋은 일 하네. 그 일은 사랑 없이 못해."라고 하셨다. 장애학생을 가르치는 일이 어렵고 힘든데 그 일을 하려고 하는 게 대견하다는 의미로 하셨던 말씀이다. '사랑 없이는 할 수 없는 일'이라는 말은 특수교육이나 사회복지와 관련 없는 사람들을 만날 때 지금도 종종 듣는다. 장애인을 대상으로 하는 직업이 '사랑' 없이는 할 수 없는 일인가 반문해보면 딱히 그렇지 않다.

특수교육은 아주 특별한 교육이 아니다. 교육대상이 비장애학생이 아니라 장애학생이라는 것뿐이다. 교육내용과 교육방법에 있어 일부 차이가 있지만 가르치는 행위는 일반교육과 다르지 않다. 그런데 일부 비장애인은 '장애'와 '사랑'을 결부시킨다. 왜 그럴까?

1981년 심신장애자복지법이 제정되면서 장애유형별 용어가 정리되기 전까지 우리나라 사회에서 장애인은 장님, 귀머거리, 꼽추, 불구자 등으로 불렸다.[39] 연세가 있는 비장애인의 경우 장애인에 대한 인식이 낮아서 막연히 신체적, 정서적, 인지적으로 부족한 사람이라고 생각하고 장애인을 보호해야 할 존재, 보살펴야 할 대상 등으로 인식하고 있기 때문이다. 그러다 보니 '장애인'과 관련된 일은 봉사정신이 투철하고, 희생정신이 강하며 종교적 믿음이 독실한 '특별한 사람'만이 할 수 있다는 선입견을 갖게 되었다. '장애'와 '사랑'을 연관시키면 초월적인 무언가를 행하는 사람만이 장애인과 함께 더불어 살아간다는 오해를 할 수 있다. 무엇보다도 '장애'와 '사랑'이 결부될 때 장애인은 '사회적 약자'이면서 '소외계층'이라는 잘못된 인식을 비장애인이 가질 수 있다. 장애인이 원하는 것은 '고객님~'과 같은 사랑이 아니라 '권리'라는 것을 알아야 한다.

'배려'

　　배려의 의미는 '남을 도와주거나 보살펴주려고 마음을 쓰는 것'이다.[40] 타인에 대한 배려는 아름답고 사회를 훈훈하게 만든다. 배려라는 단어가 주는 어감은 따뜻함이다. 이런 좋은 의미의 단어가 장애인에게 무분별하게 사용되면 그 의미가 퇴색되기도 한다. 비장애인이 장애인을 배려한다는 것은 다분히 시혜적이다. 장애인이 비장애인에게 도움을 받거나 보살핌을 필요로 하는 존재로 인식되기 때문이다.

그럼에도 불구하고 각종 언론 기사들은 '장애인을 위한 배려', '장애인을 배려하는 국가가 선진국이다', '진정한 장애인 배려', '장애인 배려는 어디에?', '장애인 배려의 현주소' 등 장애인을 배려가 필요한 존재로 부각시킨다.

과연 장애인은 배려가 필요한 대상일까?

시각장애인과 청각장애인은 영화관에서 영화를 감상할 때 꼭 필요한 것이 있다. 시각장애인에게는 화면 해설이 음성으로 제공되어야 한다. 청각장애인에게는 한국영화라도 자막이 제공되어야 한다. 영화관에서 이를 제공하지 않으면 시각장애인과 청각장애인은 영화를 즐길 수 없다.

기존의 영화에 화면 해설과 한글 자막을 넣어 모든 사람이 함께 즐길 수 있는 영화를 배리어프리Barrier Free 영화라고 하는데 우리나라 영화관에서는 제한적으로 상영하고 있다. 모든 영화관에서 제한적으로 상영이라도 해주면 좋으련만 일부 영화관에서 관객이 드문 시간에만 상영한다. 그리고 대부분 배리어프리 영화는 한국영화이며 외국영화는 드물다. 현실이 이러하니 시각장애인과 청각장애인은 영화를 제한적으로 즐길 수밖에 없다. 이러한 상황을 영화관의 장애인에 대한 배려 부족으로 보아야 할까? 그렇지 않다.

장애인뿐만 아니라 모든 사람이 영화를 즐길 수 있도록 적절한 환경을 조성하는 것은 정부와 영화관 운영자의 의무이다. 미국의 영화관은 청각장애인용 자막과 시각장애인을 위한 화면 해설을 제공하도록 법으로 규정하고 있다. 호주는 여러 영화를 상영하는 영화관은 반드시 1개 이상 배리어프리 영화를 상영해야 한다. 영국도 법으로 장애인의 영화관 이용을 보장하고 있다.[41] 시각장애인과 청각장애인을 위해 영화관 측에서 배리어프리 영화를 더 많이 상영해주는 것은 배려가 아니다. 영화를 즐길 수 있는 권리를 보장해 주는 것이다. 장애인에게는 배려가 아닌 권리 보장에 따른 지원이 절실하다.

사회는 비장애인 위주로 환경이 구축되어 있다. 그러기에 장애인을 고려하지 않은 채 환경을 구성할 때가 많다. 장애인이라는 존재 자체를 생각하지도 않았기 때문이다. 비장애인 위주의 사회 환경으로 이미 구성된 상태에서 장애인의 사회적응을 위해 비장애인의 배려가 필요하다고 말하는 것은 앞뒤가 바뀐 것 같다. 처음부터 장애인을 고려한 사회적 환경이 구축되었어야 하지 않을까? 애초부터 장애인에 대한 권리와 필요한 지원이 보장되었다면 비장애인의 배려는 불필요한 것인지 모른다.

최저시급 인상으로 인건비가 오르고, 코로나19로 비대면 주문이 불가피한 현실을 반영해 키오스크(무인결제기기)가 활성화되고 있다. 기차표를 끊거나, 영화를 보거나, 민원서류를 발급받을 때 주로 사용한다. 지금은 음식점에서 주문을 키오스크로 할 만큼 설치가 대중화되고 있다. 이 키오스크를 장애인은 사용하기 어렵다. 시각장애인은 음성이 제대로 제공되지 않아 화면의 어디를 터치해야 할지 몰라서 이용이 곤란하다. 휠체어를 사용하는 지체장애인은 키오스크의 화면 위치가 비장애성인의 허리 이상 높이에 설치되어 있어 손이 화면에 제대로 닿지 않는다. 이렇듯 현재 개발된 대부분의 키오스크는 장애인이 사용하기에 매우 불편하다. 그러므로 향후 키오스크는 장애인을 배려해서 제작되는 것이 아니라 장애인을 고려해 개발되어야 한다.

'배려'는 베풀어도 되고 그렇지 않아도 되는 선택의 의미를 포함한다. 장애인과 관련해서는 선택이 아닌 권리 보장을 위한 의무가 부여되어야 한다. 미국은 장애인법에 디스플레이, 점자안내, 스크린 등 세세한 부분까지 규정하여 장애인의 권리를 보장하고 있다.[42] '장애'라는 용어에 '배려'라는 용어를 결합하면 장애인의 권리를 망각하게 할 수도 있다. 장애인에게 필요한 것은 배려가 아니라 지원이다.

'극복'

극복은 '어려움을 이겨냄'을 의미한다. 대부분 고난이나 역경을 이겨내는 것을 극복이라 한다. '장애'는 극복의 대상일까? 그렇지 않다.

국내 첫 시각장애인 김재왕 변호사가 한 언론 인터뷰에서 한 말이다. "제 장애는 바뀐 게 없었습니다. 하지만 저를 둘러싼 환경, 즉 음성형 컴퓨터 제공 여부나 시험 자격요건 등에 따라 삶이 달라진 것입니다. 장애는 극복하는 게 아니라 적응하는 겁니다."[43] 김재왕 변호사는 다른 언론사와의 인터뷰에서도 장애를 극복했다는 기사는 넣지 말아달라고 당부했다고 한다. 그 이유는 변호사가 되기 전에도 변호사가 된 후에도 시각장애는 여전히 사라지지 않기에 시각장애를 극복했다는 것은 맞지 않다는 것이다. 장애는 싸워서 이겨내는 것이 아니라는 의미다. 한발 더 나아가 지체장애인 김원영 변호사는 지상파 교양프로그램에 나와서 "장애를 극복했다는 표현은 장애인을 소외시키는 일"이라고도 했다.

'극복'이라는 단어는 장애인이면서 사회적으로 성공한 사람에게 자주 사용한다. 그러다 보니 현실 속에서 장애 때문에 어려움을 겪는 보통의 장애인들이 극복하지 못하면 열심히 살지 않은 것처럼 보일 수 있다. 즉 장애를 극복한 사람의 일화나 사례를 소개하면 할수록 보통의 장애인들은 장애를 극복하지 못한 사람으로 인식될 수 있다.

그런데 왜 우리사회는 장애 극복을 강조할까? 장애를 사회적 책임이 아닌 개인의 문제로 보기 때문이다.

장애와 극복을 강조하면 비장애인은 장애인이 장애를 꼭 극복해야 하는 것으로 오해할 수 있다. 비장애인은 네 손가락 피아니스트 이희아, 뇌성마비 '발가락 시인' 이홍렬, 시각장애인 영화감독 노동주 등 장애인의 성공담을 통해 '장애'는 이겨낼 수 있다고 믿게 된다. 불구의 의지와 노력으로 장애를 이겨내는 개인의 노력을 강조하게 된다. 개인의 노력을 강조하다 보면 '장애'를 '개인의 문제'로만 보게 된다. 사회적 책무성은 빠진다. 시각장애학생은 볼 수 없기에 수학을 잘 하지 못하는 것도, 청각장애인이 듣지 못해 영어를 배우는 데 어려움을 겪는 것도 개인의 문제이기에 열심히 노력하여 극복해야 한다는 논리가 성립된다.

　장애는 장애인 개인의 문제가 아닌 사회적 책임이다. 장애를 고려한 적절한 지원이 사회적으로 보장되어야 한다. 시각장애인 맞춤형 수학 점역 책이나 양각 텍스트를 제공해야 하고, 청각장애인에게는 수화나 구화로 영어를 가르쳐주어야 한다. 김재왕 변호사가 로스쿨에 입학할 수 있었던 것도 로스쿨협의회에서 법학 적성시험 문제를 음성으로 변환해주는 컴퓨터를 제공해 주었기 때문이다. 장애인에게 노력보다 상황에 맞는 지원이 필요한 이유다. 사회가 장애인에게 필요한 지원을 제공하고 장애인 스스로 노력할 때 비로소 적응과 성취가 이루어질 수 있다.

　장애는 극복의 대상이 아니다. 극복을 강요해서도 안 된다. 장애를 극복해야 한다고 말하는 장애인은 없다. 그러므로 우리 사회는 장애인에게 장애 극복을 강요해서도 안 되고 강요하는 환경을 만들어서도 안 된다. 장애 극복을 강요하는 사회는 장애인이 살기 힘든 사회라고 스스로 밝히는 것과 같기 때문이다.

장애인과
시선

    특수학교 교사 시절 장애학생의 사회적응을 목적으로 학교 밖으로 '현장체험'학습을 많이도 다녔다. 비장애학생은 어릴 때부터 스스로 집 근처 가게나 문구점, 음식점 등 주변 환경을 탐색한다. 점차 학년이 올라가면서 생활 범위도 넓어진다. 중·고등학생 정도면 지하철, 버스, 기차 등 대중교통은 물론이고 편의점, PC방, 노래방, 카페, 영화관, 도서관, 은행 등 지역 사회 내 시설을 자발적으로 이용한다. 그러나 지적장애나 자폐성장애와 같은 발달장애아동은 사회적 기술 부족으로 지역 사회 내 시설 이용에 어려움을 겪는다. 또한 장애를 이유로 집과 학교, 병원 등 제한된 환경에서 지내다 보니 지하철이나 버스와 같은 대중교통 이용에 서툴다. 특히 특수학교 학생은 부모가 통학을 시키거나 학교버스를 이용하고 있어 학교 주변 환경조차 잘 알지 못하는 경우도 있다.

나는 교사 시절에 지역사회 경험이 부족한 학생들을 위해 학교를 중심으로 정기적으로 편의점, 영화관, 대형할인매장, 시장, 도서관, 은행 등 지역 시설 현장체험학습을 실시했다. 현장체험학습은 학교 주변과 멀어지면 멀어질수록 힘들었다. 학생의 돌발행동, 대열 이탈과 같이 통제의 어려움도 있지만 가장 힘든 건 장애학생을 보는 사람의 시선이었다.

학교 주변 편의점에 학생들을 데려가면 사장님이 "어~ 왔어. 너희들은 몇 반이니?"하면서 반겨준다. 하지만 지하철을 타고 영화관에 갈 때는 지하철 입구부터 사람들의 이목이 집중된다. 학생을 위아래로 훑어보는 사람, 인상 쓰는 사람, 동정 어린 눈으로 바라보는 사람 등 다양한 시선이 뒤섞여 학생들과 나에게 머무르다 지나간다. 눈요깃거리가 생기기라도 한 것처럼.

모처럼만의 현장학습에 한 학생이 좋아서 흥분을 감추지 못하고 '아!, 아!' 반복된 소리를 내며 위아래로 제자리 뛰기를 반복하기라도 하면 마치 연예인이 무대에 선 것처럼 주변 사람들의 시선을 한 몸에 받는다.

영화관에서는 입장권이나 팝콘을 구매할 때 학생들은 배운 대로 '11시 티켓주세요', '팝콘, 콜라 주세요'라고 천천히 말한다. 줄 서서 기다리는 사람은 이를 기다려주지 못하고 '누가 표 사는데 시간을 끌어? 얼굴이나 보자.'라는 표정으로 표를 사고 있는 학생을 뒤에서 빤히 눈으로 레이저를 쏘면서 쳐다본다. 장애인을 보는 불편한 시선이 느껴지면 교사인 나도 함께 주눅이 들고 눈치가 보였다. 심지어 조바심이 나면서 기다리는 사람들에게 미안한 마음마저 들었다.

지하철을 이용하고, 영화관람하는 것은 당연한 권리인데 왜 눈치가 보이는지 몰랐다. 아마 주변 사람들이 입은 다물고 있어도 '몸도 성치 않은 애들을 데리고 왜 여길 와?'라고 눈으로 말하는 것을 느꼈기 때문은 아닐까? 현장체험학습을 마치고 학교로 복귀하면 별 사고 없이 잘 마쳤다는 안도감과 함께 학생들에게 쏟아졌던 주변 시선들을 떠올리면 불쾌한 감정과 함께 마음 한 구석이 아파왔다.

현장체험학습 횟수가 늘면서 불편한 시선에 '그래서 어쩌라고' 하는 뻔뻔함이 생기기도 했으나 그 시선들로 인해 매번 상처를 받았다. 이 상처들이 조금씩 내 마음 속에 쌓이면서 장애인을 이해하지 못하는 사람에 대한 불신과 원망이 커졌다.

특수교사인 나는 현장학습 때만 장애인에 대한 비장애인의 불편한 시선을 경험하지만 장애아동을 둔 부모는 매일 겪는다. 중증이거나 돌발행동을 하는 장애아동은 타인의 시선을 쉽게 끌기도 하며, 본의 아니게 주변 사람에게 피해를 주기도 한다. 공공장소에서 특이한 행동을 하게 되면 자녀가 구경거리가 되어버린다. 자녀가 옆 사람에게 피해를 주게 되면 부모는 아이를 대신해 상대방에게 연신 죄송하다고 고개를 숙여야만 한다. 장애아동을 둔 부모는 시간이 지나도 이러한 상황이 익숙해지지 않는다.

<장애아동 부모 사례>

어떤 여자 분이 커피를 마시려고 하는데 형진이가 툭 쳐서 옷이 다 젖었다. 나는 당황해서 어쩔 줄 몰라 하고, 그 여자는 소리를 크게 지르면서 난리였다. 주변으로 사람들이 모여들었다. 딴에는 아무리 품위 유지를 하고 싶어도 상황이 따라주지 않으니 어쩌랴.[7]

길에서 낯선 길로 가는데 왜 우는지 엄마는 모르잖아요. 근데 자기는 뭔가 수가 틀어져서 우는데, 찻길에서 앞으로 뒤집어지고, 뒤로 뒤집어지고, 몸부림을 치는데, 데굴데굴 구르고, 30분 동안 이걸 어떻게 버티지. 달래주려고 앉으면 엄마 머리채를 잡고, 이게 씨름이 되잖아요. 큰 찻길로 안 튀어나가게 막고. 그러면서 지나가는 사람들은 엄마가 애는 안 달래고 저렇게 내버려 둔다 라고 하고 혀를 차면서. 아이는 온몸에 멍이 들도록 뒹굴고 있고, 그거 보는 게 제일 힘들더라고요. (참여자, 1)[8]

백화점같이 사람이 많은 곳에서 머리를 두들기며 울기 시작하면 그야말로 지나가는 모든 사람들의 시선이 우리에게 쏠린다. 그 인파 속에서 밖으로 나가기 위해 아이를 질질 잡아 끌고 혼을 내며 가는 동안에도 수많은 시선이 우리에게 꽂혔다. 그 누구도 안쓰럽거나 이해하는 눈빛이 아니다. 아 저기 버릇없는 아이 또 하나 있네, 비난의 눈빛이 쏟아진다. 소위 말하는 맘충이란 단어가 내게 씌워지는 느낌이었다.[9]

    불편한 시선 때문에 마음의 상처를 가장 많이 받는 이는 장애인 당사자다. 장애유형에 상관없이 장애인은 비장애인의 불편한 시선을 받는다. 앞을 전혀 보지 못하는 시각장애인, 몸이 불편한 지체장애인, 수화로 소통하는 청각장애인, 사회적 기술과 지적능력이 낮은 지적장애인, 타인과의 소통이 어려운 자폐성장애인, 정신기능의 이상을 가진 정신장애인 등 어떤 장애를 가졌더라도 비장애인은 장애인을 보자

---

7. 박미경(2002) 달려라! 형진아. 월간조선사. p58.
8. 김이경(2016). 발달장애아동 부모의 양육경험에 관한 연구. 단국대학교 박사학위논문. p56, p58.
9. 에이블뉴스(2018.8.21.일자). 문제행동 장애아를 위한 '우리들의 자세' 칼럼리스트 이유니

마자 이상하다는 듯 빤히 쳐다보거나 황급히 고개를 돌리기도 한다.

누군가 시각장애인은 보지 못하니 불편한 시선을 느끼지 못할 것이라 생각한다. 그러나 누군가 자신을 뒤에서 혹은 보이지 않는 곳에서 계속 바라보고 있으면 둔감한 사람이 아니고서야 대부분의 사람들은 이상하고 오싹한 감정이 든다. 보이지 않는 시각장애인도 불편한 시선을 느낀다.

장애인은 집이나 학교, 회사와 같은 익숙한 공간에서 벗어나 거리나 공공장소, 교통시설 등 불특정 다수가 있는 곳에서는 언제나 동정 어린 눈빛, 신기한 것을 본 것 같은 표정, 미간을 찌푸린 싫다는 눈짓, 두려워하는 얼굴 등 여러 형태의 불편한 시선을 받는다. 아마 비장애인이 장애인처럼 하루만이라도 불편한 시선을 받는 경험을 하게 된다면 당장 외출을 하지 않을 것이다. 장애인이 받는 시선은 단지 불편함을 넘어 '폭력'이 된다.

> 시선 때문에 마음의 상처를 받는 경험은 실제로 삶에서 중요한 역할을 한다. 모든 장애인들이 시선 때문에 받은 상처를 이야기한다. 자신을 탐색하듯 살피거나 외면하는 시선은 견디기 힘들다. 신체장애가 있는 사춘기 소녀는 집 밖에 나가지 않고 인터넷을 하면서 주말을 보내는 이유를 이렇게 말한다. "사람들은 나를 쳐다보지 않는 척해요. 하지만 나는 슬그머니 다른 곳으로 눈을 돌리는 걸 보죠. 가끔은 나를 빤히 쳐다보는 사람도 있어요." 너무 빤히 쳐다보는 시선은 저질스러운 호기심을 내보인다. 눈길을 주지 않는 행동은 거부를 의미한다. 시선이 소녀의 모든 것을 압도하고, 소녀는 타인의 시선에 의존하게 되면서 크게 흔들린다.[10]

---
10. 시몬느 소스(2016). 시선의 폭력. 한울림스페셜. p55

대부분의 사람들은 일상생활에서 이목이 집중될 때처럼 타인의 주관적인 관심을 경험하게 될 때 불안감을 느낀다.[44] 장애인은 수많은 상황에서 다른 사람과 마주치면서 신체적 폭력이나 언어적 폭력을 당한 것처럼 불편한 시선 때문에 마음의 상처를 받고 고통을 느낀다. 나아가 타인의 불편한 시선을 견디지 못하면 외출을 하지 않거나 심한 경우 대인공포증, 대인기피증과 같은 사회불안장애도 발생한다.

장애인을 바라보는 불편한 시선은 장애유형별로 약간 차이를 보이기도 한다. 시각장애, 청각장애, 뇌병변장애, 지체장애와 같은 신체·감각장애는 비장애인이 자신과 다른 외형적인 모습에 '나와는 다르다'는 차별의 시선으로 본다. 그러나 지적장애, 자폐성장애, 정신장애 등의 사회적·지적·정신적 장애는 차별적 시선과 함께 '경계의 시선'까지 따라 붙는다.[45] 비장애인은 장애인의 돌발적 행동이 자신에게 해가 될 수 있다고 여기고 거리를 두려는 시선을 보인다. 자폐성 장애인이 지하철에서 소리를 지르고 손뼉을 치고 있는 것을 본다고 하자. 이 행동만 보고 비장애인은 두렵거나 무서움을 느낄 수 있다. 그러나 장애인 당사자는 정말 지하철 타는 것이 너무 좋아서 하는 행동일 수도 있고, 지하철이라는 공간이 폐쇄적이고 계속 흔들려 불안해서 나타나는 행위일 수도 있다.

장애인의 행동을 이해하지 못하는 비장애인은 불편한 시선을 감추지 않는다. 이 불편한 시선은 폭력이 되어 장애인과 부모의 마음에 생채기를 낸다. 장애인이 사회의 한 구성원으로 살아가는 데 있어 장애로 인해 겪는 어려움보다 불편한 시선으로 인한 심리·정서적 어려움이 더 크다.

장애인에 대한 불편한 시선을 바꿀 수 있을까?

장애인에 대한 불편한 시선은 폭력이 될 수 있다는 논리에 비장애인은 억울해 할 수 있다. 단지 힐끗 쳐다보는 것만으로 폭력의 가해자가 되는 것은 너무 가혹하다는 입장이다. 비장애인 개개인으로 보면 그럴 수 있다. 그렇지만 장애인의 입장에서는 불편한 시선을 견디기 힘든 것도 사실이다. 우리나라 비장애인이 장애인을 왜 불편한 시선으로 바라보는가에 대한 원인을 알아야 한다.

2017년 한 리서치기업에서 만13세~59세 남녀 1,000명을 대상으로 나와 타인에 대한 관심 및 평판 관련 조사를 한 적이 있다.[46] 조사 결과, 응답자 10명 중 8명이 평소 스스로에게 많은 관심을 기울이는 것으로 나타났으며, 관심을 많이 기울이는 분야는 건강, 외모, 성격, 재력 순이었다. 그리고 응답자 2명 중 1명이 "평소 주변사람들 시선을 많이 의식한다."고 답했다. 또한 전체 74%가 "한국사회는 남들에게 보이기 위한 행동을 해야만 하는 경우가 많다"고 했다. 즉, 우리나라 사람들은 자신을 중요하게 생각하고 있고, 특히 건강과 외모에 관심을 쏟는다. 그리고 타인의 시선에 민감하게 반응한다.

사회 구성원의 생각이 모여 공통의 인식을 형성하고, 이는 사회·문화적 가치관과 트렌드를 만들어낸다. 현재 우리나라는 조사 결과와 같이 자기중심적이고, 건강과 외모를 중시하며, 타인의 시선에 신경을 많이 쓴다. 그러다 보니 건강하지 않을 것 같고, 외형도 다른 장애인을 있는 그대로 받아들이지 못하고 자기(비장애인) 기준으로 판단한다. 타인의 시선을 과도하게 의식하기에 자신과 다르다고 판단되는 타인에 대해서도 관대하지 못하고 불편한 시선을 쏟아내게 된다. 불편한 시선의 원인은 넓게는 장애인을 수용하지 못하는 사회적 분위기이고, 보다 좁게는 타인의 시선에 민감하게 반응하는 사람들의 의식에 있다. 그렇다면 비장애인의 장애인에 대한 의식을 조금씩 바꾸면 사회적 인식도 점차 나아지지 않을까?

장애아 부모 이유니씨는 에이블뉴스 '세상이야기' 칼럼에서 자녀를 데리고 한국에 5주간 있으면서 사람들의 차가운 시선에 몸서리쳐짐을 느꼈다고 했다. 미국으로 돌아온 뒤 한국에서와 같이 대형마트에서 아이가 이유 없는 분노 발작을 쏟아냈는데 아무도 쳐다보지 않았다고 했다. 마트 직원이나 주변의 사람들은 마치 아이의 소리가 전혀 들리지 않는 듯 자신이 하던 일들을 계속 했다고 한다. 덕분에 악을 쓰고 울던 아이가 그 자리에서 스스로 울음을 그칠 수 있도록 기다려줄 수 있었다고 하였다. 글쓴이는 타인이 불편해할까 봐 마치 아무 일 없는 것처럼 시선을 두지 않고 무심하게 지나쳐주는 존중과 배려가 생활화된 사회분위기가 얼마나 중요한지를 지적했다.

> (미국에서는) 자폐 아이가 손을 펄럭이며 움직이거나 귀를 막고 울음을 터트려도 주변 사람들이 쳐다보는 대신 인내해주고 배려해준다. 더 나아가 아이가 자폐가 있음을 눈치챈 주변 사람들은 뭐 도움 필요한 것은 없냐고 오히려 묻곤 하였다. 덕분에 장애 아이의 엄마는 아이가 그 장소에 적응할 여유를 가질 수 있고 더 나아가 아이의 행동을 수정할 기회도 얻을 수 있었다. …(중략)… 얼마 전 이곳에서 아이와 함께 어린이 박물관에 다녀왔었다. 전시관을 이동하는데 한 아이가 복도에 누워서 악을 쓰고 울고 있었다. 아이 주변을 지나가는 모든 사람들은 그 아이와 엄마에게 시선을 두지 않았다. …(중략)… 그때 지나가던 또래의 아이가 그 우는 아이를 빤히 쳐다보기 시작하였다. 그러자 재빨리 그 쳐다보던 아이의 엄마가 다른 사람을 그렇게 쳐다보는 것은 예의 없는 행동이라고 저 친구는 오늘 너무 힘든 일 있어서 우는 거라고 너도 가끔 그렇지 않냐고 아이에게 말하며 쳐다보던 아이의 팔을 끌고 발걸음을 재빨리 옮겼다.[11]

미국은 개인주의가 강한 사회다. 개인의 독립성을 인정하고 존중하기에 타인의 행위에 대해 도덕적으로, 법적으로 크게 문제가 되지 않는다고 판단되면 잘 개입하지 않는다. 이러한 사회적 분위기는 타인에 대한 과도한 시선도 실례라고 생각한다.

오늘날 한국 사회도 다른 사람은 별로 신경 쓰지 않는 개인주의적 성향이 강하다. 그러나 타인에 대한 존중과 인정, 배려는 빠져 있고, 자신의 불편함을 가장 우선시한다. 자신의 권리가 중요하면 타인의 권리도 중요하다는 것을 인정하지 않는다. 오로지 자신의 권리가 중요하다. 타인에 대한 이해와 인내, 존중이 부족하기에 불편한 시선

---

11. 에이블뉴스(2018.8.31.일자) 문제행동 장애아 위한 '우리들의 자세'.

을 남발한다. 진정한 개인주의는 상호 간의 존중에서 나오는데 그렇지 못하다면 그 사회는 개인주의가 강한 것이 아니라 이기주의가 판친다고 해야 맞다.

비장애인이 장애인에 대한 불편한 시선을 거둘 수 있는 방법은 아주 간단하다. 타인을 존중하면 된다. 그리고 나와는 다른 사람이라고 의식하지 않고 있는 그대로 받아들여야 한다. 장애인에 대한 시선의 폭력은 이질적인 존재에 대한 배타적인 시각이기에 '다름'이 아니라 '닮음'을 보아야 한다.[47] 그래야만 장애인을 의식하지 않고 시선을 자연스럽게 둘 수 있다.

휠체어를 탄 지체장애인이 오르막길을 어렵게 올라가면 "도와줄까요?"라고 정중히 물어볼 수 있다. 그러나 안쓰러운 눈으로 쳐다보지는 말라. 장애인을 동정 어린 눈빛, 두려움의 얼굴, 짜증나는 듯한 표정으로 쳐다보는 것은 '폭력'이라는 것을 명심했으면 한다.

시선은 단지 '바라봄'이 아니다. 시선에 자신의 의식과 마음을 담는다는 것을 알았으면 한다.

어느 날 기차를 기다리며 대합실에 앉아 있을 때 일이다. 멀리서 큰소리로 누군가 외치는 소리를 들었다. "화장실이 어디에요?"라고. 그것도 계속해서. 아주 큰소리로. 시각장애인이 화장실을 급히 찾고 있었던 것이다. 천천히 화장실을 찾기에는 생리현상을 막을 시간이 없어 보였다. 나는 그를 화장실로 신속히 안내했다. 그리고 대변기가 놓인 문을 열어주려는 순간 그가 나의 팔을 밀치며 "지금부터 제가 할

게요. 고맙습니다."라고 말했다. '아차' 하는 생각이 들었다. 시각장애인을 화장실 입구까지만 안내했어야 했다. 화장실 문 안까지 안내하려는 것은 과잉친절이었다. 친절도 과하면 타인의 자존심을 상하게 할 수도 있다는 것을 다시금 깨달았다.

쉬어가기

한국장애인고용공단의 장애인 인식개선 영상 〈어떤 시선〉에는 시선에 관한 흥미로운 실험을 한 내용이 담겨 있다.

실험은 장애인을 보는 비장애인의 시선을 알아보기 위한 것이었다. 장애인이 주인공인 영화를 장애인과 비장애인이 각각 따로 관람한 후 간단한 질문에 답하는 것이었다.

상영작 "달팽이의 별"이었다. 이 영화는 보지도 듣지도 못하는 시청각장애 남편과 척추장애로 태어나 아주 작은 몸집을 가진 지체장애 아내의 살아가는 이야기이다. 영화는 부부가 밥 먹고, 산책하고, 친구 만나고, 여행을 떠나는 등 일상적인 일들을 잔잔하게 보여준다. 화면은 장애로 인해 겪게 되는 재미있고 유머러스한 이야기, 부부가 서로를 보듬고 살아가는 따스함과 소소한 일상의 소중함을 일깨워주는 이야기들로 가득 차 있다.

영화를 본 뒤 장애인과 비장애인의 반응은 엇갈렸다.

장애인들은 영화상영 내내 즐거운 표정이었고 대체로 재미있고, 공감이 간다는 긍정적인 답변이 이어졌다. 그러나 비장애인은 영화 상영 내내 굳은 얼굴 표정을 보였고, 영화를 본 뒤 불편함, 안쓰러움, 이질감 등을 느꼈다고 답했다.

같은 영화를 보고 왜 장애인과 비장애인이 서로 다른 감정을 가질까?

관객은 영화를 보면서 등장인물에 몰입되어 자신과 동일시한다. 영화 내내 주인공의 상황에 빠져들고 다양한 감정의 카타르시스를 느낀다.

비장애인이 영화 내내 불편한 감정을 감출 수 없었던 것은 영화 속 장애인 주인공과 동일시하지 않고 철저히 주변인으로 영화를 관람했기 때문이다. 장애인을 나와는 다른 존재로 인식하였기에 영화 자체를 즐기지 못한 것이다.

비장애인이 장애인이 주인공인 영화를 그 자체로 즐길 수 있었으면 좋겠다.

비장애인이 장애인을 있는 그대로 대했으면 좋겠다.

제3부

장애와 사회

언론은
장애를 어떻게
다루고 있을까?

언론으로 인해 만들어지는 인식

　1923년 도쿄 일원의 간토 지방에 대지진이 발생했다. 당시 피해는 매우 심각해 대중은 점점 동요했다. 일본 정부는 국민의 분노가 극에 치닫고 있음을 감지하고 계엄령을 선포했다. 그리고 '재난을 틈타 조선인이 방화와 폭탄테러, 강도 등을 획책하고 있으니 주의하라'는 유언비어를 퍼트린다. 이 유언비어는 여러 신문에 실리면서 '조선인이 우물에 독을 풀고 방화·약탈을 하며 일본인을 습격하고 있다'는 소문이 각지에 나돌기 시작했다. 신문과 소문을 믿기 시작한 도쿄 사람들은 조선인이면 다 죽여버리겠다고 했다. 대학교수 같은 지식인도 앞장서서 조선인을 비판했다. 일본 민간인은 자경단을 조직해 군경과 함께 조선인을 가차없이 살해하기 시작했다. 이때 죄 없이 죽어간 조선인 수는 2만 3천여 명[1]에 달했다. 일본 당국은 재난으로 인한 내부 혼란을 잠재우기 위해 조선인 폭동을 조작하고 사실처럼 조장했으며, 학살을 방관했다. 이 학살 사건이 '관동 대지진 조선인 학살 사건' 일명 관동대학살이다.

대학살 사건의 원인은 일본 정부가 왜곡된 정보를 제공하고, 언론이 사실 확인도 하지 않은 채, 사람들에게 정보를 제공했기 때문이다. 관동대학살은 왜곡된 정보를 사실로 받아들인 일본인이 한국 사람을 무차별 학살한 안타까운 역사다.

이러한 역사는 오늘날에도 반복되고 있다. 2019년 7월 1일 일본은 우리나라로 수출하는 고순도 불화수소 등 반도체·디스플레이 소재 3종을 금지했다. 같은 해 8월에는 우리나라를 전략물자 수출통제 '화이트 국가 리스트[12]'에서 제외시켰다. 표면적 이유는 안보상 전략물자 수출관리 강화이다. 그러나 국내외 언론과 전문가들은 우리 대법원의 일제 강점기 전범기업 강제 징용 피해 배상 판결에 대한 보복으로 보고 있다. 나아가 당시 아베 정권이 일본을 전쟁이 가능한 보통국가로 바꾸려는 개헌을 추진하는데 최종 목적 달성의 수단으로 사용하고 있다고 짐작했다. 일본의 일부 언론을 제외한 대부분의 언론들이 수출규제의 정당성과 한국의 잘못에 대해 보도했다. 한발 더 나아가 불매운동이 일어나는 한국은 위험하니 여행을 자제하라, 더러

---

12. 화이트리스트(White list)는 '안전 보장 우호국'이라고 하며, 자국의 안전 보장에 위협이 될 수 있는 첨단 기술과 부품 등을 수출할 때, 수출 허가 절차에서 우대를 해주는 국가를 말한다. 2019년 8월 일본이 한국을 백색국가 명단에서 제외하는 개정안을 의결했으며, 우리나라도 이러한 조치와 수출규제안에 맞서 일본을 화이트리스트에서 제외하기로 했다.
출처 : 네이버 지식백과, 화이트리스트 [White list] (매일경제, 매경닷컴)

운 소녀상, 한국은 금방 식는 나라 등 저급하고 혐오적인 언론 기사가 지속적으로 올라왔다.

내부의 불안을 외부로 돌리고 국민 단결 여론을 조장하는 일본 정부, 앞장서서 편향된 정보와 사실을 왜곡하는 언론, 동요하는 일본시민을 보면서 98년 전 관동대학살이 다시 떠올라 온몸에 소름이 돋았다. 이처럼 언론이 어떠한 목적을 가지고 왜곡되고 편향된 정보를 생산하는 것은 위험하다.

잘못된 정보를 계속 접하게 되면 우리의 뇌가 점차 이를 사실로 받아들인다. 이를 확증 편향confirmatory bias이라고 한다. 확증 편향이란, 자신의 신념과 일치하는 정보는 받아들이고 신념과 일치하지 않는 정보는 무시하는 경향을 말한다.[2] 언론은 장애와 관련해 주로 어떤 기사를 다루는가? 대중매체는 장애를 어떻게 표현하고 있을까? 장애에 대한 왜곡된 정보를 제공해 비장애인의 확증 편향을 조장하지는 않는가?

언론이 장애를 어떻게 다루고 있는지 살펴보고자 한다.

장애를 대하는 언론의 시각과 태도는?

한국 사회에서 보도되는 장애 관련 기사는 크게 두 가지로 나누어 볼 수 있다. 첫 번째는 정부 기관에서 배포한 보도자료 관련기사, 두 번째는 사회부 기자가 쓰는 사건·사고 기사다.[3]

첫째, 장애 관련 보도자료에 대한 언론의 시각과 태도에 대해 내가 직접 경험한 사례다.

2016년 11월 29일 「특수학교 시설·설비 기준령」[13] 일부 개정안이 국무회의를 통과하였다. 일부 개정안이라고 하지만 24년만에 학교 안전 관리 규정 신설, 용어 현행화 등이 이루어져 전면 개정이나 다름이 없었다. 나는 교육부에서 특수교육 관련 법령개정 업무를 담당하면서 입법예고와 개정안 확정 시 언론사에 배포할 보도자료를 작성하였다.

교육부는 주간 보도 계획을 수립하여 보도 전에 출입기자단을 상대로 정례브리핑을 실시한다. 브리핑에는 주요 언론사의 기자들이 그 주에 발표될 보도자료 내용에 대해 궁금한 점을 직접 담당자에게 물어본다. 나는 긴장했다. 특수학교를 신설하거나 재건축을 할 때는 보행로, 승하차구역, 건물 주출입구, 복도, 계단, 경사로 등 시설·설비 안전기준을 지켜야 한다는 의무조항의 내용이 A4 용지 5쪽이 넘을 만큼 많아서 기자들의 관심이 클 것이라 생각했기 때문이다. 그러나 두 차례의 주간 보도 언론사 대상 브리핑에서 5월에는 '2016학년도 수능성적 분석 결과 발표', 11월에는 '2016년 국가수준 학업성취도 평가 결과 발표'가 기자들의 큰 관심을 받았으며, 내가 작성한 보도자료 내용은 별 관심을 받지 못했다.

기자의 질문을 거의 받지 못한 원인에 대해 나는 두 가지 생각이 들었다. 언론은 특수교육보다 일반교육에 관심이 더 많았거나 아니

---

13. 특수학교 시설·설비 기준령 : 특수학교의 시설·설비에 관한 기준을 정한 법으로 특수교육대상 학생을 고려해 교지(교사 및 교실 면적 등), 교육 관련 시설의 종류 및 기준, 안전 및 편의시설·설비의 종류 및 기준 등을 규정하고 있음.

면 내가 보도자료를 언론의 관심을 끌 만큼 매력적으로 작성하지 못했거나 둘 중 하나였다.

보도자료는 틀이 정해져 있어 작성 형식을 벗어날 수 없고, 부총리 서면보고까지 하였기에 작성 담당자의 역량 부족이라고 보기는 어렵다. 아마도 「특수학교 시설·설비 기준령」 일부 개정안이라는 기사가 국민 대다수의 관심을 끌기 어렵고 이슈나 쟁점이 될 사항도 아니며, 재미도 없기 때문은 아니었을까? 특수교육 종사자가 아니라면 앞으로 신설될 특수학교의 복도는 휠체어 두 대가 통행이 가능해야 하고, 교실 출입구를 비롯해 모든 문에는 턱이 없어야 하며, 문은 누구나 쉽게 열 수 있도록 미닫이식이 의무적으로 설치된다는 기사는 대중의 관심과 흥미를 끌지 못하는 것도 사실이다. 그래서 오늘날 특수교육, 장애와 관련된 부처나 기관의 보도자료를 전달하는 언론 기사는 관련 내용을 보다 심층적으로 다루지 않을 뿐더러 보도자료를 그대로 옮기는 수준을 벗어나지 못하고 있다. 아니 벗어날 필요성을 느끼지 못하는 것 같다.

두 번째는 장애와 관련된 사건·사고 기사에 대한 언론의 시각과 태도에 대한 사례다.

2018년 7월 11일에 특수학교 교사가 수년간 장애학생을 성폭행했다는 언론 기사[14]가 보도되었다. 11일과 12일 단 이틀 만에 각기 다른

---

14. 연합뉴스, 2018, 7.11일자, 특수학교 교사 수년간 제자들 성폭행 의혹……. 경찰 수사, 등 다수

언론 매체에서 비슷한 제목과 내용으로 125건이 쏟아졌다.[4] 같은 해 10월 10일에는 또 다른 특수학교에서 교사가 장애학생을 폭행한 사건이 언론[15]에 보도되었다. 단 하루 만에 유사한 제목과 내용의 기사들이 31건 나왔다.[5] 앞서 소개한 「특수학교 시설·설비 기준령」 일부 개정안 보도자료와 달리 방송 및 신문 등 각종 언론에서는 단 이틀 동안 '장애학생 대상 폭행' 사안을 봇물 터지듯 쏟아졌다.

언론이 유독 '장애학생 대상 폭행' 사안을 집중적으로 다루는 이유는 무엇일까?

전 세계 175개 이상의 미디어를 장악하고 있는 루퍼트 머독은 "언론은 대중이 즐거워하는 것을 줘야 한다.", "껌을 팔든, TV를 팔든 누구나 과장은 한다. 중요한 건 어떻게든 많이 파는 것이다."라고 하였다.[6] 이는 오늘날 언론이 조회 수나 광고 수익을 창출하기 위해서 독자의 관심을 사로잡을 수 있는 자극적인 내용의 기사를 끊임없이 생산하고 있음을 보여준다.

장애인을 대상으로 한 성폭력, 학대 등의 사안은 사회적으로 대중의 분노와 화를 자극시킨다. 특히 사회적 약자에 대한 폭력이므로 가해자는 지탄의 대상이 되며 적나라하게 모든 것이 노출된다. 이는 시청률과 구독률로 이어져 지속적인 확대 재생산이 이루어진다. 이러한 과정에서 언론을 접하는 비장애인은 장애에 대한 오해와 왜곡, 편

---

15. 한겨레. 2018.10.10.일자. 또 특수학교서 교사가 장애학생 폭행……. 연루된 교사 10여명. 등 다수

향된 정보를 가지게 된다. 이후에 올바른 정보가 제공되더라도 확증편향으로 인해 장애인에 대한 부정적 인식은 고착화된다.

나는 특수학교에서 발생한 장애학생 성폭행 및 폭행 사안의 근본적인 원인을 다룬 기사는 장애인 전문 인터넷 언론을 제외하고 주류 언론에서는 거의 보지 못했다. 오로지 가해자의 악행과 피해자의 힘들고 어려운 환경이나 정황 등에 초점을 맞췄을 뿐 근본적인 해결책을 제시하지 않았다.

특수학교라는 환경의 폐쇄성, 성차별·장애 차별적 사회 구조, 가해자의 낮은 성인지 감수성 등이 장애인을 대상으로 한 성폭력의 근본 원인일 수 있다. 또한 특수학교 담임교사가 개개인에 적합한 교육 지원은 물론 안전, 문제행동 지원, 관리, 부모상담, 인권, 진로·직업, 사회성 향상 등 모든 부분에 대한 책임을 지고 담당할 수밖에 없는 열악한 특수교육 환경 자체에 대한 반성 없이 특수학교 교사의 학생 폭행을 개인적 악행으로만 언론이 몰고 가는 것은 문제가 있어 보인다.

언론은 세월호 참사 때나 코로나19 바이러스 감염증이 집단 발병한 신천지와 관련된 보도 때도 비슷했다. 세월호 참사 발생 시 유병언과 그 일가, 탑승객은 내버려 둔 채 혼자만 살아남으려 했던 선장과 선원, 대통령의 숨겨진 시간에 집중했다. 코로나19 초기 대규모 발병 시 31번 확진자, 신천지 종교집단의 문제와 이만희 교주의 시계까지 언론에서 강력하게 다루었다. 발병의 원인 자체를 신천지라는 종교 집단에다 두었다. 두 사안 역시 근본 원인은 정부·지자체 등의 초기 예방 시스템이 제대로 작동되지 않았다는 것과 앞으로 이런 일이 더 이상 발생하기 않기 위한 매뉴얼을 어떻게 만들어야 했는지에 대한 깊은 성찰에 초점을 맞춘 기사는 상대적으로 부족했다.

언론은 국민의 알권리 충족, 권력자 및 권력 기관의 견제 기능을 해야 하지만 동시에 생존을 위해 대중의 관심도 끌어야 한다. 기사 제목을 보고 읽게 만들어야 한다. 조회 수를 늘려서 광고를 따내야만 한다. 언론이 진정성을 가지고 진실을 보도하면서 생존을 위해 조회 수를 늘리는 것을 동시에 해내기는 쉽지 않다. 그러다 보니 장애와 관련된 기사는 객관적이지 않고 혐오를 선동하거나, 자극적이거나, 감동적이거나, 충격적인 내용으로 작성된다. 장애라는 주제에 대해 심각하게 근본적 원인을 찾기보다는 독자가 원하는 것에 맞게끔 틀을 만들어 제공한다. 즉 언론은 장애와 관련해 다루는 주제나 프레임을 정해놓고 그에 맞게 기사화해서 대중에게 전달하고 있으며, 장애와 관련된 문제의 핵심 원인을 분석하기 위한 노력은 찾아보기 어렵다. 언론이 장애를 독자의 흥미를 끌기 위한 수단으로 다루고 있었기 때문이다.

쉬어가기

언론이 관심을 갖기 시작한 것도 그 무렵이었다. 서울대에 입학한 장애인 학생들이 어려움을 겪는다는 소문이 퍼져 여러 언론사에서 인터뷰를 요청해왔다. 장애인 학생 가운데 몇몇은 문제의 심각성을 알리기 위해 인터뷰에 참여했다. 나도 몇 군데서 인터뷰 요청을 받았다. 기자들은 남들에게 들려 계단을 올라가는 모습, 계단 앞에서 위를 바라보며 탄식하는 모습 등을 카메라에 담기 원했다. 그래야만 문제가 제대로 부각된다는 것이다. 그러나 나는 왜 내가 어차피 올라가지도 못할 계단 앞에서 하염없이 위를 바라보며 탄식해야 하는지 도무지 알 수가 없었다. 물론 메시지를 전달하기 위해서는 연출이 불가피할지도 모른다. 그것이 거짓은 아니기 때문이다. 그러나 언제까지 비극을 꾸며내 세상을 울리고, 거기서 일정한 감동을 이끌어내는 방식으로 살아야 하는지 나는 답답했다.

김원영(2010). 나는 차가운 희망보다 뜨거운 욕망이고 싶다. p115

2001년부터 2010년까지 KBS 인간극장의 장애인 일화를 분석한 연구가 있다. 연구 결과, 장애인을 재현하는 방식에 있어서 일반적이거나 사실적이지 않았으며, 오히려 극적요소로 인해 청취자로 하여금 그들을 동정하고 연민하며 바라보기에 충분한 연출을 가미하였다. 다큐멘터리가 재현하는 장애인의 이미지는 그들의 일상을 있는 그대로 보여주기보다는 제작자의 연출의도와 관점에 의해 여전히 부정적으로 정형화되어 있다고 하였다.

대중매체가 장애 관련 내용을 다룰 때 장애 부위를 부각하거나 장애로 인한 상황을 영상이나 사진으로 제시한다. 이때 전달하고자 하는 내용이 아무리 장애인을 위한 내용이라도 의도적으로 만들어진 동정, 연민 등의 프레임을 사용한다면 장애의 사회적, 대중적 이미지는 왜곡되고 편향된다. 잘못된 프레임을 사용한 장애인이나 장애 관련 기사나 방송으로 인해 지금 이 순간에도 대중매체는 다른 장애인 차별과 부정적 낙인이 끊임없이 생산하고 있는지 모른다.

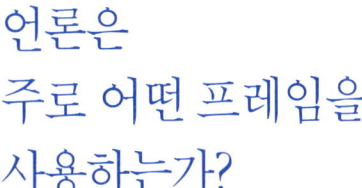

언론은
주로 어떤 프레임을
사용하는가?

　언론보도는 시각에 따라 그 내용이 시청자에게 다르게 전달될 수 있다. 언론은 사건을 조작하는 것이 아니라 사실을 보여주지만 그 사실을 언론이 원하는 대로 시청자가 판단하도록 프레임을 구성할 수 있다.

　프레임은 '틀frame'이라는 뜻으로 언어학자 조지 레이코프는 프레임을 '특정한 언어와 연결되어 연상되는 사고의 체계'[8]라고 정의하였다. 즉, 개개인이 가지고 있는 사고의 틀, 인식이다. '엄마'라는 단어를 들으면 애틋함과 따스함이 떠오르고, '아빠'라는 단어를 보면 엄격함과 권위가 머릿속에 떠오른다. 이처럼 언어와 연결되어 연상되는 사고 체계가 프레임이다. 아마 우리 머릿속에는 끊임없이 프레임이 작동하는지도 모른다.

　언론이 어떻게 프레임을 짜느냐에 따라 독자의 인식이 달라진다.

장애와 관련해서도 사실을 전달할 때 어떤 프레임으로 구성하느냐에 따라 대중의 반응이 달라진다. 왜냐하면 장애와 관련해서 부분적이고 불완전한 보도는 언론이 취재 결과를 전하는 과정에서 특정 프레임을 선택하기 때문이다.[9] '장애의 재해석'이라는 연구에서 장애 보도 프레임을 유목화하여 조작적 정의를 한 바 있다. 그 중 장애 문제를 다루는 기본 시각에 관한 프레임과 장애인 보도 프레임은 <표 6>과 같으며, 이 중 언론에서 자주 볼 수 있는 일부 프레임을 소개하고자 한다.

<표 6> 장애인 보도 프레임

변인	하부 유목과 조작적 정의
장애 문제를 다루는 기본 시각에 관한 프레임	의학 프레임(medical model), 초월자 프레임(supercrip model), 사회 병리학 프레임(social pathology model), 민권 프레임(minority/ civil right model), 문화적 다원주의 프레임(cultural puralism), 경제성 프레임(business model), 법과 제도 프레임(legal model), 사회적 감정 유발 프레임(social emotion-inducing model), 괴물 쇼 프레임(freak show model), 소비자 프레임(consumer model)
장애인 전형 묘사에 관한 프레임	의존자(Sullivan's Baby), 영웅(Dr. Hawking), 피해자(The Silenced), 똑같은 이웃(Ordinary Neighbor), 환자(Lorenzo), 투사(Ed Roberts), 범죄자(Dr. Evil), 괴물(Elephant Man)

출처 : 서영남(2013). 장애뉴스(Disabled News). 장애의 재해석, 2-46. p17~18. 재구성

<사회적 감정 유발 프레임, 환자 또는 범죄자 프레임>

사회적 감정 유발 프레임이란, 범죄 또는 비윤리적 행위의 맥락으로 장애를 등장시켜 사회적 공분이나 연민을 유도하는 것을 의미한다. 환자 프레임은 장애인을 의학적 치료의 대상으로 묘사하는 것이

며, 범죄자 프레임은 장애인을 장애를 이용해 범죄를 일으키는 주체로 묘사하는 것이다.[10]

조현병을 가진 사람이 망치로 일본대사관 앞 소녀상을 내리친 보도의 경우, 부정적인 시각의 기사들은 제목에 "30대 조현병 환자, '평화의 소녀상' 망치로 내리쳐"(○○일보, 2016.6.3일자)와 같이 조현병을 강조한 것과 달리 일부 언론은 "망치로 일본대사관 앞 '소녀상' 내려친 30대"(○○경제, 2016.6.3일자)와 같이 사건의 내용을 전달했다.[11]

두 기사 모두 사실만 전달하였지만 장애에 부정적인 기사는 제목을 통해 정신질환을 가진 사람이 저지른 잘못된 행위라는 것과 장애인을 환자로 보는 프레임을 만들었다. 이 프레임은 비장애인이 장애인을 치료 대상으로 인식하게 하고, 장애인은 잘못된 행위를 할 수 있는 사람이라는 부정적인 인식을 심어준다.

반면에 ○○경제 기사 제목은 평화의 소녀상을 누군가 망치로 내려쳐 훼손한 사실에만 집중했다. 정신질환을 가진 것과 소녀상을 망치로 내려친 것의 연관성은 있을 수도 있고, 없을 수도 있다. 즉 확인된 바 없다. ○○경제 기사 제목은 정확히 사실fact만 다루고 있다. 장애인에 대한 왜곡되고 부정적인 프레임이 없이도 진정성 있는 기사가 보도될 수 있음을 보여준다.

"수락산 살인 조현병… 오늘 얼굴 공개"(○○○○방송, 2016.6.3일자), "수락산 살인사건 피의자, 정신분열증세로 약 처방 받아"(○데

일리, 2016.6.2일자)와 같은 제목의 기사 역시 장애인이 저지른 파렴치한 사건이라는 프레임으로 구성되었다. 이 사건은 나중에 살인자는 조현병이 아니며, 조현병으로 인한 범죄가 아닌 것으로 밝혀졌다. 그렇지만 장애의 부정적 프레임으로 구성된 기사들로 인해 대중들은 이미 조현병은 위험하다는 부정적 인식을 갖게 된 뒤의 일이었다.

'장애의 재해석'의 연구자 서영남은 사회적 감정 유발 프레임을 언론이 이용하는 이유와 문제에 관해 다음과 같이 서술했다.

> '사회적 감정 유발' 프레임은 장애와 장애인이 사건의 '맥락'으로 배치되어 사건에 대한 감정적 반응을 유도하는 경우를 가리킨다. 예컨대, 비장애인과 장애인이 똑같이 강도를 당한 두 개의 사건이 있다고 가정할 때, 언론이 피해자(또는 가해자)가 '장애인'이라는 점을 지나치게 강조한다면 사건에 대한 대중의 반응은 사뭇 다를 공산이 크다. 그러나 엄밀히 말해, 피해자가 장애인이라는 점은 사건의 추이나 여파와는 하등의 관계가 없으며 따라서 반드시 강조될 필요는 없다. 다시 말해, 언론이 피해자의 '장애'를 강조하는 것은 오직 사건에 대한 시청자의 더 큰 관심과 반응을 얻기 위한 하나의 '장치'에 불과하며 이는 다시 장애인에 대한 또 다른 차별적 시선에 해당되기 때문에 문제가 된다는 것이다.[12]

〈사회 병리학 프레임, 의존자 프레임〉

사회 병리학 프레임이란 장애를 '사회적 악조건'으로 취급하여 장애에 대한 국가나 사회차원의 지원이 필요함을 강조하는 것이며, 의존자 프레임은 장애인에 도움을 주는 존재를 지나치게 강조해 장애

인을 홀로 설 수 없는 존재처럼 묘사하는 것이다.[13]

19년 간 축사에서 생활하며 강제노역을 당한 지적장애인이 탈출한 사건이 있었다. 후속 보도로 가족도 만나고 안정적인 생활을 하면서 학업을 이어간다는 내용을 다룬 언론 기사 제목은 대부분 다음과 같다.

"'축사 노예' 아픔은 그만... 초등교육 받는다."(○○일보, 2017.1.22.일자)
"19년 축사 노예 만득씨, 늦깎이 초등학생 됐다... 되찾은 웃음"(○○신문, 2017.3.2.일자)

비장애인에 의한 지적장애인의 장기간 강제노역과 축사에서 지내야 했던 비참한 생활을 언론에서는 한 마디로 '축사 노예'라고 명명했다. 이러한 명칭은 2014년 염전에서 지적장애인을 감금하고 강제노동을 시킨 사건을 '염전 노예'라고 하면서 이어져 내려왔다. 사건의 공식적인 명칭은 '지적장애인 축사 강제노역 사건', '지적장애인 염전 강제노역 사건'이다. 어디에도 '노예'라는 표현은 없다. 언론은 대중의 관심을 끌기 위해 기사 제목에 장애인을 '노예'라고 표현하면서 비하하고 있다. 이러한 비하 표현은 독자들에게 지적장애인은 주변의 도움 없이는 아무것도 하지 못하는 존재라는 인식을 심어준다. 또한 장애를 동정의 대상으로 간주하고 무의식적으로 비장애인과는 완전히 다른 존재임을 느끼게 한다.

이처럼 사회 병리학적 프레임, 의존적 프레임이 작동하면 장애인은 주체적이지 못하고 수동적이며 특별한 관심이 필요한 사람, 누군가의 도움이 필요한 사람, 사회부적응자 등 부정적 이미지를 줄 수 있어 위험하다. 그럼에도 불구하고 언론은 대중과 독자의 관심을 끌기 위해 이 프레임을 쉽게 포기하지 못하고 있다.

"'제2의 만득이 막자" 충북도, 장애인 전수조사"(○○○뉴스, 2016.7.19.일자)
"복지부, '축사 장애인 강제노역' 피해자 맞춤 지원"(○○○뉴스, 2016.7.15.일자)

위의 기사제목처럼 언론은 축사 노예, 염전 노예와 같은 자극적이고 인권 침해적인 단어를 사용하지 않고도 정보를 정확히 전달할 수 있다. 기자들이 조금만 더 관심을 기울이면서 장애를 이해하고 인식을 개선한다면 말이다.

〈초월자 프레임, 영웅 프레임〉

초월자 프레임이란 장애를 극복해야 할 일종의 '난관'으로 취급하며 육체적·정신적으로 한계를 뛰어넘는 장애인의 모습을 강조하는 것을 의미하며, 영웅 프레임은 장애인을 장애를 극복하고 업적을 이뤄낸 영웅처럼 묘사하는 것을 말한다.

"장애 극복 : '양팔이 없어도 할 수 있어요'…방글라데시의 발가락 공예가" (○○○ NEWS 코리아, 2018.11.23.일자)
"장애 극복해 공무원 꿈 이루고 싶어요."(○○신보, 2019.5.14일자)
"장애 이긴 비결? 첫째도 둘째도 인내"(○○닷컴, 2019.5.23.일자)

초월자, 영웅 프레임의 기사 제목에는 주로 들어가는 표현이 있다. '극복', '장애를 이긴', '장애를 딛고', '인간 승리', '장애를 넘어' 등이 그것이다. 이 표현들은 주로 성공한 장애인을 다룰 때 언론에서 자주 사용한다. 왜 이런 표현을 언론은 사용할까?

장애인의 강인한 의지와 난관 극복에 대한 언론 기사의 강조 표현은 장애인들보다는 비장애인을 향한 메시지라고 할 수 있다. 장애인의 노력과 성취를 보면서 비장애인이 교훈과 반성의 계기를 삼으라는 함의가 내포되어 있다.[14] 즉, 주로 기사를 소비하는 주체가 비장애인이며 이들에게 자극을 주기 위해 '장애 극복'의 표현을 사용하는 것이다. 이는 아무리 생각해도 바람직하지 않다.

장애 극복과 같은 영웅 프레임의 또 다른 문제는 장애를 하나의 난관이나 역경으로 표현해 감동적으로 성공한 모습을 소개함으로써 역설적으로 장애를 극복하거나 이겨내지 못한 장애인은 노력 부족으로 어렵고 힘든 삶을 살아갈 수 있음을 암시한다는 데 있다. 불우한 환경을 딛고 초인적으로 노력한 사람들은 성공하고 그렇게 실천하지 못한 사람들은 좋은 대학, 좋은 직장을 얻지 못한다는 논리와 비슷하다.

이 프레임은 장애를 있는 그대로 수용하는 것이 아니라 비장애인의 시각과 기준에서 장애를 극복한 사람과 그렇지 않은 사람으로 구분하게 된다. 비장애인과 장애인을 구분하다 못해 장애인 간에도 구분하게 만든 것이 장애에 관한 언론의 영웅 프레임이다. 장애인정책모니터링센터에서는 「2019년 언론모니터링 결과보고서」에서 언론이 장애극복과 재활을 강조할 때의 위험성을 아래와 같이 서술하였다.

언론은 장애를 질병과 혼돈하여 장애를 '이겨낸다.' 또는 '극복한다.'라는 표현을 자주 사용한다. 하지만 장애는 장애인의 삶의 일부분으로서 함께 살아가는 것이기에 재활을 통해 극복하고 이겨내는 것이 아니다. 언론은 장애에 대한 정의를 다시 한 번 생각하고 장애 극복과 재활을 강조하는 표현은 자제해야 한다. (중략)
언론에서는 장애를 질병으로 생각하고 보도하는 경향이 있다. 장애의 의미를 생각하고 질병과 다르다는 걸 언론에서는 제대로 파악해야 한다. (중략) 장애는 질병이 아니라고 계속 주장되어 왔지만 지금도 사회에서는 장애는 재활을 통해 극복할 수 있다고 여겨지고 있다. 이는 장애를 개인의 문제이며 극복하지 못하는 건 개인의 노력과 의지의 문제로 보고 있다는 것이다. 그리고 언론에서 장애를 극복했다는 기사는 장애인이 장애를 이겨내고 재활에 성공했다는 뉘앙스를 가지고 있다. 이러한 표현은 장애를 잘못 인식하게 한다.[15]

장애인이 자신의 전문 분야에 성과를 낸 사례가 흔치 않고 그 과정이 비장애인보다 힘들었음을 짐작하기에 모든 사람의 귀감이 되는 보도 기사로 다루는 것은 어쩌면 당연하다. 그러나 기사의 주요 헤드라인이나 주요 내용이 '장애'에 집중된다면 '극복', '승리', '이겨냄'을 강조해 장애와 비장애를 구분하게 만든다. 언론은 장애극복을 강조할 것이 아니라 장애인이 자기 분야에서 전문성을 인정받거나 이루고자 하는 목표를 달성한 것에 중점을 두어야 한다. 그것이 기사 본연의 목적임을 알았으면 한다.

〈피해자 프레임〉

언론 기사의 피해자 프레임이란, 장애인을 범죄나 학대 또는 차별의 피해자로 묘사하는 것을 의미한다. 장애여성성폭력상담소의 〈새로고침〉 시민감시단이 2017년 장애인 관련 언론 보도 130개의 기사를 모니터링한 결과, 성폭력 65건, 학대 34건, 미담 17건, 기타 14건으로 장애인이 성폭력이나 학대 등 피해를 당한 기사 건수가 76%를 차지했다. 장애와 관련해서 피해자 프레임으로 접근하는 기사가 대부분이라는 것을 알 수 있다. 왜 이렇게 피해자 프레임의 언론 기사가 많은 것일까?

언론은 장애를 보도함에 있어 시청자의 관심과 그로 인한 수익의 확대를 노리기 때문에 특정한 영상 기법이나 뉴스 형식 등을 주도적으로 사용하게 된다.[16] '장애'와 함께 '성폭행', '성관계', '성추행', '학대', '몹쓸 짓' 등 자극적인 단어를 사용하여 기사 제목을 도출함으로써 대중의 관심을 끌어내기가 쉽기에 피해자 프레임을 언론이 자주 다루게 되는 것이다. 피해자 프레임으로 다루어진 장애 관련된 기사는 비장애인이 장애에 대해 왜곡하거나 오해를 할 수 있으며, 주체적이지 못한 수동적인 존재로 인식하게 만든다. 이런 일부 기사 제목은 다음과 같다.

"채팅앱서 알게 된 지적장애 청소년 2차례 유인 성관계한 30대 징역 2년"
(○○신문, 2020.3.8.일자)
"같이 자야 병 고쳐진다." 정신장애 여성 성폭행한 60대 전직 승려 실형(○○일보, 2017.8.15.일자)

기사 제목만 보아도 장애인을 사소한 보상이나 친절에 쉽게 유인되는 사람으로 암시하고 있다. 또한 '지적장애', '정신장애'를 판단능력이나 인지능력이 떨어지는 사람이라고 단정짓는다. 여기서 짚고 넘어가야 할 것이 있다. 기사 제목처럼 지적장애 때문에 피해자가 채팅앱을 통해 가해자에게 유인되어 성관계를 가질까? 그렇지 않다. 장애와 상관없는 가해자의 끈질긴 감언이설과 거짓말 때문이다.

"채팅앱 10대들 꼬드겨 성관계 촬영… 단톡방서 돌려본 어른들"(○○닷컴, 2019. 4. 4. 일자)의 기사와 같이 비장애인 10대도 성인에 의해 성폭력 피해를 당한다. 2020년 4월 코로나19와 함께 우리나라를 뒤흔든 'n번방 사건' 역시 주로 피해 대상이 비장애 청소년들이다.

여성가족부에서 발간한 「2018년도 아동·청소년대상 성범죄 동향 분석」에 따르면 아동·청소년대상 성매매 알선 범죄는 가해자, 피해자의 연령이 낮고 연령차가 적으며, 지속적인 피해를 주는 반복범죄의 가능성이 높고, 범죄를 위한 구체적인 경로 유형으로 메신저, SNS, 스마트폰 어플리케이션을 이용한 범죄발생 비율이 높은 특징을 갖고 있다고 한다.[17]

장애인이라서 성폭행이나 성추행에 쉽게 노출되는 것이 아님에도 불구하고 기사는 장애인을 은연중에 강조한다. 이로 인해 비장애인은 장애인 여성이 장애로 인해 성폭력이나 성추행에 쉽게 노출될 위험이 있다고 왜곡된 인식을 가질 수 있다.

지적장애 10대 여아 상습 성폭행한 50대 남성 '징역 15년'…"먼저 유혹했다" (○○○신문, 2017.5.27.일자)
지적장애 10대 성폭행 후 '꽃뱀' 고소한 목사…중형 확정(○○일보, 2019.12.16.일자)

　장애인 성폭력을 떠나 모든 성폭력의 가해자는 그 원인을 피해자에게 돌려 책임을 전가하려는 경향이 있다. 이는 가해자가 무죄 또는 형량을 낮추기 위한 방법이다. '상호 합의하에', '먼저 유혹해서', '반항하지 않아서', '웃어주어서' 등이 변명으로 주로 사용된다. 기사의 제목만 보면 성폭력 범죄자가 징역 15년 또는 중형을 선고 받았더라도 '피해자가 먼저 유혹했다', '피해자는 의도를 가지고 접근한 꽃뱀이다'라는 가해자의 변명을 그대로 수용하고 있는 듯하다. 여기서 한발 더 나아가 '지적장애'라는 용어가 문장에서 결합되어 가해자의 억울함과 성폭력의 정당성이 강화된다. '지적장애인이 먼저 유혹할 수도 있지 않았을까?', '고소까지 할 정도면 가해자도 억울한 면이 있지 않았을까?' 등 대중이 가해자 입장에서 왜곡된 상상을 하게끔 만든다.

　언론은 대중의 호기심을 자극하기 위해 자극적인 기사 제목을 사용하고 있지만 그 제목을 보는 대중은 가해자의 성폭력이 정당할 수도 있겠다는 일말의 여지를 가질 수 있다. '먼저 유혹'이니 '꽃뱀'이니 하는 가해자의 변명은 이미 법정에서 기각된 거짓이다. 이 거짓을 기사 제목으로 사용하는 것 자체가 타당하지도 않으며, 나아가 피해자에게 책임을 전가하는 2차 성폭력을 가하는 것과 같다.

지적장애 성폭력 피해자는 가해자로 인해 고통 속에서 살았으며, 사건이 종결된 후에도 트라우마로 인해 얼마나 긴 시간을 고통 속에서 살아가야 할지 알 수 없다. 언론은 장애인 성폭력 사건에 대해 최소한 범죄자를 옹호하거나 그들의 변명을 그대로 받아들일 여지가 있는 기사 제목이나 내용을 작성해서는 안 된다. 지적장애를 가졌기 때문에 성폭력을 당하는 것이 아니라, 가해자의 수법이 교묘했기 때문에 성폭행을 당한 것이다. 피해자는 죄가 없다. 언론은 이를 명심해야 한다.

"몸 못 가누는 장애인 5차례 성폭행…'인면수심' 남성"(○○뉴스, 2017.3.23일자)

'몸 못 가누는 장애인'이라는 용어는 지체장애인을 무기력한 존재로 대중에게 인식시키게 한다.

혼자서는 아무것도 할 수 없고 타인의 도움을 받아야 생활하는 무능력한 사람이라는 오해를 진실로 만든다. 기사 제목만 읽어도 지체장애인은 주체적이지 못하고 수동적인 존재로 대중이 각인하게끔 만든다. '몸 못 가누는 장애'는 범죄의 원인이 될 수 없다. 그런데 왜 제목만 읽어도 몸을 못 가누기 때문에 성폭행이 저질러진 것처럼 느껴질까? '장애'를 강조하기 때문이다.

'장애'를 강조하면 장애를 가진 개인 당사자의 '책임'이 강조된다. 자극적인 기사 제목은 성폭행을 장애로 인해 어쩔 수 없이 당하는 일이라고 생각하게 만든다. 그리고 파렴치한 짓을 한 가해자를 엄중히

벌하는 데 중점을 두게끔 한다. 몸을 가누기 힘든 장애인에게 성폭행이 저질러질 수 있는 우리 사회 문제의 심각성이나 사회 구조적 개선 등의 실질적 해결책은 뒷전이 된다.

"묶고 가두고"…잇따르는 장애인 학대 범죄(○○○방송, 2017.4.23일자)
"빗나간 아들 사랑.. 아들 몸에 쇠사슬 채운 부모 입건"(○○일보, 2017.4.13일자)

장애인에 대한 학대 기사 중 '묶고 가두고', '쇠사슬' 등의 표현은 장애인이 통제 불가능한 존재라는 인식을 준다. 또한 '아들 사랑'과 '쇠사슬'은 사랑했지만 부모로서 어쩔 수 없다는 대중의 암묵적 이해를 바라고 있다. 중요한 사실은 기사 제목이 어떤 이유에서든지 장애인 학대에 대한 경각심을 일깨우기보다는 장애인이 보호·관리·통제 대상이라는 이미지를 더 부각한다는 사실이다. 어떠한 사람도 보호라는 미명하에 본인의 동의 없이 통제된 삶을 살아서는 안된다. 심한 장애가 있더라도 마찬가지다. 보호 차원의 학대는 있을 수 없으며 학대 그 자체가 인간으로서의 존엄성을 훼손하는 행위다.

장애인 학대와 관련된 기사 제목의 중요 핵심은 장애인을 대상으로 한 학대의 위험성이다. 그러나 일부 기사 제목에서 학대의 위험성보다 장애인을 돌봄이 필요한 존재, 보호받아야 할 대상으로 암시하는 경우가 있다.

이는 기사를 접하는 대중이 장애인을 반드시 돌봄을 받아야 하는 무능한 존재로 낙인찍고, 따라서 돌봄을 제공하는 사람의 폭력행위

는 돌봄을 대가로 어느 정도 감내해야 하는 것이라는 매우 위험한 인식을 강화한다.[18]

장애 문제에 대해 언론은 어떤 프레임을 사용해야 할까?

언론은 의도적으로 프레임을 만들어 기사를 작성하기도 하지만 관행에 따라 잘 생각하지 않고 무의식적으로 만들어낸 기사를 통해 장애에 대한 부정적 프레임을 작동시키기도 한다.

전자의 경우는 광고를 위해 클릭 수나 조회 수를 늘릴 목적에서 행해지며, 후자의 경우는 언론사나 기자의 장애에 대한 편견, 장애이해나 인식의 부족에서 일어난다. 전자이건 후자이건 언론에서 장애에 대한 편견과 왜곡을 부추길 수 있는 '인간적 한계 프레임'을 주로 사용하는 것은 사실이다.

'인간적 한계 프레임'이란 장애를 인간의 존재를 제약하고 한계를 부여하는 요인으로 간주하고, 장애인을 사회에서 의존적인 존재로 서술하며, 신체적·정신적 장애로 인하여 비장애인보다 열악하고 비정상적인 존재로 묘사하는 프레임을 말한다.[19] 앞서 제시한 의학 프레임, 초월자 프레임, 사회 병리학 프레임, 의존자 프레임, 피해자 프레임을 '인간적 한계 프레임'이라 할 수 있다. 언론에서 장애와 관련된 기사 제목이나 내용을 다룰 때 인간적 한계 프레임인지 스스로 점검해야 한다. 나아가 '인간적 다양성 프레임'을 지향해야 한다.

'인간적 다양성 프레임'이란 장애를 인간이 지닐 수 있는 다양한 조건의 하나로서 정의하며 장애인에 대하여 "장애인으로서 정체성"을 지닌 비장애인과 동등한 사회의 권리 주체로서 평가하는 프레임을 말한다.[20]

〈표 7〉 장애인 문제에 대한 프레임의 구성방식

프레임의 구성차원	프레임의 종류 인간적 한계 프레임 (Human Limitation Frame)	인간적 다양성 프레임 (Human Variation Frame)
장애에 대한 문제정의 (Problem / Issue Definition)	장애를 인간의 존재를 제약하고 한계를 부여하는 요인으로서 정의하고 부각시킴	장애를 인간이 지닐 수 있는 다양한 조건의 하나로서 정의하고 부각시킴
장애인에 대한 평가 (Evaluation)	사회에 대해 의존적이며 비장애인보다 열등한 존재로 평가함	장애인으로서 '정체성'을 지닌, 비장애인과 동등한 사회의 권리주체로 평가함

출처 : 황근(2001). 장애인 복지와 장애인 대상 방송에 대한 평가. 「장애인 대상 TV방송 프로그램 모니터 보고서」, 서울 :장애우권익문제연구소. p79

프레임 전개방식에 따라 장애인에 대한 고정관념이나 부정적 감정, 사회적 거리감과 같은 편견을 감소시킬 수도 있고 증가시킬 수도 있다. 또한 장애인 문제의 심각성이나 정책에 대한 태도, 장애인 문제 해결에 탐구하고자 하는 의도에 영향을 미칠 수도 있다.[21]

연구결과[22,23]에 따르면 '인간적 한계 프레임' 보다 '인간적 다양성 프레임' 방식을 제시했을 때 장애인에 대한 고정관념, 부정적 감정, 사회적 거리 등 편견에 대한 인식이 감소하는 것으로 나타났다. 인간적 다양성 프레임에 자주 노출되면 장애인, 비장애인 구분이 점차 무색해진다. 장애를 한 인간이 가지는 일부 특성으로 간주하는 순간, 장애로 인한 문제가 무엇인지 정확히 알 수 있다. 앞으로 언론은 장애인에 대한 기사를 작성할 때 '인간적 다양성 프레임'을 고려해야 한다.

'인간적 다양성 프레임'에는 민권 프레임minority/civil right model, 문화적 다원주의 프레임cultural puralism, 법과 제도 프레임legal model이 대표적이다.

민권 프레임은 장애인의 처우 개선, 차별 금지 등 장애인의 사회적 권리와 그것을 위한 적극적 개선 노력의 중요성을 강조하는 방식이다. 문화 다원주의 프레임은 주로 문화적인 측면에서 장애인과 비장애인의 동질 또는 동등성을 강조하는 방식을 말한다. 법과 제도 프레임은 법적·제도적 측면에서 장애인에게 부여된 권리를 강조하는 보도 방식이다.[24]

우리나라 언론 기사가 '인간적 한계 프레임'에 치우친 것은 사실이나 한편에서는 '인간적 다양성 프레임'을 확대하기 위한 노력도 이루어지고 있다. 장애인 권익 보호를 위한 민간단체인「장애인먼저실천운동본부」에서는 장애인 관련 기사의 질적 향상과 관심을 촉구하기 위해 10개 종합일간지 및 8개 경제지를 대상으로 장애인이나 장애 관련 문제를 다룬 신문 보도를 취합, 분석한 후 매월 1건씩 '이달의 좋은 기사'를 선정한다. 아래는 2020년에 선정된 기사의 제목이다.

- 1월 "절반 낮춘다더니… 장애인활동지원 본인부담금 인상 날벼락"(한국일보, 2020.1.2.일자)
- 2월 "점자책·수화통역사 태부족… 입시관문 뚫고도 학업 포기 일쑤"(세계일보, 2020.2.2.일자)

3월 "손만 보면 반밖에 못 알아 들어요… 手語통역사가 마스크 안 쓰는 이유" (조선일보. 2020.3.13.일자)

4월 "누군가에겐 더 가혹한 '코로나19 재난'"(세계일보. 2020.4.5.일자)

5월 "메르스 겪고도 매뉴얼 없어… '방역차별'에 두 번 우는 장애인"(세계일보. 2020.5.10.일자)

6월 "자가격리 중증장애인 돌보려 동반 입소 "다음에도 첫 번째로 달려갈 겁니다""(조선일보. 6.9.일자)

7월 "장애인에게 면접이란…뽑기 아닌 '떨어뜨리기'위한 절차인가"(경향신문. 2020.7.17.일자)

8월 "문턱 낮춘 국회, 장애인 향한 소통의 손짓"(경향신문. 2020.8.10.일자)

9월 "청각 장애인들에게 필요한 '특수 마스크', 당국은 '뒷짐'"(세계일보. 2020.9.7.일자)

10월 "문 닫은 시설 대신 '천사 아들'받아 줄 곳은 정신병원뿐이었다"(서울신문. 2020.10.6.일자)

11월 "'시각장애인의 벗' 안내견 만나다"(국민일보. 2020.11.14.일자)

12월 "'거리두기 영업제한' 제외됐지만… 시각장애인 안마사 "생존 위협""(헤럴드경제. 2020.12.24.일자)

언론은 장애 관련 기사를 다룰 때 장애인의 관점에서 장애인의 목소리에 귀를 기울어야 하지 않을까? 대중은 장애 관련 기사를 장애인의 눈으로 읽어야 하지 않을까? 그러려면 지금 당장 언론 스스로가 '인간적 다양성 프레임' 방식을 지향해야 한다. 그리고 대중은 장애와 관련된 기사 제목과 내용을 접하면 장애를 비하하는 용어는 없는지, 인간 한계 프레임으로 작성된 기사인지 그렇지 않은지를 판단할 수 있는 역량을 길러야 한다.

쉬어가기

〈'이달의 좋은 기사' 선정기준표〉

선정기준	내용
장애인 이해도	• 장애인 감수성을 가지고 있는가? • 장애인 인권보도준칙*을 준수하였는가?
사회적 영향력	• 보도를 통해 문제 해결, 정책·제도 개선, 해당 의제의 사회적 확산 등 실질적으로 장애인권 구현을 위해 사회에 공헌했는가?
장애인권 지수	• 장애인을 타자화하지 않았는가? • 장애인을 비장애인과 동등한 시선에서 접근하였는가?
비장애인 공감도	• 비장애인에게 장애인의 현실을 알려서 공감하도록 하였는가? • 장애인복지 전문용어나 장애인계에서 통용되는 말을 풀어서 사용하였는가?
보도의 정확성	• 장애(인) 관련 정확한 정보를 전달했는가?
기사의 가치	• 직접취재, 취재원 존재유무, 취재목표 반영, 반론, 부연설명, 실용적 정보 유무, 전문용어 사용 등 기사로서 가치가 있는가?

*기획 기사를 선정하기 위한 기준
출처 : 장애인먼저실천운동본부(2020). 장애인과 의사소통. 『2020 모니터 보고서』. p19.

〈장애와 반성폭력 시민감시단 언론 모니터링 기준〉

1. 장애와 관련된 잘못된 통념 벗어나기
2. 장애인 인격권 존중하기
3. 피해자 보호 우선하기
4. 선정적, 자극적 지양하기
5. 신중하게 보도하기
6. 장애에 대한 편견 지양하기
7. 성폭력 예방 및 구조적인 문제해결에도 관심 가지기

출처 : 장애여성공감(2018). 장애와 반성폭력 시민감시단 「새로고침」 토론회 자료집. p15-17. 요약

⟨장애 관련 기사 작성 시 일반적 고려사항⟩

1. 장애를 먼저 부각시키는 대신 장애를 가진 사람의 개성과 다양성에 초점을 맞추어야 한다.
2. 장애인의 손상 원인이나 정도보다 그를 둘러싼 지역사회 환경의 문제를 더 많이 조명해야 한다.
3. 장애인을 '초인superman'으로 묘사한다거나 성공한 장애인에게만 초점을 맞춰서는 안 된다.
4. 장애인을 지나치게 감성적으로 묘사하여 동정의 대상이 되도록 해서는 안 된다.
5. 장애인은 어떤 일을 할 수 없을 것이라고 미리 가정해서는 안 된다.
6. 의학적인 용어나 표현법으로 장애를 설명해서는 안 된다.
7. 장애인 당사자, 단체와 네트워크를 유지하고 활용하라.

출처 : 장애인정책모니터링센터(2013). 올바른 장애용어 및 표현을 위한 언론 가이드북. p11-16. 요약

언론은 어떻게 장애를 비하하는가?

(퀴즈) 다음 문장이 어떤 속담인지 보기에서 찾아보시오.[16]

1. 답답한 사정이 있어도 남에게 말하지 못하고 혼자만 괴로워하며 걱정하는 경우에 사용하는 말 (   )
2. 속에 있는 생각을 나타내지 못하는 사람을 이르는 말 (   )
3. 무엇을 보고도 실제로 알지 못하는 사람을 이르는 말 (   )
4. 일부분만 알면서 전체를 안다고 생각하는 어리석음을 비유적으로 이르는 말
   (   )

〈보 기〉
• 눈 뜬 장님   • 벙어리 냉가슴 앓듯   • 장님 코끼리 만지기(장님 문고리 잡기)   • 꿀 먹은 벙어리

---

16. 속담 풀이 출처 : 네이버 국어사전
    퀴즈 정답 : 1번-벙어리 냉가슴 앓듯/ 2번-꿀 먹은 벙어리/ 3번-눈 뜬 장님/ 4번-장님 코끼리 만지기

대부분 사람들은 보기의 속담을 한 번씩은 들어본 적이 있을 것이다. 속담은 글쓴이가 전달하고자 하는 의미를 우회적으로 암시하면서 재치 있게 읽는 이에게 전달할 수 있다. 또한 구구절절 장황하게 늘어놓지 않아도 간결하게 함축적으로 내용을 담아낼 수 있어서 언론에서 주로 기사 제목에 사용한다. 인터넷 포털 사이트 검색창 뉴스 분야에 '벙어리 냉가슴 앓듯', '꿀 먹은 벙어리', '눈 뜬 장님', '장님 코끼리 만지기' 등을 입력하면 수많은 기사 제목과 기사 내용이 쏟아진다.

"잇단 경고에도 원유ETN '묻지마 투자'… 증권사 '벙어리 냉가슴'" (○○○이코노믹, 2020.4.23.)

"n번방 '갓갓' 쫓는 경북경찰청, 본청 간부발언에 '벙어리 냉가슴'" (○○보, 2020.4.24일자)

"日기업 54%, 수출규제 평가에 '꿀 먹은 벙어리'…정부 눈치 보나?" (○○일보, 2019.8.12일자)

'매파' 볼턴, 민간인 돼 돈 벌러 오더니 '꿀 먹은 벙어리' (○○○타임즈, 2019.10.24.일자)

"몰래 세놓고, 체납해도… LH 임대주택 관리 '눈 뜬 장님'" (○○일보, 2019.11.01.일자)

"韓美, 북한산 석탄 협력 확인…野 "文, 공범이거나 눈 뜬 장님"" (○○○경제, 2018.8.8.일자)

"장님 코끼리 만지기식 교육" (○○일보, 2019.7.31.일자)

'블랙리스트' 주장은 장님 코끼리 만지기…물의야기 법관 문건에 대한 반론 (○○신문, 2020.4.30.일자)

언론에서 장애 관련된 속담을 사용하는 이유는 첫째, 대중에게 전달하고자 하는 상황이나 상태, 내용에 대해 간략하게 표현할 수 있고, 둘째, 인터넷에 같은 내용의 기사가 수 없이 많이 올라오는 상황에서 비유적 표현은 독자들의 호기심을 끌 수 있으며, 셋째, 오래 전부터 내려온 속담이기에 장애를 비하할 목적이 아니라면 문학적, 관습적으로 허용된다고 생각하기 때문이다. 이같이 여러 이유에서 언론은 장애 관련된 속담을 사용하는 것에 문제의식을 느끼지 못한다. 대중에게 무의식적으로 장애인에 대한 왜곡과 부정적 이미지를 끊임없이 줄 수 있다는 사실을 간과한 채 말이다.

장애 관련된 속담은 장애인을 긍정적으로 표현하지 않는다. 답답한 사람, 융통성 없는 사람, 편협하게 일부만 보는 사람, 어리석은 사람 등으로 묘사한다. 그래서 비장애인이 기사 제목이나 내용에서 장애 관련 속담을 접하면 은연중에 장애인에 대해 부정적 인식을 갖게 된다. 장애인이 피해를 본다. 언론으로 인해 시각장애인이나 청각장애인은 자기도 모르는 사이에 답답하고 융통성 없고 어리석은 사람이 되어버린다.

언론은 장애에 관한 속담만 사용하는 것이 아니다. '절름발이', '벙어리', '장님', '정신박약', '불구자', '귀머거리' 등의 용어를 사용하기도 한다. 이러한 용어는 이전에는 사용했으나 오늘날에는 장애인에 대한 편견과 고정관념, 부정적 인식을 줄 수 있어 사용하지 않는다. '지체장애', '청각장애', '시각장애', '지적장애' 등의 용어를 사용한다. 그러나 언론에서는 불완전하고 균형이 맞지 않는 상황, 잘 알아듣지 못하고 답답하며 난처한 상황, 부정적인 상황, 현 상황을 조롱할 때 이러한 구시대적인 장애 관련 용어를 즐겨 사용한다.

장애를 비하할 목적으로 장애관련 속담이나 관용어구, 용어 등을 사용하지 않았기 때문에 언론의 입장에서는 억울할 수 있다. 그러나 사람이나 특정 집단에 대한 명칭은 사회 구성원들의 태도와 인식의 형성에 큰 영향을 미치며, 경우에 따라 멸시나 조롱의 의미로 사용될 수 있어 사회·문화적으로 매우 중요한 의미를 가진다.[25] 장애 관련 속담이나 예전 용어가 역사성이 가미된 문학 작품이나 영화 등에서 사용되는 경우는 일정 부분 시대상을 재현하기 위해 불가피했던 것으로 이해될 수 있다. 그러나 언론에서 단순히 비유적·은유적 표현으로 사용한다면 공적인 영역에서 공개적으로 장애인을 비하하는 행위로 볼 수밖에 없다.

장애인 비하 용어 사용은 장애인의 부정적 이미지를 일반화시키는데 많은 영향을 끼친다. 장애인의 이미지가 부정적이거나 동정적으로 언론에 나타날 경우 그러한 이미지가 대중에게 각인되며, 더 나아가 언론의 왜곡된 시각은 부정적인 이미지를 확장하고 재생산시키는 촉매로 작용될 수 있다. 특히 어떠한 사태를 부정적으로 묘사할 때 장애인 차별용어를 비유적으로 사용하는 경우가 문제시된다.[26]

2014년 국가인권위원회에서는 언론매체의 장애비하표현에 대한 의견표명을 한 바 있다.

장애인에 대한 비하 소지가 있는 용어와 부정적 의미를 내포한 장애 관련 속담을 사용하는 언론사의 표현 관행은, 그것이 바로 장애인의 인격권을 침해하거나 장애인에 대한 차별행위에 해당하는지의 여부를 불문하고, 개선되어야 한다고 하면서 다음과 같이 장애인 보도준칙을 포함한 「인권보도준칙」이 준수될 수 있도록 언론기관은 방송 및 신문기자를 대상으로 인권교육을 실시해야 한다는 결정을 내렸다.

> **제3장 장애인 인권**
> 1. 언론은 장애인이 자존감과 존엄성, 인격권을 무시당한다고 느낄 수 있는 보도를 하지 않는다.
>   가. 장애인을 비하하거나 차별하는 표현.
>   나. 통상적으로 쓰이는 말 중 장애인에 대한 부정적 뉘앙스를 담고 있는 관용구.
>   다. 장애유형과 장애 상태를 지나치게 부각하는 표현.
>   라. 장애인을 보장구에 의지하여 살아가는 수동적 존재로 묘사하는 표현.
>   마. 동정 어린 시각이나 사회의 이질적 존재라는 인상을 줄 수 있는 표현.
>   바. 장애를 질병으로 묘사하거나 연상시킬 수 있는 표현.
> 2. 언론은 장애인에 대한 차별을 해소하는 데 적극 나선다.
>   가. 장애에 대한 잘못된 고정관념과 편견을 강화할 수 있는 표현을 사용하지 않는다.
>   나. '미담 보도'의 경우 장애인을 대상화하거나 도구화하지 않는다.
>   다. 장애인을 인터뷰하거나 언론에 노출할 경우 반드시 당사자의 입장을 고려한다.
>   라. 장애인을 위한 제도 개선과 사회의 인식을 개선하기 위해 항상 노력한다.
>
> 출처 : 국가인권위원회 결정문의 인권보도준칙 중 일부

국가인권위원회의 결정으로 언론이 스스로 장애인식 개선 교육을 실시하면서 장애 비하 용어 사용을 자제하였을까?

「장애인먼저실천운동본부」에서 매년 발간한 언론 모니터 보고서

에 따르면, 5년(2016년~2020년) 간 10개 중앙일간지와 8개 경제지, 45개 지방일간지를 대상으로 장애인 비하 용어 사용을 모니터 한 결과, 평균 2,859건이 적발되었다.

<표 8> 연도별 장애인 비하 용어 모니터링 결과

연도	2016년	2017년	2018년	2019년	2020년	5년 평균
건수	3,035건	3,198건	3,056건	2,892건	2,113건	2,859건

출처 : 장애인먼저실천운동본부 2016년~2020년 모니터 보고서.

해마다 언론의 장애 비하 용어 사용은 줄어들고는 있으나 인상적으로 크게 줄지 않았음을 알 수 있다. 그렇다면 이러한 용어 사용에 대해 시정조치를 권고하면 개선될 수 있을까?

「장애인먼저실천운동본부」에서는 모니터링한 용어 중 온라인 기사는 수정이 가능하므로 용어 사용에 문제가 있는 기사는 해당 기사를 작성한 기자 혹은 해당 언론사 편집국으로 수정을 요청하고 주의를 촉구하고 있다. 그 결과는 <표 9>와 같다.

<표 9> 언론 기사 중 장애 비하 용어 수정 요청 결과

(단위 : 명, %)

구분	수정요청	수정완료	수정 미완료
2017	180 (100)	5 (2.8)	175 (97.2)
2018	180 (100)	19 (10.6)	161 (89.4)
2019	235 (100)	25 (10.6)	211 (89.8)
2020	320 (100)	32 (10.0)	288 (90.0)

해마다 기사 수정 수가 늘고 있으나 여전히 수정하지 않는 기사가 압도적으로 많다. 민간기관의 시정 조치나 권고는 아무런 법적 효력

이 없기에 언론의 입장에서는 이미 출고한 기사를 용어 사용이 잘못되었다고 다시 정정하지 않는다. 언론 특성상 심각한 잘못이 아니면 정정 보도를 하지 않는 행태의 연장선이라 볼 수 있다.

    기사를 정정한다는 것은 마치 언론사의 잘못된 관행이나 행위를 시인하는 것과 같기에 정정의 필요성을 느끼더라도 특별한 경우가 아니고서는 거의 기사를 정정하지 않는다. 장애 비하 용어를 사용하고도 별다른 제재를 받지 않기에 언론 입장에서는 다음 기사를 작성할 때도 별다른 주의를 기울이지 않고 또 다시 관행적으로 장애 비하 용어를 사용한다. 장애인먼저실천운동본부, 장애여성공감, 장애인정책모니터링센터 등 여러 장애인 단체에서 매년 언론 기사를 모니터링하고 있지만 언론 스스로 문제의 심각성을 인식하지 않는다면 장애 비하 용어는 기사에서 사라지지 않고 계속 존재하는 악순환이 반복될 것이다. 이 악순환이 끊어지지 않는 한 장애인은 언론으로 인해 사회에서 열등한 존재로 비하되는 놀림을 일방적으로 당할 수밖에 없다. 장애 비하 용어 사용 금지 법안이라도 제정해야 할 것 같다.

쉬어가기

〈장애 관련 올바른 표현〉

장애인 비하 용어	올바른 표현
정상인(장애인의 반대말로 쓰일 경우)	비장애인
애자, 장애자, 불구자, 지체부자유자, 병신, 불구, 폐질자	장애인
앉은뱅이	지체장애인
절름발이, 절뚝발이, 쩔뚝발이, 쩔뚝이, 찐따, 반신불수	지체장애인
외다리, 외발이, 외팔이, 곰배팔이	지체장애인
조막손, 육손이	지체장애인
벙어리, 귀머거리, 아다다, 말더듬이, 아자	청각장애인, 언어장애인
장님, 소경, 애꾸, 봉사, 맹자, 애꾸, 애꾸눈, 외눈박이, 사팔뜨기, 사팔	시각장애인, 저시력장애인
꼽추, 곱추, 곱사등이	지체장애인
정신박약아, 정박아, 등신, 또라이, 백치, 바보, 천치, 얼간이, 띵	지적장애인
미치광이, 정신병자, 미친사람	정신장애인
땅딸보, 난쟁이	지체장애인(저신장장애)
언청이, 언청샌님, 째보	언어장애인
배냇병신	선천성 장애인
혹부리	안면장애인
문둥이, 나병환자	한센인

출처 : 국가인권위원회(2014). 언론매체의 장애비하표현에 대한 의견표명 결정문. p26.

언론은
장애를 올바로
다룰 수 있을까?

언론은 우리가 개혁해야 합니다.

언론은 여론을 지배하는 막강한 권력을 가지고 있습니다.

(중략)

언론은 본래의 자리로 돌아와야 합니다.

국민의 편에서 국민의 권리와 이익을 대변하는 시민의 권력이 되어야 합니다.

약자의 권력이 되어야 합니다.

(중략)

소비자 운동은 한 단계 더 나아가야 합니다.

'깨어있는 소비자', 더 거쳐서 '깨어있는 시민'으로 가야 합니다.

故 노무현 전 대통령 원광대학교 명예박사학위 수여식 강연 중(2007.6.8.)

언론 스스로 개혁하고 수준을 높여야 하는 것입니다.

민주주의 최후의 보루는 깨어있는 시민의 조직된 힘입니다.

이것이 우리의 미래입니다.

故 노무현 전 대통령 제8회 노사모 총회 축하 영상메시지 중(2007.6.16.)

언론은 정치적 편향성이 있다. 그래서 하나의 사건에 대해서도 각기 다른 해석을 내놓기도 한다. 예를 들어 2014년부터 2017년까지 우리나라 경북 성주군 초전면 성주 골프장에 '사드'[17](THAAD, 고고도 미사일 방위 체계) 배치 문제가 있었다. 보수 언론에서는 정부의 입장을 대변하여 사드 배치가 국익에 도움이 된다는 찬성하는 입장을 취했으며, 진보 언론은 사드 배치에 반대하여 정부 정책을 비판하는 입장을 취했다.[27]

2011년 4대강 사업 준공 전까지 보수 언론들은 찬성하는 입장을 지속적으로 취했으며, 진보 언론들은 반대 입장을 고수했다.[28] 보수 세력이 집권하면 보수 언론은 정부 정책에 대부분 찬성하는 입장을 취하며, 진보 언론은 정부 정책에 비판적 입장을 취한다. 진보 세력이 집권하면 그 반대가 되기도 한다. 이 같은 언론 행태를 '정치 편향적 보도'라고 한다. 이러한 언론이 장애와 관련해서는 보수, 진보가 따로 없고 정치적 편향도 없다.

언론이 장애인의 사회적 문제를 다루는 데 있어서는 언론사별로 차이가 있다. 장애인의 권리 보장을 비중 있게 다루는 곳이 있는가 하면 미담이나 장애극복에 중점을 두는 곳도 있다. 또한 소수자의 목소리를 주로 대변하는 곳도 있다. 한 연구에 따르면 조선일보는 장애인을 동정적 시선으로 바라보고 있었으며, 한겨레신문은 차별 받는 소

---

17. 사드(THAAD, Terminal High Altitude Area Defense) : 고고도 지역 방위 체계로 높게 날아오는 적의 미사일을 우리 미사일로 요격하는 방어체계

수자의 모습으로 바라보고 있다. 장애인 전문 언론사인 에이블뉴스는 장애인의 사회적 활동과 참여에 초점을 두고 사회인의 모습을 강조한 것이 특징[20]이라고 하였다. 이처럼 언론사 별로 정치적 편향성보다 장애를 다루는 관점이나 특색이 더 부각되어 나타나기도 한다.

언론이 장애 관련 기사를 다루는데 정치적 편향도 없는데 왜 유독 장애를 부정적으로 인식하는 기사제목이나 내용을 작성할까? 그 이유는 무엇일까? 그것은 대부분의 언론이 '비장애인 편향성'을 가지고 있기 때문이다. 장애인 전문 언론을 제외한 주류 언론에서 장애와 관련된 기사를 작성할 때 장애인의 입장에서 작성하는 것이 아니라 비장애인의 입장에서 장애인을 바라보면서 작성한다.

사건 사고 기사에 '장애'를 강조하는 것이 장애인에게 또 다른 상처를 줄 수 있다고 생각하지 않는다. 장애인의 입장을 고려하지 않기에 장애문제를 다룰 때, 사회 병리학 프레임이나 사회적 감정 유발 프레임, 괴물 쇼 프레임을 아무런 거리낌 없이 사용한다. 그리고 장애인을 영웅이나 피해자, 의존자로 묘사하여 장애 비하 용어를 거침없이 쓴다. 이같이 비장애인의 관점에서 장애 관련 기사가 작성되고 지속적으로 재생산된다는 것은 언론 스스로가 '장애 차별'을 하고 있음을 시인하는 행위이다. 나아가 기사를 접하는 모든 대중에게 장애와 비장애를 구분하게 만들고 장애인을 부정적으로 인식시켜 사회에 고립되게 한다.

언론이 장애를 정말로 몰라서 또는 의도치 않게 비장애인의 입장에서 장애 관련 자극적 기사를 쏟아내는 것을 보면서 장애인식의 변화가 멀기만 하다는 생각이 든다. 장애인식에 변화가 없는 언론을 보면서 보수와 진보 진영에 서서 의도적으로 편향적 기사를 작성하는 것이 오히려 더 건강해 보이기까지 한다.

매년 장애인 단체에서는 언론 기사를 모니터링하고 왜곡되거나 오해의 소지가 있는 장애 관련 기사 제목이나 내용의 시정을 촉구하고 있다. 「장애인먼저실천운동본부」의 언론모니터 보고서, 「장애여성공감」의 언론 시민감시단 '새로고침'의 모니터링 활동, 「장애인정책모니터링센터」의 언론모니터링 결과보고서 등이 그것이다. 언론이 장애에 대해 잘 몰라서 장애인에게 부정적 인식을 줄 수 있는 보도를 제공했다는 변명은 이제 그만해야 한다. 언론 스스로 자성의 노력이 필요하다. 언론은 자체적으로 장애에 대한 올바른 지식을 습득해야 하고 장애인식도 개선해야 한다. 장애와 관련된 보도나 기사를 작성함에 있어 오로지 대중의 관심을 끌기 위한 자극적인 제목 사용을 자제하고 잘못된 특정 프레임을 사용하지 말아야 한다.

'장애'에 초점을 맞추기보다 '사람'에게 맞추어 주체적인 한 개인으로서 인권과 자립의 관점에서 심층적으로 다루어야 한다. 우리 모두는 비장애인 위주의 편향적 보도에서 벗어나 다양한 인간의 '정체성' 존중을 기본으로 중심 잡힌 기사를 제공하는 언론을 원한다.

내가 교육부에 재직 시 한 기자로부터 전화를 받은 적이 있다. '특수학교 시설·설비 기준령' 개정 보도자료를 작성하고 있는데 법이 바뀌면 장애인에게 어떤 혜택이 주어지는지 구체적으로 알려달라는 것이었다.

특수교육 종사자로서 법 개정에 관심을 가져주는 것 자체가 고마운데 장애인의 입장에 서서 기사를 작성하고자 하는 기자의 태도에 마음 따스함과 진정성을 느낄 수 있었다. 이처럼 일부 언론인은 장애와 장애인의 관점에서 보도하기 위해 노력하고 있다. 그러나 하루에도 수만 건씩 쏟아지는 언론 기사 속에서 장애 관련 비하 용어는 지금도 사용되고 있다. 장애를 올바로 다루고 있는 깨어있는 언론의 노력이 헛되지 않도록 그렇지 않은 언론에 대한 장애인식 개선이 시급하다.

언론이 장애를 올바르게 다루기 위해서는 기사를 읽는 대중의 판단력도 중요하다. 우리나라 사람들은 군사정권과 민주화 시대를 거치면서 언론의 속성을 누구보다 잘 알고 있다. 그래서 2020년 4월 '김정은 북한국무위원장 사망설'과 같은 가짜뉴스와 오보가 난무했을 때도 사회적으로 큰 동요가 없었다. 대부분의 사람이 그 뉴스를 믿지 않았다는 반증이다. 사람들은 다양한 매체를 통해 사실을 가려내는 힘을 가지고 있다. 그러나 장애와 관련해서는 별다른 의심 없이 기사의 내용을 있는 그대로 다 받아들이는 것 같다.

장애 비하 용어를 읽는다면 불편한 마음이 들어야 한다. 장애로 인해 동정적인 내용의 기사를 읽으면 무엇이 문제인지를 깨달아야 한다. 장애인의 피해자 프레임을 강조한 자극적인 기사는 문제가 된다는 것을 인식해야 한다. 장애 문제를 잘못 다룬 기사를 정정하라고 언론사에 요구하지는 않더라도 무엇이 문제인지는 알고 있어야 한다.

나는 대중의 장애이해가 높아지면 자연스럽게 언론도 바뀔 것이라 믿는다. 왜? 언론은 대중이 무엇을 원하는지 무엇이 불편한지를 누구보다 더 잘 알기 때문이다. 대중이 장애 비하를 불편해하고 장애와 비장애 구분 없이 동등한 사회를 원한다면 언론은 대중의 요구에 맞추려고 노력할 것이다.

1987년 한 장애인 단체에서 '장애자'라는 명칭 대신에 '장애우障碍友'를 사용하기 시작하였다.[30] 장애를 가진 사람과 장애를 갖지 않은 사람 모두가 친구라는 통합의 의미를 담고 있었다. 한동안 이 명칭이 대중의 호응을 얻으면서 언론을 비롯한 미디어에서도 장애인을 '장애우'로 부르기 시작했다. 그러나 점차 장애인 사이에서 이 용어를 사용하지 말자는 움직임이 일어났다. '장애우'라는 명칭은 2인칭이나 3인칭으로 사용할 수 있어도 1인칭으로는 사용할 수 없어 장애인 자신이 사용할 수 없고, 장애 친구라는 것은 비장애인의 관점에서만 볼 수 있기에 장애인의 입장에서는 비주체적 용어라는 것이다.

장애인을 비롯한 각종 단체에서는 '장애우'보다는 법적 용어인 '장애인'이라는 명칭 사용을 끊임없이 주장했다. 그 결과, 지금은 '장애우'라는 명칭을 사용하는 비장애인이 드물며 언론도 '장애우'라는 명칭을 더 이상 사용하지 않는다. 이것은 언론도 장애인을 비롯한 대중의 요구에 의해 바뀔 수 있다는 것을 잘 보여주는 사례다.

작은 목소리라도 끊임없이 요구하고 한 목소리를 낸다면 관행적으로 사용하는 언론의 프레임과 비하 용어를 점차 바꿀 수 있지 않을까? 장애인, 비장애인 모두 언론을 향한 댓글의 선한 영향력을 발휘하길 바란다. 故 노무현 전 대통령이 언론을 향해, 시민을 향해 했던 말처럼 시민은 장애와 관련된 언론 기사를 감시할 수 있는 깨어있는 자세를 가져야 하며 언론은 본연의 자세로 돌아가 사회적 약자인 장애인의 편에서 권리와 이익을 대변할 수 있도록 노력해야 한다. 끝으로 언론의 영원한 독자인 사회 구성원 모두가 차별 없이 동등하게 서로를 존중하는 성숙한 시민의식을 갖추기 위해 노력했으면 한다.

쉬어가기

진실은 누구도 정확하게 알지 못한다. 평범한 국민들은 그저 검사들의 말과 언론 보도가 '어느 정도' 진실일 것이라고 생각하면서 저마다 한마디씩 전직 대통령을 욕했을 뿐이다. 그런데 노무현 대통령은 밤이 아니라 해가 떠오르는 시각에 앞을 보며 서른 길 높이 바위에서 뛰어내렸다. (중략) 이것은 말로 표현할 수 없을 정도로 절실한 억울함이 있지 않고서야 도저히 할 수 없는 일이다. 깊이 생각하지 않고 그를 욕했던 많은 국민들이 뒤늦게 검사들의 말과 언론의 보도가 믿을 만한 진실이 아니었을지 모른다는 생각을 한 것은 당연한 일이다. 진실을 잘 알지 못하면서 욕을 했다는 미안함. 자신도 젊은 전직 대통령의 죽음에 책임이 있을지 모른다는 후회, 이런 것들이 수백만 명의 조문 행렬을 만들었고 봇물처럼 눈물이 터지게 만들었다고 나는 판단한다. 언론인들이 때로 지나치다 싶을 정도로 고인의 삶을 미화하는 기사를 쓴 것은 그들도 후회의 감정을 달래 방법이 그것밖에 없었기 때문일 것이다. 삼가 고인의 명복을 빈다.

출처 : 유시민(2012). 청춘의 독서 p293

언론은 여론을 움직이기에 강력한 힘을 가지고 있다. 사람의 생각과 사고방식을 조정할 수 있으며, 긍정적 인식을 부정적 인식으로 바꿀 수도 있다. 장애에 대한 기사를 작성하는 기자는 조회 수를 늘리기 위해 의도하지 않았더라도 장애 관련 부정적인 특정 프레임을 사용해서 기사제목이나 내용을 작성한다. 이런 기사를 읽는 대중은 장애에 대한 편견과 왜곡 등 잘못된 장애인관을 가질 확률이 높다. 이를 다시 바로잡기는 어렵다. 언론이 장애에 대한 부정적 인식을 조장하면 학교와 공공 기관, 기업에서 아무리 장애이해교육을 강화한들 비장애인의 장애인에 대한 인식이 개선될 수 없다. 언론은 약자를 대변하고 사회적 불평등을 고발하는 등 견제와 비판, 사실에 근거한 정보 전달자로서 본연의 역할에 충실해야 함을 잊지 말아야 한다.

발달 속도와
장애인

    첫째 아이가 네 살 때 일이다. 어린이집 신발장에 이름표를 보면서 "아빠! '이'라는 글자가 내 이름 '이용재'의 '이'자와 같지?"라고 말하며 한글을 깨치기 시작했다. 그 후로 동네 간판을 읽으면서 거침없이 한글을 스스로 익혔다. 부모가 가르치지 않아도 스스로 글자를 읽는 아이가 내심 대견하면서도 신기했다. 연년생인 둘째 아이는 학교를 들어가기 전 7세까지 한글을 스스로 깨치지 못했다. 아이는 글자에 관심이 없었다. 첫째 아이와 마찬가지로 스스로 할 수 있다고 생각했는데 그렇지 않았다. 아이가 한글을 읽지도 못하고 학교에 입학하게 될 것 같은 위기감에 더 이상 기다리지 못하고 초등학교 입학 두 달을 앞두고 직접 '가나다'를 가르쳤다. 둘째 아이는 겨우 한글을 읽을 줄 아는 상태에서 학교에 입학했다. 아이마다 발달 속도가 다르다는 것을 이론이 아닌 실제에서 깨닫는 순간이었다. 이처럼 아동 발달은 일정한 순서와 방향이 있지만 개인차가 있다.

개인차를 구분하는 기준은 발달 속도다. 보편적인 아동 발달 기준을 세워두고 얼마나 빨리 걷는가, 글을 읽을 줄 아는가 등을 비교하면서 발달이 빠른지 느린지를 판단한다.

토마스Thomas는 에릭슨Erickson의 아동발달이론 및 발달단계 분류에 근거하여 아동의 연령대를 영유아기(0~1세), 걸음마기 혹은 유아기(2~3세), 놀이기 혹은 보육기(4~6세), 학령기(7~12세), 청소년기(13~18세)로 구분하였다.[31] 이처럼 각각의 시기에 주어진 과업을 수행하지 못하면 발달이 느리다고 판단하고, 이른 시기에 과업을 수행하면 발달이 빠르다고 말한다. 장애아는 어떨까?

뇌병변장애아는 뇌 손상으로 인해 신체 발달과 언어 발달 속도가 비장애아보다 느리다. 지적장애아는 인지 발달 속도가 상대적으로 느리며, 자폐성장애아는 사회성 발달이 더디다. 즉 장애아는 장애로 인해 신체 발달, 인지 발달, 사회·정서적 발달 중 어느 특정 부분에서 일반적인 발달 단계보다 발달 속도가 느리다고 할 수 있다.

이처럼 발달 속도가 느리다고 할 때 아동발달이론에 근거한 발달 단계가 기준이 된다. 그렇다면 이 발달 단계를 규정할 때 장애아의 장애가 고려되었을까?

애석하게도 그렇지 않다. 아동발달단계의 기준이 되는 아동은 장애가 없는 비장애아동이다. 장애아동은 표준편차에서 벗어나 있기에 아동발달단계에 포함되지 않는다. 아이러니한 일이긴 하지만 나는 아동발달단계가 장애아가 고려되지 않아 잘못되었다고 주장하는 것이 아니다. 그 기준으로 인해 장애아가 발달 속도가 느린 아이로 규정되어 능력이 떨어지는 아이라는 부정적 인식의 위험성에 대해 논하고자 하는 것이다.

비장애아동의 발달단계를 기준으로 하면 장애아는 어느 특정 부분에서 발달 속도가 느릴 수밖에 없다. 시각장애는 추상적 개념형성에서, 청각장애는 언어 표현 능력에서, 지적장애는 인지 능력에서, 지체장애는 신체 운동능력에서 발달 속도가 느릴 수 있다. 이 부분에 대해 누구도 반론을 제기할 수는 없다. 그러나 장애아가 발달 속도가 느리다는 것을 대부분의 비장애인은 장애아가 능력이 떨어지는 것으로 인식하는 경향이 있다. 장애아가 지능검사에서 평균보다 낮은 능력을 보일 경우 지적 능력이 떨어진다는 확신을 가지게 된다. 또한 비장애인은 청각장애가 언어 표현 능력이 떨어짐으로 인해 국어 교과가 약할 것이라든지 시각장애가 추상적 개념이 약하기에 기호가 많은 수학 교과는 성적이 낮을 것이라든지, 지적장애는 모든 교과에서 낮은 성적을 받거나 뇌병변장애는 신체의 떨림이나 경직 등으로 언어가 불명확해 지적 능력이 떨어질 것이라는 편견을 가진다.

앞서 밝힌 바와 같이 발달 속도는 개인차를 구분하는 기준일 뿐이다. 발달 속도가 느리다는 것은 비장애아와 장애아 간 장애로 인한 개인차가 존재한다는 의미이지 능력이 떨어진다는 의미는 아니다. '느린 발달 속도=낮은 능력'으로 오해해서는 안 된다. 장애로 인한 느린 발달 속도를 낮은 능력이 아닌 인간이 가지는 개인차로 인식해야 한다.

한빛맹학교에서 시각장애학생에게 수학을 지도하는 안승준 교사는 중증 시각장애인이다. 그가 온라인 글쓰기 플랫폼 카카오 브런치의 '시각장애인들은 어떤 수학을 할까?'[32]라는 글에서 "도형이나 그래프는 어떤 방법으로 가르칠 수 있나요? 뭔가 특별한 도구가 있나요?"라는 비장애인의 질문에 이렇게 답했다. "우리도 똑같은 교과서로 똑같은 수학을 가르치고 배웁니다." 그리고 매체가 점자나 확대 글자일 뿐 비장애인이 삼각함수, 미적분, 확률과 통계를 배우는 것과 크게 다르지 않다는 것과 필산 대신 암산을 하고 일반 문자 대신 점자나 확대 문자를 사용하듯이 배우는 과정이 다를 뿐이라고 했다. 시각장애가 낮은 능력이 아니라 개인차라는 것을 잘 보여주는 사례라 할 수 있다.

지적장애도 다르지 않다. 지적장애는 보편적으로 지능검사에서 평균 이하의 점수를 보인다. 지능검사의 낮은 점수를 지적 능력이 낮다는 의미로 받아들인다면 지적장애인은 대학교육을 받을 수 없다는 결론이 내려진다. 그러나 미국에는 지적장애학생의 대학교육을 위한 '지적장애학생 전환 프로그램(이하 TPSID)'을 2008년부터 운영하고 있다. TPSID를 시행하는 대학에서는 지적장애인도 대학에 진학해 비장애인과 동일한 캠퍼스 생활을 누리도록 가르치고, 사회성과 독립성을 자연스럽게 터득하도록 지도한다. 학교수업에서는 장애학생에게 적합한 프로그램과 교과목을 제공하고 있다. 이로 인해 TPSID로 대학을 졸업한 지적장애인 중 61%가 취업에 성공하고 있다.[33]

우리나라도 대구대학교에서 이와 유사한 프로그램을 운영하고 있다. 대구대학교 발달장애인 교육전문기관 K-PACE센터는 일반 대학처럼 고등교육을 받을 수 있는 기관으로 3년 간 90학점을 취득하며, 특수교육과 재활치료, 독립생활지도, 진로 및 직업지도의 세 가지 영역으로 교육을 실시한다.[34] 이 프로그램에 참여한 학생들은 단순노무직이 아닌 사무직이나 서비스직에서 일하기도 하며, 사회의 한 구성원으로 독립된 생활을 한다. 이러한 사례는 느린 인지 발달 속도가 낮은 능력이 아니라는 반증이다.

「살면서 포기해야 할 것은 없다」의 저자 김수림은 전혀 듣지 못하는 청각장애가 있으면서 4개 국어를 말하고 듣기 대신 상대방의 입모양을 읽는다. 청각장애는 언어 구사력이나 국어 능력이 낮을 것이라 섣불리 단정하기 어렵다.

대부분의 우리나라 사람들은 아동이 높은 지능을 가지면 모든 학업 분야에서 평균보다 높은 성취 능력을 발휘할 것이라 생각한다. 신체 발달 속도가 빠르면 운동 능력이 뛰어날 것이라고 여긴다. 이러한 믿음의 결과가 성적지상주의와 대학 서열화의 사회적 환경을 조성한다.

지능검사는 인간의 다차원적인 능력을 일차원적인 점수로 환산하여 제공하기에 한 개인의 잠재적 능력이나 후천적 노력을 평가하기 어렵다. 지능검사는 한 인간의 성향, 경향성, 특성을 알아보기 위한 단순한 참고자료에 불과하다. 낮은 능력과 높은 능력을 구분하기 위한 도구가 아니다.

지능검사나 발달 단계를 기준으로 장애로 인한 발달 속도가 느린 것을 특정 능력이 떨어지거나 낮은 것으로 인식하는 순간 "지적장애가 있으니까 함수를 모르는 것은 당연한 거지", "시각장애가 있으니까 무지개의 아름다움을 표현하기 어렵겠지", "자폐성장애아는 의사소통이 어려워 사회생활이 안 될 거야." 등 장애아의 잠재적 가능성을 제한할 우려가 있다. 그러므로 발달 단계가 느린 것을 낮은 능력이 아닌 개인차로 인식해야 한다.

개인차는 개인과 개인 간에 다르게 나타나는 지능, 능력, 적성, 성격유형 등의 차이를 의미한다.[18] 개인차를 인정하는 것은 인간의 다양성을 인정하는 출발점이다. 개인차를 얼마나 고려하느냐에 따라 장애인의 권리 보장과 잠재능력 향상 정도가 달라질 수 있다. 예를 들어 시험을 볼 때 장애학생은 장애 정도에 따라 시험시간을 1.5~1.7배 연장하거나 대독, 대필이 가능하고, 점자문제지, 음성평가자료, 듣기평가 대신 필답시험 등으로 대처 할 수 있다. 이는 시험이라는 평가에 있어서 장애인과 비장애인과의 차이를 고려한 것이라 할 수 있다.

국가는 유아교육법, 초·중등교육법이 장애아의 장애유형·장애정도의 특성을 고려한 교육지원에 한계가 있다는 것을 알게 되었다. 그래서 「장애인 등에 대한 특수교육법」을 별도로 제정하여 특수교육대상자에게 개별화교육계획[19] 수립, 특수교육 교육과정[20], 특수교육 관

---

18. 네이버 지식백과, 교육심리학용어사전(2000), 한국교육심리학회 terms.naver.com/entry.nhn?docId-19435288cid-41989&categoryId=41989

런서비스[21] 등을 지원하고 있다. 이러한 지원은 비장애인과 장애인 간의 교육 불평등과 격차를 줄이기 위한 것이다. 장애를 고려한 법적, 제도적 교육지원 보장은 장애학생의 잠재력을 이끌어내고 사회적 통합을 가져올 수 있다.

장애로 인한 개인차를 인식하는 것은 인간의 재능은 다차원적이며, 개개인은 잠재력을 내포하고 있음을 이해한다는 의미다.

발달 속도에 근거한 발달 단계를 기준으로 장애를 낮은 능력과 결부시키지 않아야 하며 장애인의 개인차를 고려해 잘 할 수 있는 분야는 더욱 강화해주고, 어려워하거나 부족한 부분은 보완할 수 있도록 지원해 주어야 한다.

> [참고자료] 장애학생 평가조정
>
> 마. 시·도교육청에서는 학업성적관리 시행지침에 장애학생의 평가조정 규정을 마련하여 장애학생이 장애 유형과 정도를 고려한 적절한 평가를 받을 수 있도록 지원하고, 각급 학교에서는 시·도교육청의 학업성적관리 시행지침에 따라 학교별 학업성적관리규정에 장애학생의 평가조정 규정을 정하여 시행한다.
>
> (1) 장애학생의 장애 유형과 정도에 따라 필요 시 별도의 평가장 설치·운영, 대독, 대필, 보조(공학)기기, 보조인력 지원 등 적절한 평가조정을 지원한다.
>
> (가) 점자를 사용하는 시각장애학생을 위해 점자 평가자료를 제공하고, 필요 시 음성 평가자료를 지원하며, 시험시간을 매 교시별 1.7배 연장한다. 또한 묵

---

19. 특수교육대상자 개인의 능력을 계발하기 위하여 장애유형 및 장애특성에 적합한 교육목표·교육방법·교육내용·특수교육 관련서비스 등이 포함된 계획을 수립하여 실시하는 교육
20. 특수교육대상학생이 취학하는 유치원, 초·중등학교 및 특수학교의 교육 목적과 교육 목표를 달성하기 위한 국가 수준의 교육과정
21. 특수교육대상자의 교육을 효율적으로 실시하기 위하여 필요한 인적·물적 자원을 제공하는 서비스로서 상담지원·가족지원·치료지원·보조인력지원·보조공학기기지원·학습보조기기지원·통학지원 및 정보접근지원 등을 의미

자(일반문자)를 사용하는 시각장애학생을 위해 확대독서기(개인지참 가능) 또는 확대/축소 평가자료(118%, 200%, 350% / A4 중 택1)를 제공하고, 시험시간을 매 교시별 1.5배 연장한다.
　(나) 지체장애학생 중 뇌병변 장애학생을 위해 시험시간을 매 교시별 1.5배 연장하고, 상지기능 장애로 평가 수행이 어려운 경우에는 대필을 지원한다.
　(다) 보청기나 인공와우를 착용한 학생을 포함하여 청각장애학생이 듣기평가에 참여하기 어려울 경우 지필평가로 대체한다.
⑵ 학생의 장애가 심하거나 그 밖의 사유로 추가적인 평가조정이 필요한 경우에는 학교 학업성적관리위원회 심의를 거쳐 평가시간 연장 등 필요한 지원 사항을 결정할 수 있다.

「학교생활기록 작성 및 관리지침」별지 제9호(교과학습발달상황 평가 및 관리) 중

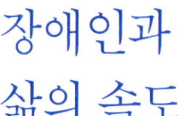

장애인과
삶의 속도

나는 경기도와 서울에서 특수교사로 재직하다 국립특수교육원 교육연구사로 전문직을 시작했다.

교육전문직 업무는 학교행정 업무와는 많이 달랐다. 기획연구과에 첫 발령을 받아 연구 수행, 세미나 개최, 계간지 발간, 각종 민원과 위원회 운영 등 한 번도 해보지 않은 일들을 접했다. 마치 처음 초등학교에 입학한 어린아이가 된 것 같았다. 하루 종일 작성한 공문은 과장 선에서 계속 수정되었고, 겨우 작성한 계간지 원고는 선임연구사에 의해 문장 교정부터 오탈자까지 수정될 부분이 빨갛게 물들기 다반사였다. 해야 할 일은 쌓여만 가서 제 시간에 처리하기 어려웠다. 시간에 쫓기다 보니 야근은 당연했고, 주말에도 종종 출근해야만 했다. 하루에 몇 가지 일이 겹칠 때는 허둥대기 바빴다. 선임 연구사는 "전문직에 처음 들어오면 다 그래"라며 다독였지만 일처리가 느리다는 것을 우회적으로 하는 말처럼 들려 위안이 되지 못했다.

교사로 근무할 때에는 학생을 가르치는 일과 학급 관리, 보직에 따른 학교 행정이 전부였다. 학생지도 외에는 크게 노력해야 하거나 시간에 쫓기면서 해야 하는 일은 드물었다. 학교에서의 직무는 비교적 단순했으며, 예측 가능했고, 어렵지 않았다. 그러나 교육전문직은 업무를 강압적으로 시키지도 않고 재촉도 하지 않지만 계획된 기한 내 무조건 완수해야만 했기에 항상 바쁘고 빠른 일 처리 속도를 요구했다(기한 내 업무가 완수되지 않으면 세미나나 협의회가 아예 개최되지 못하고, 계간지가 나와야 할 시기에 나오지 않으며, 연말에 보고서가 나오지 않게 되는 최악의 사건이 발생한다).

학교라는 환경에서 교사라는 직무에 10여 년 이상 익숙해져 있었던 내가 전문직의 업무 속도를 따라가지 못하는 것은 당연했다. 물론 교육전문직으로서의 능력도 자질도 부족했다. 그러다 보니 매일 긴장 속에 살았으며, 업무를 잘 해내지 못하거나 큰 실수라도 하게 될까 봐 걱정과 두려움을 가지고 하루하루를 지냈다. 나름 열심히 한다고 했는데 제대로 하고 있는지조차 판단할 수 없었다.

나는 교육전문직의 삶의 시간과 속도를 따라가지 못하면서 점점 자신감을 잃어가고 있었다. 업무의 속도는 나를 힘들게 만들었으며, 소진시켰고, 좌절시켰다. 당시에 나는 낙오되지 않고 살아남아야겠다는 생각밖에 없었다. 내가 교육전문직으로서 기대하는 속도와 시간에 맞게 업무를 처리할 수 있는 능력을 갖추기까지는 최소 5년의 시간이 필요했다.

　이처럼 누구나 한번쯤은 환경이 달라지거나 사회적으로 급격한 변화가 발생하거나, 이직하거나, 진학하거나, 경쟁자가 있거나, 직위가 달라지면서 삶의 속도가 빨라진 경험이 있을 것이다. 삶의 속도가 빨라지면 적응에 어려움을 겪는다. 적응에 어려움을 겪게 만드는 삶의 속도는 왜 빨라지는가? 누가 빨라지게 만드는가?

　시대가 빠르게 변화하면서 현대사회가 속도를 지향하기 때문이다. 자본주의는 속도를 추구한다. 속도가 빠르면 상대보다 같은 시간 내 더 많은 거리를 가거나 더 짧은 시간에 먼저 도착해 더 많은 고객을 확보할 수 있다. 더 많은 물건을 생산할 수도 있으며, 체인점을 더 많이 확보해서 더 많은 물건을 팔 수 도 있다. 이처럼 속도는 경쟁 기업이나 상대보다 더 많은 재화를 획득하게 해주기에 수많은 사업체는 끊임없이 속도 혁신을 추구한다. 즉, 기업은 이익을 극대화하기 위해서 최소 인력으로 최대의 성과를 짧은 시간에 이끌어낼 수 있도록 기업 구조를 지속적으로 개선해 나간다.

　공공기관도 예외는 아니다. 인력에 비해 사업 규모가 매년 커지기 때문에 한 개인이 담당해야 할 업무량은 많아져 주어진 시간 내 빠른 업무 속도가 요구될 수밖에 없다. 인터넷, 모바일 등 정보통신기술의 발달이 속도 혁신을 더 가속화시키고 있다.

　일의 속도가 빨라지면서 삶의 속도도 빨라진다. 빠른 업무로 격무에 시달리다가 가정으로 돌아오면 느긋하고 편안한 마음으로 여유를 즐기면 좋으련만 자신도 모르는 사이에 삶 속에서도 속도를 추구하고 있다. '로켓배송', '새벽배송'으로 조금이라도 택배를 빨리 받아보기 원하고, 음식배달이 조금이라도 늦으면 짜증이 난다. PC방에서 조금이라도 부팅속도가 느리면 다시는 그 PC방을 찾아가지 않는다. 팔순의 노모는 스마트폰을 바꾸고 싶어 하셨다. 성능이 낮아 '고스톱' 게임이 느려 답답하다는 것이 이유다(교체해 드리니 안 바꿔도 괜찮은데…….라는 말씀은 하시지만 매우 흡족해하시는 표정이셨다). 삶의 속도가 빨라진 것이다.

일의 속도, 삶의 속도가 빨라진다는 것은 장애와 어떤 관계가 있을까? 그리고 장애인에게 어떤 의미가 있을까?

첫째, 삶의 속도가 빨라지면 많은 비장애인이 장애를 가지게 된다.

삶의 속도가 빨라진다는 것은 인간의 생산성 극대화를 전제로 하며, 짧은 시간 내 많은 일을 하거나 시간 내 정해진 일의 양을 하지 못하면 일을 하는 시간이 늘어남을 의미한다. 빠른 삶의 속도는 과로로 이어질 수밖에 없다.

과로의 문제는 장시간 노동체제와 긴밀하게 연계되어 있다. 한국의 노동시간은 경제협력개발기구 OECD 회원국 중 가장 길다. 2015년 우리나라 경제활동인구조사에 따르면, 우리나라 취업자의 연간 노동시간은 2,113시간으로 OECD 평균(1,766시간)보다 507시간이 길다. 또한 경제활동인구조사에 따르면, 주 40시간을 초과해서 연장근로를 하는 사람은 1,042만 명(54.2%)이다. 그 중에서도 법정연장근로 한 도인 주 52시간을 초과하는 경우가 345만 명(17.9%), 과로사 기준인 주 60시간을 초과하는 장시간 노동자는 113만 명(5.9%)에 이른다.[35] 한국보건사회연구원의 연구에 따르면 장시간의 노동은 심혈관질환과 정신질환 발생, 그리고 사망위험을 높이는 것으로 나타났다.[36] 그 외에도 과로로 인한 술, 담배 등 알코올과 니코틴 중독은 폐암, 간암과 같은 다양한 병을 유발한다.

과로는 신체적·정신적으로 중대한 위험에 빠져서 비장애인이 장애를 가지게 만든다. 삶의 속도가 빨라지면 빨라질수록 과로를 할 수밖에 없는 사회적 환경이 구성되고, 더 많은 사람이 장애를 가질 수 있는 확률이 높아지게 된다.

우리나라가 OECD 회원국 중 가장 과로를 많이 한다는 것은 다른 나라 사람보다 노인이 되기 전에 더 빨리 장애를 가지게 되는 사람이 상대적으로 많아진다는 것을 의미한다. 그렇다면 인터넷 속도가 전 세계에게 가장 빠르다고 자랑스러워할 필요가 있을까? 빠른 인터넷 속도에 걸맞게 삶의 속도가 더 빨라져 신체적, 정신적 소진으로 이어지지 않을까 두려움마저 느낀다.

둘째, 빠른 삶의 속도에 적응하지 못하면 사회에서 낙오자가 된다.

삶의 속도가 빨라지면 이 속도에 맞게 적응하는 사람은 문제가 없지만 적응하지 못하거나 느린 사람은 사회에서 뒤처지게 된다. 나아가 장애인은 장애로 인해 빠른 속도에 적응하지 못한다는 이유로 본의 아니게 사회에서 적응할 기회조차 주어지지 않고 소외될 수 있다.

사회나 일상생활의 속도는 비장애인의 기준에 맞춰져 있다. 버스, 지하철, 여객선 등 교통시설은 물론 편의점, 미용실, 음식점 등의 생활시설, 병원, 우체국, 은행 등과 같은 공공시설, 영화관, 교회, 공연장, 전시장, 동·식물원 등의 종교 및 문화시설, 체육관, 학교, 도서관 등 일상생활에서 쉽게 접할 수 있는 다양한 시설이 장애인이 아닌 비장애인이 편리하게 이용할 수 있도록 설계되어 있다.

사회적 환경 속 적절한 속도는 비장애인에게 맞춰질 수밖에 없으며 그 기준으로 장애인은 상대적으로 속도가 느린 존재가 된다. 예를 들어, 버스에 10명이 탑승하는 시간은 5분이 채 걸리지 않는다. 그러나 휠체어를 탄 장애인이 버스를 탑승하려면 저상버스 차체를 기울이고 리프트를 작동시킨 후 탑승하여 안전벨트를 착용하기까지 약 12분 이상이 소요된다. 장애인이 버스에 탈 때 상대적으로 느린 속도를 참지 못하고 표현을 하든 그렇지 않든 짜증을 내는 쪽은 버스에 탑승하고 있는 비장애인이다.

지적장애나 자폐성장애를 가진 발달장애인 역시 마찬가지다. 2014년 장애인 실태조사에 따르면, 지적장애인 28.6%, 자폐성장애인 12.9%가 경제활동에 참여하는 것으로 나타났으며, 인구대비 취업률은 각각 26.3%, 7.9%로 전체 장애인구의 경제활동참가율 39%와 취업률 36.6%의 절반에도 못 미치는 수준을 보이고 있어 발달장애인의

특성에 맞는 직업재활서비스의 변화가 필요한 시점이라 할 수 있다.[37]

생산성과 효율성이 떨어진다는 이유로 취업과 같은 사회활동 참여에 제한을 받기도 한다. 실제 모 회사에서는 장애인 직원을 선발하는 데 있어 담당하는 업무가 출장이 잦고 많은 활동성을 요하기 때문에 장애가 있으면 업무 효율성이 떨어져 해당업무에 적합하지 않다고 장애등급이 높을수록 응시자에게 낮은 점수를 부여하기도 했다.[38]

이처럼 시간 소요가 많다는 것은 비장애인보다 속도가 떨어진다는 것이며, 삶의 속도가 빨라진다는 것은 장애인이 지금보다 더 불리한 환경에 놓일 수 있다. 문제는 오늘날의 사회는 인공지능과 생명공학, 정보통신기술 등 과학과 기술의 발전에 따른 4차 산업혁명의 시기이며, 초연결사회로 빠른 속도를 지향한다는 것이다.

장애인의 입장에서는 비장애인 기준의 사회 환경 속도도 따라가기 힘든데 오늘날 사회는 더 빠른 속도를 지향하기에 그 속도를 더 이상 따라갈 흉내조차 하지 못해 사회에 발도 내딛기 전에 낙오자로 전락해버릴 수 있다. 설령 장애인이 사회에서 요구하는 속도에 힘들게 맞춰 적응하거나 비장애인의 기대치에 부응하는 수행능력을 보여준다 하더라도 앞서 제시한 바와 같이 신체적 무리와 과로, 소진을 동반하게 되며, 가족과 함께하는 활동, 여가, 휴식 등 개인 생활을 포기하여 삶의 균형이 무너져 더 불행해질지도 모른다.

일의 속도, 삶의 속도가 빨라진다는 것은 장애와 밀접한 연관이 있으며 결코 장애인에게 유리하지 않다. 비장애인이 장애인이 될 확률을 높이며, 장애인이 살아가는데 어려움과 불리함이 가중될 수밖에 없다. 다시 말해 장애인은 살아가는데 자신의 속도가 아닌 사회의 속도, 비장애인의 속도에 맞춰야 하며, 그렇지 못하면 사회에서 소외될 수밖에 없다. 겨우 그 속도에 맞춰 살아간다 하더라도 그 삶은 균형 잡힌 행복한 삶이 되지 못한다.

사회, 속도, 방향
그리고 장애인

대한민국은 높은 정보통신 기술력과 제조업을 바탕으로 한 수출 중심의 산업구조를 가지고 있다. 특히, 정보통신기술의 발달로 단순 노동력이나 사무행정직 등은 일자리가 줄어들고, 4차 산업혁명과 연관된 IT 분야 직종은 새로운 일자리가 계속 창출되고 있다.

사회 환경이 다른 나라보다 더 빠르게 변화하고 있으며 그 변화속도는 계속 빨라지고 있다. 데이터의 속도가 빨라질수록 삶의 형식도 변화하고 있다. 대면에서 비대면으로, 우편에서 SNS로, 지역 공동체에서 초연결 사회로 이미 변화하고 있고 앞으로 더 많은 변화를 요구하고 있다.

우리나라가 고부가가치 산업기술과 정보통신기술에 집중할 수밖에 없는 것은 좁은 국토 면적에서 우수한 인적 인프라밖에 없기에 선진국으로 한 단계 더 나아가기 위해 어쩔 수 없는 현실적 선택이고 숙명이라고 할 수 있다. 그러나 우리의 일상은 충분히 빨라져 있음에도 불구하고 정보통신기술의 끊임없는 발전으로 감당할 수 없을 정도의 속도 변화를 요구당하고 있다.

4G로도 충분하지만 최신 스마트폰을 구입하기 위해서는 5G를 사용해야 하는 것처럼 말이다. 빠른 속도가 요구되는 환경 속에서 장애인이 한 개인으로서, 주체로서, 시민으로서 사회에서 자아를 실현하며 행복한 삶을 영위할 수 있다고 누구도 자신 있게 말할 수 없다. 그렇다면 속도를 따라가지 못하거나 느린 속도를 가진 자는 어떻게 적응해야 하는가? 장애인을 포함한 모든 국민이 자신만의 속도로 만족하고 행복한 삶을 살아갈 수는 없을까?

우리나라 사람 대부분은 IT기술 발달이 대한민국의 발전과 국민의 삶을 풍요롭게 해줄 것이라는 막연한 믿음을 가지고 있다. 그래서 '빠른 속도=높은 생산성 또는 부가가치 창출=부의 증대=질 높은 삶 보장'이라는 관념을 갖게 되었다.

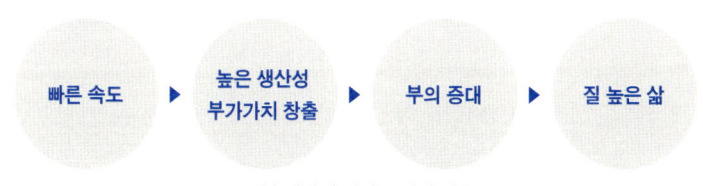

IT기술발달에 대한 보편적 믿음

이러한 관념 속에서는 상대적으로 느린 속도에 낮은 생산성을 가진 장애인은 소외, 배제의 대상으로 인식한다. 이 관념이 올바른 것일까? 진실일까?

손화철은 한 언론 칼럼에서 빨라진 정보 속도는 정보의 양과도 비례하는데 엄청난 정보와 빨라진 속도를 감당하고 제어할 수 있는 사람은 소수라고 한다. 정보와 속도를 제어하고 통제할 수 있는 거대 기업과 국가에 권력이 집중될 수밖에 없으며, 빨라진 삶의 리듬이 모두에게 적용되면서 생겨난 막대한 경제적 이익과 물질적 풍요는 일부에게 집중된다고 하였다. 그리고 초연결사회에서 삶의 박자가 빨라지는 것이지 여유시간이 생기는 게 아니라는 사실을 명심해야 한다고 했다. 즉, 짧아진 이동 시간, 자동화, 검색 시간의 단축 등 그 어느 것도 현대인의 여가를 늘리지 못했고, 노동의 강도와 경제적 양극화를 줄이지 못했다는 것이다.[39]

사회는 삶의 풍요를 위해 변화와 속도를 강조하지만 실제로는 그렇지 않다. 장애인도, 비장애인도 삶의 속도보다는 삶의 방향이 더 중요하다. 독일의 철학자 괴테는 "인생은 속도가 아니라 방향이다."라고 했다. 속도는 실제로 방향과 큰 관계가 있다.[22] 빠른 속도만큼 얼마나 올바로, 제대로 가고 있는지 자각하는 것이 필요하다.

일본의 소니는 1980년대와 90년대 휴대용 카세트 워크맨, TV 등의 혁신적인 제품으로 세계 일류 전자업체가 되었지만 자사 기술

---

22. 속력(speed)은 거리를 시간으로 나눈 것이다. 즉, s=vt이고 v는 속력, s는 거리, t는 시간을 나타낸다. 속력과 방향을 나타내는 물리학적 양 즉 변위차를 속도(velocity)라 한다. 그리고 가속도와 힘은 비례한다. 이것을 F=ma로 표기하는데 F는 힘의 크기를 나타내고, m은 물체의 질량, a는 가속도다. 같은 질량에 가속도가 빠르면 더 많은 힘을 갖고 있다고 얘기할 수 있다. 아인슈타인은 상대성 이론에서 E=mc²라고 했는데, E는 에너지, m은 물체의 질량, c는 빛의 속도다. 아인슈타인의 이 방정식에 따르면 질량과 에너지는 비례하므로 질량이 커질수록 에너지도 커지게 된다. 이처럼 속도는 단순히 빠르다는 개념이 아니라 '방향'과 '크기', '양'과 관계가 있으며 속도를 비교할 대상이 필요하다. (출처 : 황경석, 채성수(2017). 속도경쟁사회. 현북스.)

력 표준화라는 폐쇄적인 운영으로 MP3, 아이팟, 아이폰, OLED TV, QLED TV 등의 등장에 제대로 대응하지 못해 전자제품 시장에서 애플, 삼성, LG 등에 밀려났다. 노키아 역시 피처폰에서 스마트폰으로 변화하는 시장의 방향을 읽지 못해 모바일 시장에서 사라졌다.

음속의 2배 속도로 날아 대서양 횡단 시간을 2배로 단축한 세계에서 가장 빠른 '콩코드' 여객기도 추락사고, 고비용의 사업구조, 비싼 운임, 심각한 소음의 환경문제 등 여러 문제를 해결하지 못해 2003년 11월에 36년 만에 운항이 중지되었다.

전쟁에서 속도전을 중시해 많은 나라를 정복한 나폴레옹도 러시아의 지구전에 휘말려 패배하였다. 속도도 중요하지만 그에 못지않게 방향이 중요하다는 것을 보여주는 대표적인 사례들이다. 오늘날 장애인에게 필요한 것도 어쩌면 삶의 속도가 아니라 삶의 방향이 아닐까?

블리저드라는 게임회사에서 만든 '오버워치'라는 1인칭 슈팅 게임 FPS; First-Person Shooter이 있다.

기존의 FPS 게임은 짧은 시간 내에 적을 처치하는게 목적이었다. 그러다 보니 게이머는 빠른 반사신경과 판단능력, 컨트롤, 속도를 갖추어야 했다. 반사신경이 둔하거나 키보드나 마우스 조작 속도가 느린 사람은 FPS 게임에 참여할 수도 없고, 참여하더라도 쉽게 져서 게임에 흥미를 느끼지 못해 그만두게 되었다.

블리저드사는 속도에 상관없이 누구나 FPS게임을 즐길 수 있는

'오버워치'라는 게임을 탄생시켰다. 이 게임에서 한 팀이 되면 돌격, 공격, 지원의 임무를 각자 맡게 된다. 누군가는 명사수 역할을 하지만 누군가는 팀을 지키는 방패가 되기도 하고, 누군가는 상처 입은 팀원을 회복시키는 역할을 한다.[40] 고도의 조작을 필요로 하는 캐릭터도 있지만 살아만 있어도 팀에 도움이 되는 캐릭터도 있다.

이 게임은 개인의 속도와 경쟁, 실력보다는 팀원 간의 배려와 소통과 같은 '협력'을 중요시한다. 그래서 순발력이 부족해도, 손이 느려도, 소심해도 서로 돕고 소통하면서 각자의 역할에 충실한 팀이 승리하도록 설계되었다. 그 결과 이 게임 유저들은 팀을 구성할 때 승리를 위해 자신을 희생하는 지원역할의 캐릭터를 기꺼이 선택했다.

블리저드사는 빠른 시간에 적을 처치하는 속도가 생명인 FPS 게임의 방향을 '모든 사람이 참여하는 협동 게임'으로 바꾸어 버렸다. 게임의 목적과 방향을 변화시킨 것이다. 이 게임의 가장 큰 장점 중 하나는 조작 키나 조작 방식을 사용자가 설정할 수 있도록 구성해 손가락 조작이 불편한 지체장애인이나 뇌성마비장애인도 즐길 수 있다는 것이다. 비장애인 기준의 FPS게임을 모든 사람을 위한 게임으로 바꾸어 놓았다. 이 게임은 빠른 속도와 순발력으로 무장한 유저가 경쟁에서 승리하는 기존의 게임 방식의 틀에서 벗어나 '협력', '협동'이라는 새로운 방식을 선택했다. 새로운 방식은 속도가 중요하지 않았다. '다 함께', '누구도 소외되지 않는' 방향이 더 중요하다. 전 세계 4천만 명이 넘는 유저가 '오버워치'를 온라인에서 즐기고 있다.

속도가 아닌 방향의 중요성을 일깨워주는 또 하나의 사례가 있다. 2012년 5월 2일에 설립된 이 기업은 직원 수 300명에 2019년 기준으로 매출액은 88억 5천만 원, 영업이익은 5억 4천만 원, 당기순이익은 8억 5천만 원이다. 성장률 9.3%, 영업이익 성장률 14.7%, 영업이익률 6.1%, 당기순이익 성장률 60%, 당기순이익률 9.6%의 매년 성장하는 흑자 기업이다. 매출액만 보면 동종업계에서 상위 20%에 든다.[41]

출처 : saramin. http://www.saramin.co.kr/zf_user/company-info/view-inner-finance?csn=1018671777

이 기업은 '베어베터'라는 사회적 기업으로 인쇄, 제과, 사내 카페·매점, 꽃 배달 등이 주력 사업이다. 놀라운 것은 베어베터 직원의 80% 이상이 발달장애인이라는 점이다.

베어베터는 발달장애인이 생산한 명함, 빵, 꽃 장식 리본, 커피 로스팅 등의 제품을 연계고용부담금감면제도[23]를 활용해 기업에 직접

---

23. 장애인고용부담금 납부 의무가 있는 사업주가 연계고용 대상 사업장(장애인 직업재활시설 또는 장애인표준사업장)에 도급을 주어 그 생산품을 납품받는 경우 연계고용 대상 사업장에서 종사한 장애인근로자를 부담금 납부 의무 사업주가 고용한 것으로 간주하여 부담금을 감면하는 제도
출처 : 한국장애인고용공단 https://www.kead.or.kr/view/system/system09.jsp

판매한다. 베어베터와 직거래를 하는 기업은 네이버, 카카오, IBM 등 400개가 넘는다.

베어베터는 매년 발달장애인을 신규채용하고 있으며, 숙련된 발달장애인은 더 높은 급여를 받을 수 있는 회사로 이직할 수 있도록 도와준다. 실제 이 기업을 떠난 발달장애인이 카카오, NHN엔터테인먼트, 대웅제약 등 다양한 기업에 입사하였다.

베어베터의 장점은 선보이는 브랜드 제품들이 세련되고 품질이 우수하다는 것이다. 그래서 출시된 제품이 장애인 생산품인지 모르는 사람도 많다. 회사는 항상 채용된 발달장애인이 어떻게 하면 더 익숙하게 일을 할 수 있을까를 고민하며, 사원의 적응이나 업무의 어려움을 해소시켜 주기 위해 노력한다.

기억력이 낮은 직원에게는 업무를 보다 세분화하여 단계별로 습득하게 매뉴얼이나 그림순서도를 만들어서 제공한다. 돌발행동이나 이해하지 못하는 행동을 장애 특성으로 이해하고 이를 관리해 문제가 발생하지 않도록 힘쓰고 있다. 장애로 인한 장점을 살려 업무에 배치하기도 한다. 예를 들어, 정해진 시간과 규칙에 집착하는 자폐성장애인은 정시 배달이 요구되는 지하철 배송 업무에 배치하거나 단순한 작업을 선호하는 지적장애인은 쉽지만 정확성과 단순 반복이 요구되는 포장업무에 배치를 한다.

사업 분야도 끊임없이 확대하고 있다. 이마트24와 협업하여 발달장애인 고용 편의점 사업도 추진하고 있다.

베어베터의 발전은 장애인 사회적 기업이 경쟁력이 없다는 사회적 고정관념을 여지없이 깨트렸다. 발달장애인은 느린 속도로 생산성이 떨어지거나 취업에 어려움을 가진다는 비장애인의 선입견도 무너뜨렸다.

지적장애, 자폐성장애 등 취업이 어렵다는 발달장애인을 대상으로 베어베터는 「장애인고용촉진법」의 연계고용과 장애인고용부담금 제도를 활용하는 새로운 비즈니스 모델을 개발하고 지속적인 혁신활동을 통해, 비즈니스 모델과 경영노하우를 비슷한 형태의 사회적 기업에 공유·전수·확대·재생산하는 등 사회적 기업의 지속가능한 성장모델을 만들어내고 있다.[42]

기업은 업무에 맞는 사람을 적재적소에 배치하지만 베어베터는 사람의 특성에 맞춰 일을 설계한다. 마치 인터넷을 활용한 앱스토어라는 새로운 비즈니스 시장을 만들어 기존의 제조업과 도소매상과 경쟁하지 않고 인터넷 플랫폼이라는 방향을 선점해 거대 기업이 되었던 구글, 아마존, 애플의 공통점처럼, 베어베터도 새로운 방식의 비즈니스 모델을 개발해 단기간 내 우리나라 최고의 사회적 기업으로 성장했다. 기존의 고정관념을 깨고 다른 방향으로 나아가는 순간 새로운 시장이 열리기에 방향은 속도만큼 중요하다.

방향이 속도만큼 중요하다면 누가 그 방향을 정해주어야 할까?

비장애인은 '장애인=느린 속도=낮은 생산성 또는 낮은 부가가치 창출=질 낮은 삶 영위'이라는 고정관념이나 선입견을 가질 수 있다.

그리고 장애인을 느린 속도에 사회에 적응하기 어려운 사람이라고 인식할 수 있다. 그러다 보니 장애인에게 비장애인의 속도를 강요할 수밖에 없다. 이제 비장애인은 장애인에 대해 속도를 강요하기보다 방향을 함께 찾아주는 동반자가 되어야 한다. 방향이 정해지면 장애인의 속도를 존중하고 함께 걸어가야 한다.

복지사회의 방향은 '모두가 함께 행복한 삶을 사는 것'이다. 속도는 수단이며, 중심은 사람이다. 모두가 행복할 수 있도록 개개인에 맞게 속도를 조절하고 개개인의 속도를 삶의 속도로 존중하는 사회가 되었으면 한다.

쉬어가기

"우리나라에서 일을 할 수 있는 비장애인의 60% 정도가 일자리를 가지고 있습니다. 심신에 조금의 어려움이 있는 경증장애인들은 40% 정도 일자리가 있습니다. 상대적으로 장애의 정도가 심한 중증장애인들도 17% 정도는 일을 가지고 있습니다. 그런데, 자폐성장애인의 고용률은 단 1%에 불과합니다. 이들은 왜 이렇게 일자리를 구하기 힘든 것일까요?

일반기업들이 발달장애인을 고용하기 어려운 이유는 이들에게 줄 수 있는 직무가 거의 없기 때문입니다. 이들이 생산성도 좀 낮고, 발달장애인 한 사람을 고용하기 위해서는 이들이 지적으로도 좀 부족하고, 의사소통도 특이하기 때문에 이 사람들을 관리하기 위해서 관리자 한 사람을 더 써야 할지도 모릅니다. 때문에 비용이 많이 들고, 이러한 이유로 이들이 일반기업에서 일하기는 어렵습니다. 그런데, 저희는 이렇게 생각했습니다. 만약에 이들을 이해하는 관리자가 있다면, 이들한테 일하기 쉽도록 직무를 바꿔서 다시 설계해서 줄 수 있는 회사가 있다면 이들도 일하게 만들 수 있지 않을까? 그런 생각으로 베어베터를 만들게 되었습니다."

베어베터 이진희 공동대표 (2015, 세상을 바꾸는 15분, EBS)

출처 : 유승권, 박병진(2017). 베어베터 : 비즈니스 모델 혁신과 파트너십을 활용한 사회적 기업. KBR 제21권 제2호 2017년 5월. P4~5

장애와
가난

가난을 두려워하는 대한민국 사람들

모든 부모들의 바람은 자녀가 학교를 졸업하고 사회에 진출하면 안정된 직장을 다니고 배우자를 만나 잘 살아갔으면 하는 것이다. 자녀가 자신의 꿈을 위해 지금 당장 힘들더라도 열정을 가지고 하루하루 미래를 위해 열심히 사는 것도 응원하지만 풍족하지는 않더라도 가난하게만 살지 않았으면 하는 마음이 더 앞선다.

오늘날 사회는 국내외를 망론하고 '빈부의 양극화', '부의 대물림'과 같은 '1대 99의 부의 불평등'이 심화되고 있다.

우리나라의 모든 부모들은 IMF, 금융위기, 코로나19와 같은 위기 상황을 몸소 겪으면서 한번 가난해지면 좀처럼 빈곤에서 벗어나기 어렵다는 것을 직감적으로 알고 있다. 그래서 부모들은 공무원, 의사, 회계사, 교사 등과 같은 안정된 '전문직'을 선호한다. 자녀가 사회에 나아가 높은 자리에 오르거나 돈을 많이 버는 것보다 가난하지 않고 안정적으로 살아가길 희망하는 것은 나 뿐만 아니라 많은 부모들의 바람이다.

부모만 이러한 바람을 가질까?

2018년 한 구직사이트에서 성인남녀 1,143명(구직자 404명, 직장인 739명)을 대상으로 원하는 직업을 조사한 결과, 1위가 공무원·공공기관 종사자(26.7%)였으며, 사업가(16.2%), 사무직 회사원(15%), 예술가(11.4%), 변호사 등 전문직(11.4%)으로 나타났다.[43]

조사결과에서 보듯이 응답자의 직업 선택 최우선 조건은 '안정성'이었다. 부모뿐만 아니라 현재 대학생을 포함한 구직자도, 현재 직장을 다니는 사람도 모두 보편적인 생활수준을 보장하는 직업을 선호하고 있음을 알 수 있다. 우리나라에서 안정적 직업의 선호는 더 많은 부를 누리기보다 가난해질 위험을 최소화하기를 원하는 내면의 심리가 작용하고 있는 것은 아닐까?

직장 동료, 선후배, 동창 그리고 여러 사람을 만나 사적인 이야기를 나누다 보면 항상 공통된 주제가 있다. 교육비와 재테크다. 심각한 수준의 교육비 지출로 허리가 휘는 것을 서로 공감하면서 그래도 어떻게 해서든 자식을 위해 그 정도 비용은 지출할 여력이 있어 다행이라는 위안 아닌 위안을 서로 나눈다. 그리고 빠듯한 생활로 답답한 마음에 부동산이나 주식, 가상화폐 등으로 누가 돈을 많이 벌었다는 재테크 이야기를 나누며 부러워하기도 하고, 그런 행운이 내게도 오기를 바라면서 술잔을 기울인다.

교육부의 「2020년 초중고 사교육비조사」[44] 결과, 우리나라 사교육비 총 규모는 약 9조 3천억 원이며, 전체 학생의 66.5%가 사교육을 받고 있고, 1인당 월 평균 28.9만 원을 지출하는 것으로 나타났다. 또한 가구의 월평균 소득수준이 높을수록 사교육 지출과 참여율이 높은 것으로 조사되었다.

두 자녀를 대학에 보낸 나의 경험으로는 교육부 통계보다 훨씬 더 많은 비용이 사교육비로 지출된 것 같다. 자녀가 고등학교 다닐 때 가계 소득의 월 25%~35% 정도를 사교육비로 지출하였으며, 심할 경우 월 50%이상 지출한 적도 있었다.

나를 포함해 우리나라 부모들은 왜 사교육에 집착할까? 왜 그렇게 자녀의 대학 진학에 많은 비용을 쓸까? 답은 간단하다. 우리나라는 학벌 위주의 사회이기에 학력을 통해 보이지 않는 사회계층 이동이 가능하다고 생각하기 때문이다.

유명 일류 대학이라는 학벌이 자녀에게 지금의 부모세대가 누리고 있는 수준의 삶 혹은 한 단계 더 나은 삶을 보장해 준다고 믿는다. 실제로 이 믿음이 틀린 걸까? 그렇지 않다.

전반적으로 우리나라에서는 교육이 개인의 사회적 지위 획득뿐만 아니라 세대 간 계층 이동에도 큰 영향을 미치고 있으며, 부모의 계급적 지위가 자녀의 교육 기회를 통해 자녀의 계급적 지위를 결정하는 정도가 커지고 있다.[45] 또한 부모의 학력, 경제적 수준, 직업이 자녀의 학력과 소득에 영향을 미치고 있으며 우리 사회의 계층이 상당히 고착화되어 가고 있고, 폐쇄 사회적 특성도 심화되고 있다.[46] 그래서 우리나라 부모들은 자녀의 유명 대학과 유망 학과 진학을 위해서 투잡을 뛰고, 마이너스 통장과 대출을 받고, 집을 팔아 사교육에 매달린다.

유명 상위권 대학이나 유망 학과를 졸업해야만 안정된 직장과 삶을 기대해 볼 수 있기 때문이다.

하루 먹고 살기도 힘든 낮은 경제적 수준의 가난한 부모는 자녀의 사교육에 많은 비용을 지불할 능력이 없다. 가난한 부모 밑에 자란 자녀는 아무리 잠재적 능력이 뛰어나더라도 사교육으로 무장한 친구들과 경쟁에서 이기기 힘들다. 잠재된 능력을 발휘할 기회조차 얻지 못하기에 높은 급여와 안정된 삶을 보장받는 직업을 갖기 어렵다.

높은 사교육비를 감당하기 힘든 장애인, 한부모 가정, 다문화, 탈북인 등 소외계층이나 빈곤층은 교육이라는 사회계층 이동사다리를 올라설 힘조차 없는 것이 현실이다.

원래 교육의 목적 중 하나는 계층이동사다리 역할을 하는 것이다. 소득불평등이 높더라도 교육을 통해 계층 간의 소득이동을 활발히 만들면 부의 대물림을 줄일 수 있다.[47] 그러나 사교육으로 인해 교육이 소득불평등을 더 심화시키는 하나의 요인으로 작용하고 있다. 이젠 개천에서 용 나기 어려워졌다.

2020년 경제 최대 이슈 중 하나는 '부동산 폭등'이다. 문재인 정부는 서울을 중심으로 전국 아파트 값이 폭등하는 것을 막기 위해 2017

년 5월 출범 이후 2020년 말까지 21회 부동산 대책을 발표했다.[48]

    대책의 주요 내용은 집을 투기로 사지 못하도록 집값이 비정상적으로 오른 서울과 주요 도시들을 투기과열지구나 조정대상지역으로 묶고, 대출·세금으로 엄격하게 규제하는 것이다. 그럼에도 불구하고 서울 아파트 평균 매매가격은 2020년 7월 기준으로 사상 처음 10억 원을 돌파하면서 역대 최고가를 경신했다.[49] 백약이 무효다. 임대차 3법으로 인해 서울 아파트 전세가는 2020년 9월3일 기준으로 62주째 상승하고 있다.[50]

    이제 무주택가구는 서울에 점점 살기 어려워졌다. 통계청의 2018년 주택소유통계에 따르면, 전국 1,997만 9천 가구 중 무주택가구는 874만 5천 가구로 약 43.8%가 무주택이다.[51] 집값과 전세값의 상승은 우리나라 44%의 무주택자가 전체 소득에서 더 많은 주거 비용을 지불하게 만들었다. 이들은 오르는 집값으로 인해 최대한 소비를 줄이고 어떻게 해서든 수입을 늘려야 할 상황에 놓이게 되었다. 현재 소득이 매년 오르는 집값과 전세값을 따라가지 못하기 때문이다. 그래서 무주택자들은 집을 사기 위해 '영혼까지 끌어 모아' 대출을 받고 있다.

    무리하게 대출을 받다 보니 늘어난 부채를 갚기 위해 악착같이 생활비를 줄이고 주말에도 일을 해야만 한다. 가족끼리 외식은 엄두도 못 내고 아이가 원하는 장난감을 사주기도 어렵다. 무리하게 집을 산 가구도, 무주택 가구도 주거에 많은 비용을 지출해야 하는 현실 속에서 힘들게 살아가고 있다.

부동산 문제는 하루하루 생존을 위해 살아가는 가난한 사람에게는 더 심각하다. 노인, 장애인 등 나이가 많거나 병이나 신체적·정신적 장애로 인해 기초생활수급만으로 살아갈 수밖에 없는 빈곤가구는 월세가 오르면 부엌 하나가 포함된 8㎡(2.5평) 쪽방보다 더 나쁜 주거 환경으로 이사를 할 수밖에 없다.

주택가격의 상승은 생활보호대상자나 가난한 사람을 더 나쁜 주거 환경으로 내몰게 되고, 불완전한 주거 형태는 생명까지 위태롭게 만든다.

2018년 11월 9일 오전 5시경 서울 한 고시원에서 발생한 불로 인해 7명이 숨지고, 11명이 다치는 사고가 발생했다. 지어진 지 35년 된 건물로 스프링쿨러는 없었으며, 경보용 화재 감지기도 작동하지 않았고, 대피로가 따로 없어 창문이 없는 방에 있던 사람들은 명命을 달리 할 수밖에 없었다. 이처럼 부동산 문제는 세대와 계층을 넘어선 양극화를 더 심화시키고 확대하며, 가난한 사람을 더 빈곤하게 만드는 주요 원인이 된다.

방에는 햇볕이 조금도 들지 않고 화장실과 샤워실을 공용으로 쓰며, 더운 물도 제대로 나오지 않아 추운 겨울에는 세수도 할 수 없는 열악한 환경에서 자란 아이들이 좋은 학습 환경의 아이와 대등하게 공부할 수 있을까? 빈곤 가정의 입장에서 더 절망스러운 것은 현재 머무르고 있는 공간 자체도 가진 자들의 소유이며, 부를 축적하는 수단이라는 점이다.

구도심, 판자촌, 빈민가, 달동네 등 이들의 주거지역 대부분이 재개발되면 소위 '딱지'라고 하는 부동산을 소유한 사람만 이익을 본다. 주거하고 있는 대부분의 서민들은 또 다른 외곽지역으로 밀려날 수밖에 없다. 제로섬 게임처럼 가진 자는 더 많은 부를 창출하는 반면, 가지지 못한 자는 상대적 박탈감과 빈곤에 놓이게 된다.

부와 빈곤의 악순환이 계속되고 사회적 갈등은 깊어져만 간다. 이런 상황이라면 개인의 노력만으로 인생을 바꿀 수 있다는 자기계발서를 아무리 많이 읽고 실천한다 하더라도 '빈곤'이라는 절망적인 상황을 개선하기에는 너무 힘들 것 같다.

장애인은 정말 가난할까?

빈곤이란 '기본적 욕구가 충족되지 않은 상태'로 '기본적 욕구'와 '충족'이 어떤 정도나 수준인지에 따라 달라진다.

'육체적'으로 생명을 유지하는 것을 생존으로 보면 의·식·주가 기본적 욕구이지만 '인간다운 생존'일 경우 기본적인 욕구의 범위는 일정 수준의 심리적 욕구, 사회적 욕구 및 문화적 욕구 등으로 넓어진다.[52] 사회가 발달할수록 육체적 생존보다 인간적 생존이 더 강조되므로 빈곤의 정의 역시 사회나 시대에 따라 변화한다.

빈곤 유형으로는 '절대적 빈곤', '상대적 빈곤', '주관적 빈곤', '정책적 빈곤'이 있다. 절대적 빈곤이란 의·식·주와 같은 육체적 생존에 필요한 최소한의 생필품을 획득하기에도 불충분한 상태[53]를 의미하며, 상대적 빈곤은 사회구성원 대다수가 누리는 생활수준을 누리지 못하는 상태를 말한다.[54] 상대적 빈곤은 중위소득이 기준이기에 중산층의 소득이 늘면 상대적 빈곤은 줄어들지만 빈익빈 부익부가 심화되면 중위 소득의 줄어 상대적 빈곤이 심화된다.

주관적 빈곤이란 개인의 빈곤에 대한 주관적 판단으로 "4인 가족이 한 달 생활하는데 최소 금액은 얼마라고 생각하십니까?" 등의 질문으로 빈곤 수준을 파악한다.

정책적 빈곤이란 정부가 빈곤층을 지원하기 위해 정해놓은 정의로 최저생계비가 곧 정책적 빈곤선이라 할 수 있다. 이러한 여러 가지 빈곤에 대한 정의를 바탕으로 정말 '장애인은 가난할까?'라는 질문에 답을 찾을 수 있는 흥미로운 보도자료가 2020년 7월에 나왔다.

통계청과 보건복지부가 협력하여 장애인 관련 통계를 수집·정리한 「2020 통계로 보는 장애인의 삶」이라는 결과가 그것이다. 보도자료 중 내가 의미 있게 본 것은 〈표 10〉과 같다.

〈표 10〉 2020 통계로 보는 장애인의 삶

구분	장애인 수(가구)	전체 인구(가구)	증감(율)	비고
취업률	34.9%	60.9%	△26.0%	'19년 기준
실업률	6.3%	3.8%	2.5%	〃
국민기초생활보장 수급	211,010가구	1,165,175가구	18.1%	'18년 기준
가구소득	4,173만원	5,828만원	△1,655만원	〃
가구소득 연 3,000만원 미만	52.0%	33.1%	18.9%	〃
가구 연 소비지출[24]	2,022만원	2,692만원	△670만원	〃

---

24. 소비지출 항목 : 식료품, 주거비, 교육비, 의료비, 교통비, 통신비, 기타

구분	장애인 수(가구)	전체 인구(가구)	증감(율)	비고
가구 연 비소비지출[25]	626만원	1,098만원	△472만원	〃
인터넷 이용률	78.3%	91.8%	△13.5%	'19년 기준
스마트폰 보유율	76.8%	92.2%	△15.4%	〃
온라인 경제활동률[26]	39.0%	59.2%	△20.2%	〃

출처 : 「2020 통계로 보는 장애인의 삶」 통계청·보건복지부 보도자료(2020.7.24.일자) 통계를 재구성

<표 10>에 제시된 바와 같이 장애인 취업률은 34.9%로 전체 인구 취업률의 절반에 불과했으며, 장애인 가구 절반 이상이 연소득 3,000만 원 미만이었다. 또한 국민기초생활보장 전체 수급자 중 18.1%가 장애인으로 나타났다. 그리고 '2019 장애통계연보'에 따르면 2016년 기준 장애인 가구의 빈곤율(가처분소득 기준)은 31.5%에 달하는 것으로 나타나 장애인 가구 3곳 중 1곳이 중위소득의 절반도 벌지 못한다는 것을 알 수 있다.[55] 결론적으로 장애인은 실제로 '절대적 빈곤'에 있거나 빈곤에 취약하다.

'상대적 빈곤'은 어떠할까? 2016년 기준으로 장애인의 중위소득 50%와 빈곤층 평균소득 차이 정도를 조사한 결과, 상대적 빈곤 심화 정도가 37%에 달했다.[56] <표 10>에서 보듯이 비장애인이 포함된 전체 인구(가구)에 비해 장애인(가구)은 상대적으로 취업률은 낮고 실업률은 높으며, 소득과 소비 역시 낮다.

국민 대부분이 누리는 인터넷, 스마트폰 혜택 역시 상대적으로 낮

---

25. 세금, 공적연금·사회보험료, 가구간 이전지출, 비영리단체 이전지출, 이자비용 등
26. 취업이나 이직에 도움되는 활동, 창업이나 사업 운영에 도움되는 활동, 소득 증대·유지에 도움되는 정보습득·재테크, 비용 절감에 도움되는 활동

다. 이러한 결과로 보면 장애인은 비장애인보다 상대적으로 빈곤하다. 또한 장애인은 비장애인이 지불하지 않는 의료비, 교통비, 보조기구 구입·유지비 등 장애로 인해 월 16만 5천 원을 추가로 지출[57](2017년 기준)하고 있어 실제로도 장애인은 비장애인보다 가난할 수밖에 없다. 그뿐인가? 2017 장애인 실태조사 결과, 장애인 가구의 주관적 최저생활비[27]는 월 평균 187만 9천 원[58]으로 이는 통계청의 국가통계포털에 제시된 2016년 우리나라 국민의 주관적 생계비 평균은 227만 원보다 39만 천 원이 적다.[59] 이는 장애인 가구가 전체 국민가구보다 더 적은 수입으로 생활이 가능하다고 인식하고 있다는 의미다. 비장애인보다 장애로 인한 추가 지출 비용이 더 많음에도 말이다.

장애인 가구의 빈곤을 감소시키기 위해서는 소득보장을 위한 장애인연금 인상, 장애수당 수급대상자 확대와 수급비 인상이 필요하다. 즉 정책적 빈곤선을 높여야 한다.

정책적 빈곤선을 높이는 방안은 부양의무자가 있더라도 실제 부양을 받지 못하는 빈곤한 장애인이 있다면 기초생활수급 즉 생계급여수급을 지원해주는 것이다. 즉, 가난한 장애인의 인간다운 생존과 빈곤 문제를 해결하기 위해서 부양의무자 기준 폐지와 같은 정책 실현이 필요하다.

2020년 8월 10일에 제2차 기초생활보장종합계획이 발표되었다.

---

27. 장애인실태조사에서 사용한 항목 내용: "가족이 한 달 동안 살아가는데 필요한 생활비는 최소한 얼마라고 생각하십니까?"

이 계획에는 생계급여에서 2022년까지 부양의무자 기준을 단계적으로 폐지한다는 내용이 담겨 있다. 부양의무자 기준으로 인해 수급자로 진입하지 못하는 사람이 약 117만 명이다[60].

정부의 예산 규모를 감안한 부양의무자 기준 단계적 폐지는 지금 당장 절대적 빈곤에 직면해 생존을 위협받고 있는 빈곤층 사람들에게 아무런 도움이 되지 못한다. 장애인의 빈곤을 줄일 수 있는 과감한 정책 방향 전환이 시급하다.

장애인 가구가 빈곤에 내몰리는 이유 l

자녀를 양육하는 부모입장에서 가장 비용이 많이 들어가는 시기는 아마도 고등학교이다. 교육부의 2020년 초중고 사교육비 조사결과에 따르면 학생 월평균 사교육비는 고등학생이 38만 4천 원, 중학생이 32만 8천 원, 초등학생이 22만 천 원 순으로 나타나 대학입시가 가까워질수록 사교육비가 늘어난다는 것을 알 수 있다. 사교육과 함께 독서실비, 교재비, 통학비 등 부가적인 비용을 포함한다면 그 금액은 더 늘어난다. 이를 예상하여 부모는 자녀가 어릴 때 열심히 돈을 모은다. 그러나 장애아를 양육하는 가구는 조금 다르다.

아이가 장애가 있거나 장애진단을 받게되면 부모는 아이를 위해 교육에 매달린다. 장애아에 대한 조기교육은 2차 장애를 예방하고 발달을 최대한 촉진시킬 수 있기 때문이다.

영유아기는 변화가능성, 즉 가소성이 가장 큰 시기로 조기 교육이 빠르면 빠를수록 그 효과가 크게 나타나기에 부모는 장애아 교육을 일찍부터 시작한다.

2020년 특수교육 실태조사[61]에 따르면 장애영아 월 평균 사교육비는 '70만 원 이상'이 가장 많은 것으로 볼 때 장애아동이 어릴수록 사교육비를 더 많이 지출한다는 것을 잘 알 수 있다.

〈표 11〉 장애영아 월평균 사교육비

(단위: %)

구분	전체	10만원 미만	10~30만원 미만	30~50만원 미만	50~70만원 미만	70만원 이상
장애영아	100%	8.1%	25.7%	18.4%	10.5%	35.5%

출처 : 국립특수교육원(2020). 「2020 특수교육 실태조사」 통계(p401) 재구성

장애영아 시기부터 월 평균 사교육비가 많이 지출되는 이유는 무엇일까? 장애아동의 사교육은 국어, 영어, 수학과 같은 교과 교육비용이 아니다. 언어, 인지, 신체 및 운동, 심리 등 치료나 재활에 연관된 비용이다. 엄밀히 따지면 '교육비'라기보다 '치료비'에 더 가깝다.

국가는 장애인을 대상으로 발달재활서비스, 심리지원서비스, 특수교육 관련서비스 등 치료·재활 지원을 제공하고 있지만 수요자가 만족할 만큼 지원하고 있지 않아 개인이 추가적으로 지출하는 비용이 많은 것이 현실이다.

내가 특수학교 재직 시절 만난 대부분의 부모는 지금보다 1%라도 자녀의 발달을 촉진할 수 있다면 아무리 많은 돈을 들여서라도 교육이든 재활이든 무언가를 시켜야 한다는 마음이 한결같았다. 부유한 가

정이나 그렇지 못한 가정이나 상관없이 말이다. 그래서 교육청이나 시·도 지자체에서 지원하는 치료지원(또는 발달재활) 서비스를 바우처[28]로 만족하지 못하고 본인 부담으로 월 50~100만 원 가량을 언어치료, 물리치료, 작업치료, 인지치료, 놀이치료 등의 비용으로 지출했다.

2020년 9월에 한 민간 아동발달연구소 소장을 협의회에서 만난 적이 있다. 장애아동의 부모는 약 150~200만 원 가량을 자녀 사교육비(치료·재활)로 지출하는 것 같다고 했다.

한 언론 기사[02]에 따르면 치료비가 저렴한 서울 한 병원의 발달장애센터에서 장애아동이 행동치료, 언어치료, 작업치료, 음악치료, 인지치료를 주기적으로 받을 경우 한 달이면 118만 8천 원이 들어간다고 한다.

2020년 현재도 예전과 마찬가지로 부모는 자녀에게 언어치료, 인지치료 등 여러 치료·재활서비스를 제공하기 위해 가계의 모든 지출을 줄이거나 혹은 대출을 받아가며 아낌없이 쏟아 붓고 있었다. 자녀의 발달이 더 이상 진척이 보이지 않거나 더 이상 사교육으로 지출할 비용이 없을 때까지 계속해서 지출하고 있다.

〈장애아동 부모 사례〉
많은 교육비 지출로 인한 경제적인 어려움과 이 아이의 교육이 특정 기간 한정되어 있는 것이 아닌 끝없이 반복하고 가르쳐야 한다는 데서 오는 소망의 실상로 나는 상당히 지치기 시작했고, 끝이 보이지 않는 절벽으로 한없이 떨어지는 느낌이 들었다.

---

28. 정부에서 복지 서비스 구매에 직접적으로 비용을 지불하여 상품이나 서비스를 구매할 수 있도록 보조해주는 것. 일반적으로 '바우처 카드'로 발급되며 필요한 물품이나 서비스를 제공받고 카드 한도 내 비용을 지불함

> 내가 지치기 시작할 무렵 남편의 사업도 함께 기울기 시작했다.[29]
>
> 남편 월급의 일부와 상여금이 모두 형진이의 교육비에 들어갔다. 그 때는 이성적인 판단이 서지 않았고, 열심히 최선을 다해 장애에서 벗어나게 해줄 수 있겠다는 생각으로 보이는 게 없었다. 장애아이로 태어났지만 일반 아이들과 함께 교육시켜야 한다는 신념으로 할 수 있는 건 다 해주고 싶었다.[30]
>
> 출처 : 김이경(2016). 발달장애아동 부모의 양육경험에 관한 연구. 단국대학교 박사학위논문. 재인용. p52.

사교육뿐만 아니라 '의료비', '교통비'에도 지속적인 추가 비용이 발생한다. 장애인의 82.3%가 치료, 재활, 건강관리 목적으로 정기적, 지속적으로 병원 진료를 받고 있고[63], 장애로 인한 추가 소요 비용으로 월 평균 의료비 6만 5천9백 원, 교통비 2만 5백 원, 보호·간병비 2만 6백 원 등 총 16만 5천 원이 지출된다.[64]

장애영·유아 부모라면 사교육과 의료비, 교통비 등으로 월 평균 70여만 원에서 120여만 원이 지출될 수 있다. 장애인 가구는 2020년도 우리나라 기준 중위소득[31]은 4인 가구 기준으로 474만 9,174원[65]인 것을 감안하면 매월 소득의 30%~20%를 장애로 인한 교육, 의료, 교통 등에 사용하고 있다. 장애인 가구가 아무리 벌어도 장애로 인한 지출이 전체 소득의 30%를 차지하기에 비장애인 가구보다 더 빈곤에 내

---

29. 이숙형 외(1996) 꼭 다문 입술이 미소로 바뀔 때. 기가연. p52.
30. 박미경(2002) 달려라! 형진아. 월간조선사. p50.
31. "기준 중위소득"이란 보건복지부장관이 급여의 기준 등에 활용하기 위하여 중앙생활보장위원회의 심의·의결을 거쳐 고시하는 국민 가구소득의 중위값(국민기초생활 보장법 제2조 제11호). 즉, 모든 가구를 소득 순서대로 줄을 세웠을 때, 정확하게 중간에 있는 가구의 소득(소득에는 근로소득, 사업소득, 재산소득, 이전소득 포함)

몰릴 수밖에 없다. 만약 장애인 가구가 집을 소유하지 않고 월세나 전세를 살아서 주거비가 추가로 지출된다면 실질소득은 더 악화된다.

장애인에 대한 국가의 과감한 재정적 지원이 이루어지지 않는다면 장애인 가구는 장애인과 함께 살아가는 날이 길면 길수록 삶의 질이 나아지기보다 나빠질 수밖에 없다. 지금 이 순간에도 장애인은 빈곤에 서서히 내몰리고 있다.

장애인 가구가 빈곤에 내몰리는 이유 Ⅱ

나는 자녀 둘이 대학에 진학 한 후에는 자연스럽게 자녀의 취업이 걱정되었다. 앞서 밝힌바와 같이 대부분 부모의 바람은 해고 걱정 없는 안정된 직장에서 적정한 보수를 받는 일자리를 찾았으면 하는 것이다. '안정된 직장'과 '원하는 일' 그리고 '적정한 보수'라는 조건은 오늘날 대한민국에서 결코 소박하지 않다.

첫째, '안정된 직장'의 대표적인 직업은 공무원이다. 2020년도 국가직 9급 공채시험 경쟁률[66]은 37.2대 1로 응시생 중 4,955명이 합격하고, 나머지 18만 348명이 떨어졌다. 공기업은 어떨까? 2020년 상반기 공공기관 행정직 채용 경쟁률[67]은 수십 대 일에서 수백 대 일이다. 공기업은 국가직 공무원에 합격하는 것보다 더 어렵다.

> **2020년 상반기 6월 기준 일부 공기업 공채 경쟁률**
> 코레일 유통(주) 595:1, 건강보험심사평가원 373:1, 사립학교교직원연금공단

> 364:1, 중소벤처기업진흥공단 349:1, 한국남동발전(주) 258:1, 한국도로공사 195:1(33명 채용, 6,428명 지원), 한국원자력연구원 170:1, 한국보훈복지의료공단 163:1, 한국무역보험공사 146:1, 소상공인시장진흥재단 105:1, 한국공항공사 100:1, 한국전력공사 89:1, 한국산업은행 72:1
>
> 출처 : blind(2020.6.24.일자). 2020년 상반기... 공기업 공채 경쟁률.txt. 재구성

둘째, '원하는 일'은 모든 사람이 취업을 할 때 바라는 바다. 원하는 일을 한다는 건 자신의 적성과 능력을 현재 직업을 통해 발휘할 수 있고 나아가 꿈을 이루는 자아실현이 가능하다는 것이다. 2018년에 한 취업포털회사에서 직장인 299명을 대상으로 '직무와 적성'을 주제로 설문조사를 한 결과, 직장인 5명 중 1명은 '직무 적성에 안 맞는다.'고 응답했다.[68] 반면에 적성에 맞춰 잘 하고 좋아하는 일을 하는 직장인은 소수에 불과했다. 어렵게 취업을 하더라도 '원하는 일'을 하는 경우는 드물다는 것이 현실이다.

셋째, '적정한 보수'란 얼마를 의미할까? 보수는 '어떤 직종인가?', '제조업이냐 서비스업이냐?', '대기업이냐 중소기업이냐?', '고수익 산업분야인가?', '정규직이냐 비정규직이냐?', '외국계회사냐 아니냐?' 등 수 많은 변수에 의해 결정된다. 또한 1인 가구인지, 4인 가구인지, 자녀 명수 등에 따라 개인이 생각하는 적정 보수는 차이가 난다. 〈표 12〉에 제시된 2020년도 우리나라 기준 중위소득 기준은 자신의 급여가 만족할 만한 수준인지 참고해볼 수 있다.

〈표 12〉 2020년 기준 중위소득

(단위: 원)

가구원 수	1인	2인	3인	4인	5인	6인
기준 중위소득	175만7,194	299만1,980	387만577	474만9,174	562만7,771	650만6,368

출처 : 보건복지부 보도자료(2020.7.31.일자). '2021년 기준 중위소득 2.68%인상'

　　누구나 직업을 가지고 사회의 한 구성원으로 살아가기를 희망한다. 직업은 생계유지를 넘어서 경제적 풍요와 사회적 자립, 꿈을 이루는 자아실현의 수단이 된다. 그러나 안정, 적성, 보수 등 자신의 조건에 맞는 직업을 구하기보다 취업 자체가 쉽지 않은 것이 현실이다.

　　장애인 취업은 어떨까? 장애인은 자신의 장애를 고려해 직업과 직장을 구해야 하기에 비장애인보다 일자리를 구하기 더 힘들다. 그래서 취업만 할 수 있다면 근무시간, 형태, 보수 등의 조건을 별로 고려하지 않는다. 당장 경제활동 자체가 더 시급하기 때문이다.

　　2019년 장애인경제활동실태에 따르면 만 15세 이상 인구의 경우 장애인 경제활동인구는 941,136명이며, 경제활동참가율은 37.3%인 반면 장애인을 포함한 전체 인구 경제활동참가율 64.0%로 나타났다.[69]

〈표 13〉 2019년 장애인 경제활동상태 추정

(단위 : 명, %, %p)

구분	15세 이상 인구	경제활동인구[32]			비경제 활동인구[33]	경활률	실업률	고용률
		계	취업자	실업자				
장애인구	2,526,201	941,136	881,890	59,247	1,585,065	37.3	6.3	34.9
전체인구	44,460,000	28,468,000	27,322,000	1,145,000	15,992,000	64.0	4.0	61.5

출처 : 한국장애인고용공단 고용개발원(2019). 2019년 장애인경제활동실태조사. p113 재구성

조사 결과에서 보듯이 비장애인에 비해 장애인의 경제활동인구는 절반도 되지 않는다. 장애로 인해 장애인 비경제활동인구가 어느 정도 비장애인보다 많을 수 있다는 것은 감안하지만 그 차이가 현저히 크다.

그 이유는 무엇일까? 장애인 비경제활동인구의 66.5%[34]가 직장(일)을 원하지 않는 주된 이유로 '장애로 인해 업무를 제대로 수행할 수 없을 것 같아서'라고 응답했다.[70] 장애가 비경제활동인구 확대의 주된 원인이다.

장애로 인해 일할 수 없는 장애인은 빈곤해지기 쉽다. 소득이 없기에 장애인연금이나 국민기초생활보장급여로 생활해야 하는데 이는 최저생계로 생존을 가까스로 유지하는 수준이다. 이마저도 부양의무자가 일정 정도 이상의 소득이 있으면 수급 혜택을 받을 수 없다. 이처럼 장애인 비경제활동인구가 많다는 것은 근로소득이 줄어든다는 것이고, 62.7%의 장애인이 빈곤해질 위험성이 커진다는 의미다.

장애인이 빈곤해지지 않을 수 있는 주요 방법은 첫째, 본인이 보유하고 있는 자산(동산, 부동산 일체)이 많아 경제적으로 자유로운 방법, 둘째, 국가가 장애인 연금, 최저 생계비 인상 등 제도적으로 중위소득 이상을 보장해 주는 방법, 셋째, 비경제활동인구가 일할 수 있는

---

32. 노동가능인구 중 현재 경제활동에 참가하고 있는 자(=취업자)와 현재 일하고 있지 않지만 일할 의지가 있는 자(=실업자)를 합한 인구.
33. 일할 의사가 없는 자로 취업자도 실업자도 아닌 15세 이상인 자(학생, 가정주부, 취업준비생, 연로자, 심신장애인, 구직단념자 등)
34. 장애로 인해 업무를 제대로 수행할 수 없을 것 같아서(66.3%), 장애 이외 질병이나 사고로(건강문제)(13.6%), 나이가 너무 어리거나 많다고 생각해서(12.2%) 순

기회를 제공해 경제활동인구를 확대하는 방법이 있다.

현재 국가에서는 당장 실현 가능한 세 번째 방법에 노력을 기울이고 있다. 장애인 경제활동인구 확대를 위해 장애학생의 진로·직업교육과 장애인 직업재활서비스 등을 강화하고 있다. 하지만 좀처럼 장애인 경제활동인구가 늘어나고 있지 않다.[35]

장애인 경제활동인구의 정체는 현재 우리 사회가 가지고 있는 일자리에 대한 구조적인 문제와 연관되어 있다. 일자리의 질을 떠나 취업을 원하거나 일할 능력을 갖춘 구직자는 시장에 넘쳐나는데 일자리 수는 턱없이 부족하다. 그리고 사측은 저비용 고효율을 추구하며 인건비는 절감하고 생산성은 높여야 하기에 장애인은 취업시장에서 소외될 수밖에 없다.

우리나라 전체 비경제활동인구 중 50대 이상이 51%[36]인 반면 장애인의 경우는 50대 이상이 85%[37]에 이른다.[71] 이 결과를 통해 우리나라에서는 나이든 장애인은 아예 경제활동 참여에서 제외된다는 것을 알 수 있다. 장애인고용촉진공단이 공공기관 및 민간 기업의 다양한 직종에서 장애인 고용을 시도하고 있지만 그 대상이 청년이다. 나이든 비경제활동 장애인은 임시직이든 시간제든 상관없이 일자리 기회가 없다.

---

35. 장애인 경제활동인구 추이 : ('15) 921,980명 → ('16) 941,051명 → ('17) 953,008명 → ('18) 922,897명 → ('19) 941,136명
36. 전체인구 연령별 비경제활동수 : 15~29세(29.3%), 30~39세(9.6%), 40~49세(10.1%), 20~59세(11.8%), 60세 이상(39.2%)
37. 장애인인구 연령별 비경제활동 : 15~29세(5.2%), 30~39세(3.4%), 40~49세(6.3%), 20~59세(13.1%), 60세 이상(71.9%)

장애인이기 때문에 차별 받는 것이 아니라, 차별 받기 때문에 장애인이 되는 것처럼 장애로 인해 일할 의사가 없는 것이 아니라 장애가 있다고 사회에서 취업 기회조차 주지 않아 비경제활동인구로 남는다.

장애인이 나이가 많든 젊든 상관없이 일할 수 있도록 사회가 보장해야 한다. 일할 기회가 주어지지 않는다면 장애인은 사회에서 영원한 약자로 배제되고 결국에는 계속 가난하거나 가난해질 일만 남았다.

장애인이 어렵게 직장을 구했다고 치자. 과연 여유롭게 생활할 수 있을까? 장애인 취업자의 특성을 살펴보면 생활이 어떠한지 유추해 볼 수 있다. 2019년 장애인 경제활동 실태조사의 우리나라 전체인구와 비교한 취업자 종사상 지위는 〈표 14〉와 같다.

〈표 14〉 2019년 장애인 취업자의 종사상 지위(전체 인구 비교)

(단위 : 명, %)

구분	임금근로자				비임금근로자				전체
	상용 근로자[38]	임시 근로자[39]	일용 근로자[40]	소계	고용원이 있는 자영업자	고용원이 없는 자영업자	무급 가족 종사자	소계	
장애 인구	351,926 (39.9)	183,884 (20.9)	91,896 (10.4)	627,706 (71.2)	52,296 (5.9)	175,859 (19.9)	26,028 (3.0)	254,184 (28.8)	881,890 (100.0)
전체 인구	14,070,000 (51.5)	4,954,000 (18.2)	1,480,000 (5.4)	20,504,000 (75.0)	1,584,000 (5.8)	4,099,000 (15.0)	1,135,000 (4.2)	6,818,000 (25.0)	27,322,000 (100.0)

출처 : 한국장애인고용공단 고용개발원(2019). 2019년 장애인경제활동실태조사. p129 재구성

---

38. 개인, 가구, 사업체와 1년 이상의 고용계약을 맺은 사람 또는 일정한 기간의 고용계약을 하지 않았으나 정해진 채용절차에 따라 입사하여 인사관리규정을 적용받거나 상여금, 퇴직금 등 각종 수혜를 받는 사람(네이버 지식백과)
39. 임금근로자 중 고용계약기간이 1개월 이상 1년 미만인 사람 또는 일정한 고용계약을 하지 않았으나 1개월 이상 1년 미만의 기간 동안 사업완료의 필요에 의해 고용된 사람(네이버 지식백과)
40. 개인, 가구, 사업체와 1개월 미만의 고용계약을 맺은 사람 또는 일일단위로 고용되어 근로 대가를 일급이나 일당제로 받고 있는 사람(네이버 지식백과)

임금근로자의 경우 장애 인구를 전체 인구와 대비하면, 비교적 안정적이라 할 수 있는 상용 근로자 비율이 전체 인구에 비해 낮고, 고용이 불안정한 임시 근로자와 일용 근로자는 비율이 높다. 즉 장애인은 비장애인보다 안정적인 직장이 아닌 해고가 용이한 불안한 직업에 종사하는 특성을 보인다.

임시직이나 일용직은 미래를 예측하고 설계하기 어렵다. 불규칙적인 일거리 때문에 당장 내일, 한 달 뒤, 일 년 뒤 다시 실업자로 전락할 수 있어 항상 불안하다. 임금이 없는 실업 기간이 길어지면 하루하루 생계유지도 버거워진다. 가장 두려운 것은 국민의 최저 생계와 건강 보장을 위한 4대 보험(연금 보험, 건강 보험, 고용 보험, 산업 재해 보상 보험)에서 배제되는 것이다.

우리나라 비정규직 근로자 상당수가 사회보험 적용 대상에서 제외되어 있는 상태다.[72] 4대 보험의 혜택을 받지 못한다는 것은 질병에 걸렸을 때 본인 치료비 부담이 늘어나고, 실업 시 실업급여를 전혀 받을 수 없음을 의미한다. 결론적으로 장애인이 비장애인보다 임시직이나 일용직이 많다는 것은 일시적인 빈곤에 빠질 위험성이 높고 사회안전망에도 걸리지 않는다는 의미이다. 그렇다면 대체 장애인은 취업 시 어느 직종에 주로 종사하기에 임시직이나 일용직 비율이 높은가?

〈표 15〉의 조사결과에 따르면 50% 이상이 '기능, 기계조작', '단순노무' 등 노동 생산직에 종사하는 것으로 나타났다. '서비스, 판매

종사자' 비율까지 더하면 장애인의 70%가 서비스, 판매, 생산업종에서 일한다.

<표 15> 2019년 장애인 임금근로자 종사 직종   (단위 : 명, %)

구분	관리자, 전문가[1]	사무 종사자	서비스, 판매 종사자	농림어업 숙련 종사자	기능, 기계조작 종사자[2]	단순노무 종사자	기타 및 모름/응답거절	전체
추정수	63,779	105,366	75,602	9,363	140,871	232,576	150	627,706
비율	10.2	16.8	12.0	1.5	22.4	37.1	0.0	100.0

출처 : 한국장애인고용공단 고용개발원(2019). 2019년 장애인경제활동실태조사. p145 재구성

그러다 보니 <표 16>과 같이 장애인의 월 평균 임금은 197.1만 원에 불과하다. 전체 인구 임금근로자 보다 67.1만 원이 적다. 이처럼 장애인은 사회에서 저임금에 장시간 노동을 강요받고 있음을 알 수 있다.

<표 16> 2019년 장애인 임금근로자 최근 3개월 월평균 임금   (단위 : 명, 만원)

구분	장애인				전체인구 임금근로자	비고
	상용 근로자	임시 근로자	일용 근로자	전체		
인구수	338,258	180,047	83,321	601,625	20,559,000	-
임금	267.6	92.7	136.5	197.1	264.3	△67.2

출처 : 한국장애인고용공단 고용개발원(2019). 2019년 장애인경제활동실태조사. p153 재구성

낮은 임금과 과도한 육체적 노동은 빈곤과 질병을 가져온다. 단순직이라 개인 사정으로 휴직을 하면 누구라도 그 자리에 대체가 가능하기에 항상 일자리에 불안감을 갖는다. 또한 전문직에 비해 단순직

---
41. "관리자, 전문가" = 관리자 + 전문가 및 관련 종사자
42. "기능, 기계조작 종사자" = 기능원 및 관련기능 종사자 + 장치, 기계 조작 및 조립종사자

은 상대적으로 임금상승률도 낮다. 낮은 월급에 임금상승률이 물가상승률보다 낮을 경우 생활의 어려움은 더욱 심화된다.

취업해서 직장에 다니고 있는 장애인이라도 이런 경우는 빈곤의 경계선에 겨우 서 있다가 몸이 아파 일을 쉬거나 집세가 갑자기 오를 경우는 빈곤의 나락으로 떨어져 버린다. 과연 어떻게 해야 장애인이 빈곤하지 않게 소득을 통한 생계유지와 문화생활을 영위할 수 있는 안정적인 직종에 종사할 수 있을까? 사회적·경제적으로 자립할 수 있을까?

장애인은 과연 빈곤한 삶에서 벗어날 수 있을까?

앞서 밝힌바에 따라 우리나라 장애인 가구가 가난해질 수밖에 없는 현실을 다시 한번 정리해 보면 다음과 같다.

> 장애아동 시기에 부모가 학원, 언어치료, 놀이치료, 작업치료 등을 지원하기 위해 매 달 100~200만 원 가량의 사교육비를 지출한다. 부모 중 한 명은 아이를 위해 직장을 그만두기도 해 결혼 초기보다 가계소득이 낮아졌다. 그러다 보니 장애아이가 성인이 되었을 때는 부모의 경제적 여력이 없어 자녀의 재정적 지원이 어렵다. 재정적 지원을 받지 못한 채 독립한 자녀는 취업을 해야 한다. 취업은 단순직종일 확률이 높고 지위는 임시직이나 일용직일 가능성이 크다, 임금은 월 평균 200만 원이다. 집세와 병원비, 생활비, 통신비, 교통비 등 고정비용을 제하고 나면 남는 돈도 없다. 조금씩 돈을 모아 가끔 외식을 하는 것이 전부다. 저축은 꿈도 꾸지 못한다. 나이가 들어 50대가 넘어서면 그나마 다니던 직장도 못 다닌다. 일자리도 찾기 어려워 장애인 연금이나 정부의 수급비에 의존해 살아야 한다. 급진적으로 오르는 주거비를

감당하지 못해 더 질 낮은 주거지로 옮길 수밖에 없다. 주거환경의 열악함은 질병을 불러온다. 이제는 의료비 감당도 안 된다. 장애인에게 가난의 고통은 깊고 오래가며 반복된다.

장애인을 절망하게 만드는 것은 가난이 아니다. 가난으로 인해 '언젠가는 인간다운 행복한 삶을 누릴 수 있다'는 희망을 가질 수 없는 현실에 절망하고 좌절한다.

오늘날의 가난은 경제적 빈곤과 굶주림이 아니다. 가난은 한 개인이 미래가 없는 삶을 살아가거나 미래의 기회가 주어지지 않는 것이다[73].

가난은 개인의 차원에서 해결할 수 없는 어려운 다양한 정치, 경제, 사회, 문화적 요인의 영향을 받는다.[74] 장애가 사회적 책임이 크듯이 가난도 결코 개인의 책임으로만 돌릴 수 없다. 장애인이 가난해질 수 밖에 없는 사회구조적인 문제를 해결하지 않고는 빈곤한 삶을 벗어날 수 없다. 장애인이 예비 빈곤층이 되지 않도록 사회적 지원망이 보다 강화되어야 한다.

우선적으로 실제 생활에서 개인적으로 지출하지만 엄밀히 따지면 공적으로 지원해야 할 부분은 국가가 책임져야 한다. 그 대표적인 것이 장애아동 사교육비다. 장애아동 사교육비는 실제로는 언어치료, 작업치료와 같은 재활치료비다.

현재 지적·자폐성과 같은 발달장애 진단을 받은 아동에게 건강보험 지원이 사실상 없다. 치료·재활 서비스는 건강보험이 적용되는 항목이 없는 비급여 치료이기 때문에 개인이 비용을 부담해야 한다. 국가에서 서비스 비용 일부를 지원하지만 턱없이 부족하다.

재활치료서비스, 치료지원서비스와 같은 장애인의 재활을 위한 지원을 지금보다 더 국가가 부담해주어야 한다. 조기치료는 장애아동의 발달가능성을 높여 향후 사회적 자립의 기초가 된다. 또한 국가가 조기에 치료비용을 투입하면 장애아동이 성인이 되었을 때 발생할 수 있는 치료비용을 최대한 절감할 수 있다. 장애와 관련된 치료와 의료비는 국가가 전액 또는 대부분을 책임져야 한다.

둘째, 장애아동을 위한 체계적인 돌봄 서비스를 강화해야 한다. 맞벌이 장애인 가구의 가장 큰 고민은 장애자녀를 맡길 곳이 없다는 것이다. 시급한 해결이 필요하다.

돌봄 서비스는 장애아가족양육지원제도와 장애인활동지원제도가 있다. 장애아가족양육지원제도는 전국 가구평균소득 100% 이하 가정('20년 기준 연5,828만 원)의 만 18세 미만 장애아를 대상으로 월 평균 40시간 돌보미의 보호를 받는 서비스이다. 가구평균소득과 상관없이 모든 장애인 가구에게 지원하고, 월 평균 지원 시간을 맞벌이가 가능하도록 확대해야 한다.

장애아가족양육지원 강화는 다양한 경제적 효과를 가져올 수 있다. 장애자녀 부모의 양육 스트레스를 줄여주고, 가정 내 부부의 경제활동을 통한 가구 소득을 늘이며, 아울러 돌보는 사람의 급여도 늘어난다. 이는 경제활동인구 증가를 가져와 실업자 수를 줄임과 동시에 소비를 촉진할 수 있다.

또 하나의 장애아동 돌봄 서비스는 장애인활동지원제도이다. 만 6세부터 65세 미만 장애인은 소득수준과 상관없이 가사활동, 이동보조, 목욕보조 등 여러 활동에 인력지원을 받을 수 있다. 이 제도의 한계는 만 6세 미만은 지원받지 못한다는 것이다. 자녀를 데리고 병원이나 치료실 등 수시로 왕래해야 하는 6세 미만 아동 부모는 혜택을 받지 못한다. 나이에 상관없이 지원해야 하며, 활동지원 혜택을 보다 확대해야 한다. 그래야 장애자녀를 키우거나 거동이 불편한 장애성인과 함께 생활하기 위해 직장을 그만두는 경력단절의 불상사를 없앨 수 있다.

셋째, 장애인에게 안정적 일자리 제공이 필요하다. 장애로 인해 취업이 어려워 비장애인보다 비경제활동인구가 많다. 취업을 하더라도 안정적인 상용직이 아닌 임시직이나 일용직에 종사해 낮은 소득으로 생활해야 한다. 불안정한 노동에 처한 사람들이 안정적으로 일하고 적절한 소득을 얻을 수 있도록 지원하는 것이 좀 더 근본적인 빈곤 대책이 된다.

많은 복지 선진국들은 국가가 실업이나 노동시장 불안정에 적극적으로 개입하는 정책을 총괄해 '적극적인 노동시장정책'을 시행하고 있다.[75] 장애인이 실직을 해도 생계를 위협받지 않도록 안정적인 수당을 국가가 지급하고, 다양한 취업지원 프로그램을 통해 조기에 안정적 일자리에 재취업할 수 있도록 정책적 지원을 강화해야 한다.

우리나라는 장애인 의무고용 제도를 시행하고 있다. 이는 국가, 지방자치단체와 50명 이상 공공기관, 민간기업 사업주에게 장애인을 일정 비율(3.1%~3.4%) 이상 고용하도록 의무를 부과하고, 미준수 시 부담금(100명 이상)을 부과하는 제도다. 그간 정부는 장애인 의무고용의 대상을 상시근로자 수 300인 이상 기업에서 50인 이상 기업으로 넓히고, 의무고용률을 높이기 위해 노력해 왔다. 그 결과 2020년에는 의무고용률이 2.92%까지 높아졌다.[76] 0.43%(1991년)의 의무고용률을 2.92%(2020년)까지 향상시키는데 30년이란 적지 않은 시간이 필요했다.

장애인 의무고용 제도는 불안정한 일자리를 안정화하고 빈곤을 사전에 차단할 수 있는 장애인을 위한 적극적 노동시장정책이다. 그러므로 의무고용률을 현행보다 1~2% 더 확대하고, 미 준수 시 기업이나 기관 부담금도 상향조정하여 장애인 일자리 제공을 확대해야 한다. 아울러 의무고용 대상 50인 이상에서 보다 낮춰서 보다 많은 기업에서 장애인의 일자리를 제공하도록 제도를 개선해야 한다.

장애인 의무고용 제도 개선과 함께 장애인이 기업에서 요구하는 직업적 능력을 기르기 위해 다양한 진로·직업 프로그램을 추진해야 한다.

고용노동부는 장애인에게 성공적인 취업과 직업적응을 지원하기 위해 단계별 통합적인 서비스를 제공하는 전문적인 취업지원 프로그램인 '장애인취업성공패키지', 비경제활동 또는 실업 상태에 있는 중증장애인을 대상으로 하는 '중증장애인 지역맞춤형 취업지원', 그 밖에 직업재활시설 근로자 전환 지원, 근로지원인 지원사업, 장애인 인턴제, 장애학생 취업지원(워크투게더 센터) 사업 등 다양한 취업 지원사업을 실시함으로써 정부가 양질의 장애인 일자리 확대를 위해 노력하고 있다. 그러나 취업교육과 지원이 실질적인 취업으로 바로 연결되지는 않는다.

일자리를 늘리는 것과 취업을 지원하는 것도 중요하지만 이를 연결시켜줄 수 있는 진로·직업 코디네이터(조정자) 역할이 필요하다. 정부는 장애인이 직업에 필요한 능력을 향상시킬 수 있는 다양한 직업 프로그램을 확대하고, 기업이 원하는 인력을 제공해줄 수 있는 체계를 만들어야 한다. 아울러 고용을 유지할 수 있도록 지속적으로 관리해야 한다.

마지막으로 사회보장제도의 강화다. 장애인과 직접적 연관이 있는 것은 장애등급제와 기초생활보장제도다. 장애 정도에 따라 1급에서 6급으로 구분하여 복지혜택을 지원하던 것을 2019년 7월 부터 중증(정도가 심한 장애인)과 경증(정도가 심하지 않은 장애인)으로 분류하여 지원하고 있다.

중증은 예전의 1~3급에 해당하고, 경증은 4~6급에 해당한다. 6급까지 구분할 때보다 2단계로 구분하면서 보다 많은 복지 지원혜택을 장애인이 누리게 됐다. 그러나 장애등급 판정 기준에 따라 단계를 나누어 지원하기에 장애등급제가 완전히 폐지되었다고 말하기 어렵다.

장애인의 안정적 생활을 위해서 장애등급제는 폐지되어야 한다. 장애인 복지혜택이 의학적 등급에 따라 획일적으로 제공되는 것은 바람직하지 않다. 장애인이 가진 장애와 욕구, 환경 등을 고려하여 맞춤형 지원이 이루어져야 한다.

지역사회 내 외출이 어려우면 언제나 이동을 도와주고, 주거환경이 열악하면 주거환경 개선에 초점을 맞추어주며, 병원 방문 시 수화통역사가 필요하면 적시에 지원해 주어야 한다.

장애인 등급제를 폐지하여 모든 장애인이 동일한 지원을 받는 획일화 형태에서 벗어나 장애로 인해 필요로 하는 부분에 적절히 지원이 제공되어야 한다.

기초생활보장제도는 생활이 어려운 사람에게 최저 생계비를 보장하여 일상을 영위할 수 있도록 지원하는 좋은 제도다. 그러나 부양의무자가 일정 소득이 있을 경우 이 지원에서 제외된다. 장애인 단체에서 지속적으로 부양의무제 폐지를 부르짖는 이유가 여기에 있다.

장애인은 비장애인보다 소득이 낮아 빈곤층이 되기 쉽다. 이때 마지막 생존 수단이 기초생활수급인데 독립해서 살고 있는 자녀가 있다면 혜택을 받지 못한다. 앞서 밝힌 바와 같이 장애인 가구는 비장애인에 비해 실제 소득이 낮다. 독립한 자녀가 장애인 부모를 지원하기 쉽지 않고, 늙은 부모가 독립해서 살고 있는 장애인 자녀에게 계속 생활비를 지원하기도 어렵다.

부양의무자 규정으로 인해 기초생활수급을 받지 못하는 다수가 장애인이다. 부양의무자의 부양능력 없음 소득 구간이 대폭 상향[43] 되기도 하였으나, 비수급 빈곤층은 대폭 줄어들지 않고 있다. 소득이 많든 적든 부양의무자가 부양의무를 기피하기 때문이다. 기초생활보장제도의 원래 취지를 살리기 위해서라도 부양의무자 폐지가 시급하다.

장애인의 빈곤문제는 사회의 무책임이 전제되어 있다. 이 문제에 대해 더 이상 외면하지 말아야 한다. 그렇지 않으면 장애인은 영원히 가난에서 벗어날 수 없다.

---

43. '15년 7월 국민기초생활보장법 개정 전 4인 가구 기준 약 217만원 → '16년 439만1,434원

쉬어가기

미국 사회학자 로이스(2015)는 그의 저서에서 미국의 빈곤률이 높은 이유는 미국의 빈곤층이 사회적으로 배제되고, 문화적으로 낙인이 찍히고, 정치적으로 소외당하며, 저임금 노동시장을 전전하기 때문이라고 했다. 그러므로 가난을 개인주의적 관점이 아닌 사회구조주의적 관점으로 보아야 한다고 주장한다. 이 두 관점의 세부 내용을 살펴보면서 '가난'이라는 단어 대신 '장애'라는 단어를 넣어도 말이 된다. 씁쓸하게도 장애와 가난의 얼굴은 어딘가 모르게 닮아 있다.

〈 가난을 대하는 개인주의적 관점 vs 구조주의적 관점 〉

개인주의적 관점	구조적 관점
• 가난은 자신의 결함 때문에 빚어진 문제다.	• 가난은 사회적 결함 때문에 빚어진 문제다.
• 가난이 지속되는 원인은 개인의 가치관, 태도, 행동에 있다.	• 가난이 지속되는 원인은 사회의 정치, 경제, 문화, 사회제도에 있다.
• 가난은 개인의 부적절함과 단점과 결점에서 유래한다.	• 가난은 권력과 기회, 자원의 불평등한 분배에서 유래한다.
• 가난한 이유는 주어진 기회를 제대로 활용할 능력이나 의지가 없기 때문이다.	• 가난한 이유는 현 경제·정치 시스템으로는 충분한 기회를 보장하지 못하기 때문이다.
• 경제적 성취를 이루지 못하는 주된 이유는 내부요인은 빈곤층 내면에 있다.	• 경제적 성취를 이루지 못하는 주된 이유는 외부요인인 거시적인 사회적 환경 속에 있다.
• 가난은 게으르고, 비숙련된, 저학력 노동자 때문에 일어나는 현상이다.	• 가난은 형편없는, 저임금의 가망 없는 일자리 때문에 일어나는 현상이다.
• 가난은 문화적, 도덕적, 미약한 가족관과 직업의식 때문에 유발된다.	• 가난은 빈곤층에 대한 경제적 착취와 정치적 소외 때문에 유발된다.
• 빈곤층, 중산층 모두 비슷한 기회를 주지만 가치관과 열정에서 차이가 난다.	• 빈곤층과 중산층의 가치관과 열정은 비슷하지만 주어진 기회에서 차이가 난다.

개인주의적 관점	구조적 관점
• 공평한 사회에서 경쟁하기에 누구나 경제적 성공을 이룰 수 있는 충분한 기회가 있다.	• 불공평한 사회에서 경쟁하기에 다수의 사람이 경제적 성공의 충분한 기회를 얻지 못한다.
• 경제적 성취에 인종, 민족, 성별에 대한 선입관과 차별은 심각한 방해 요인이 아니다.	• 경제적 성취에 인종, 민족, 성별에 대한 선입관과 차별은 심각한 방해 요인이다.
• 환경적 제약보다 개인적 선택이 경제적 성패를 좌우한다.	• 개인적 선택보다 환경적 제약이 경제적 성패를 좌우한다.
• 가난은 빈곤층 스스로 결정하고 선택한 결과다	• 가난은 경제 및 정치적 특정계층이 결정하고 선택한 결과다.
• 시장원리에 따른 빈곤의 결과를 정부가 개입하는 것은 바람직하지 않다.	• 빈곤 퇴치를 위해 정부 개입은 필요하고 바람직하다.
• 빈곤퇴치의 최우선 과제는 빈곤층을 교육하고 재사회화시키는 일이다. 즉, 노동 시장에서 요구하는 기술과 태도, 동기를 제공해주어야 한다.	• 빈곤퇴치의 최우선 과제는 노동시장을 개혁하고 구조를 바꾸는 일이다. 즉, 더 좋은 일자리를 만들고 저임금 노동자들의 임금을 신장시켜야 한다.
• 부의 재분배는 개인적 노력과 능력의 차이가 반영된 결과다.	• 부의 재분배는 사회적 갈등과 권력 차이가 반영된 결과다.
• 가난을 극복하는 최선책은 기술을 배우고 개인적 노력을 더 많이 기울이는 것이다.	• 가난을 극복하는 최선책은 집단적 정치 행동에 참여하여 더 공평한 부의 재분배를 이끌어내는 것이다.

출처 : 에드워드 로이스(2015). 가난이 조종되고 있다. 명태. p47~48. 재구성

제4부
장애와 철학, 사상, 역사

장애와 낯섦, 차이, 타자에 대한 철학적 고찰
(장자철학을 중심으로)

낯섦은 자기 발전의 시작이다.

> 여러분들의 시간은 한정되어 있습니다. 그러므로 다른 사람의 삶을 사느라고 시간을 허비하지 마십시오. 다른 사람들이 생각한 결과에 맞춰 사는 함정에 빠지지 마십시오. 다른 사람들의 견해가 여러분 자신의 내면의 목소리를 가리는 소음이 되게 하지 마십시오. 그리고 가장 중요한 것은, 당신의 마음과 직관을 따라가는 용기를 가지라는 것입니다.
>
> **스티브 잡스, 스탠퍼드 대학 졸업연설문 중**

나는 '낯선 것에 대한 두려움' 편에서 장애인을 처음 접하게 되면 낯선 감정이 들며 이는 매우 자연스러운 현상이라고 했다. 이 낯선 감정이나 경험은 인간이 성숙하는데 필연적이며 발전의 동력이 되기도 한다. 그래서 낯선 경험을 하는 것은 중요하다.

우리는 어떤 경우에 낯설다고 느낄까? 아마도 유치원, 초등학교,

중·고등학교, 대학교, 직장 등 새로운 환경에 접할 때와 새로운 누군가를 만났을 때 낯선 느낌과 감정을 가진다. 낯선 감정을 느끼는 것은 물리적 환경이나 타인과의 새로운 만남을 통해 익숙함이 깨져버리기 때문이다. 그래서 낯섦은 내면에 심리적으로 당황하는 상황을 연출하게 된다.

유치원 아동은 교육보다 보육 위주의 환경에서 생활한다. 유치원을 졸업하고 초등학교에 입학하면 학생 수도 많고 학교에서 지내야 할 시간도 늘어나며, 시간표에 맞춰 규칙적인 생활을 한다. 화장실을 가고 싶을 때 가고 졸리면 잘 수 있는 환경이 아니다 보니 초등학교 입학 초기에는 적응에 어려움을 겪는다. 그러나 점차 이러한 낯선 상황을 받아들이면서 새로운 환경에 적응할 수 있게 된다.

낯섦과 적응, 변화의 과정을 반복하면서 주체적이고 독립된 인간으로 성장한다. 대부분 사람들이 낯선 상황을 만나면 불안감이나 불편함을 느낀다. 그리고 긴장하여 모든 상황을 예의주시하게 된다. 이때 대응방법은 두 가지다.

한 방법은 기존 생각의 틀을 고수하면서 익숙한 방법과 태도를 유지하는 것이다. 또 다른 방법은 현 상황을 충분히 관찰한 다음 기존의 인식과 태도를 변형시켜 새로운 믿음과 체계를 만들어내는 것이다.

철학자 최진석은 환경의 변화에 따른 낯섦이나 생소한 감정에 대해 기존의 논리에 익숙한 사람은 그것을 지키려는 태도를 유지함으로써 문명의 흐름에 새로 등장하는 조짐이나 신호에 민감하게 반응하지 못한다고 했다. 따라서 주체적이고 독립적 인간이 되기 위해서는 주변의 상황에 민감하게 반응하는 '예민함'을 가져 새로운 흐름이 그저 낯설고 이상하게 보이는 것에 그치는 것이 아니라 새로 등장하는 조짐과 신호라는 것을 즉시 알아내고 적극적으로 대응해야 한다고 하였다.[1]

장애에 대한 '예민함'은 다른 용어로 하면 '장애 인권 감수성'이다. 장애 인권 감수성은 일상생활에서 무심결에 대하는 일들에서 장애와 연관시켜 인권적 요소를 발견하고 이를 고려하는 것을 말한다. 예를 들어, 폭설로 인도와 차도가 하얗게 눈으로 뒤덮여 있는 것을 보고 인도에 설치된 점자블럭이 눈에 덮이면 시각장애인의 이동에 불편함이 있겠다고 생각하는 것, 육교의 가파른 경사로를 경험하면서 휠체어 장애인은 이용하기 어렵겠다고 생각하는 것과 이런 생각을 통해 잘못된 부분은 고쳐나가기 위해 행동으로 실천하는 것이 '장애 인권 감수성'이다. 장애인의 낯섦을 예민하게 받아들인다는 것은 장애 인권 감수성을 향상시킨다는 의미이다.

낯섦에 대한 감정을 한낱 불편함으로만 호소하면서 기존 체제를 유지하고 새로움을 거부하면 한 단계 더 발전적인 삶을 살아갈 수 없다. '낯섦'에 예민하게 반응하고 나아가 이를 받아들이고 즐길 줄 안다면 이를 통해 새로운 것을 창조해 나가는 주체적이고 독립적인 삶을 살아갈 수 있다.

비장애인이 장애인에게 '낯섦'을 느꼈다면 이를 단순히 나와 다르기 때문에 느껴지는 감정이라고 생각할 수 있다. 이런 생각은 기존의 자신이 가진 타인에 대한 고정관념을 유지한 채 변화를 거부하는 것이므로 낯섦에 의문을 제기하고 답을 찾아보려고 노력해야 한다.

장애인과 기업을 연결시켜주는 스타트업 기업 '브이드림'의 김민지 대표는 '낯섦'에 예민하게 반응한 대표적인 사례다. 브이드림을 창업하게 된 계기는 장애인 친구 때문이었다. 20대에 교통사고를 당해 하반신 마비가 된 장애인 친구의 취업을 도와주면서 장애인의 취업이 왜 어려운지 의문을 품었다.

법으로는 장애인 의무고용 제도가 시행되고 있지만 고용률은 매우 저조하다는 것을 알게 되었고 그 원인이 무엇인지를 분석하였다. 그 결과, 기업에서는 장애인에게 직무의 전문성, 활동성, 직무 완성도를 고려해 적합한 직무를 부여하기가 어렵고, 장애인에 대한 근무환경 및 시설조성 비용에 대한 부담을 가지고 있으며, 장애인 채용 후 직무적응이나 출퇴근, 산재사고 등 자체 사후 관리가 어려워 채용을 꺼린다는 것을 알게 되었다.[2]

김민지 대표는 이러한 문제점을 해결하고 장애인과 기업이 모두 만족할 수 있는 재택근무 방식의 장애인 채용부터 관리까지 원스톱으로 해결하는 플랫폼을 개발했다. 재택근무는 중증장애인에게 회사 출퇴근의 어려움과 화장실 사용 등 직장생활의 불편함을 해소시켜주고, 회사는 맞춤형 장애인 채용으로 고용부담금 절감 효과와 우수한 장애인 인력으로 생산성 향상 효과를 누릴 수 있다.

현재 브이드림은 롯데칠성음료, 더본코리아, 야놀자, 강원테크노파크, 와이즈넛, 프라임에셋, 인천테크노파크, 패스트파이브 등 250개 기업과 업무협약을 맺었으며, 600명의 장애인들이 브이드림을 통해 일하고 있다.[3]

브이드림은 누구도 생각하지 못한 기업의 장애인 채용 패턴 분석과 장애인의 직무 분석을 통한 장애인 채용 빅데이터 플랫폼 기업으로 성장해 가고 있다. 김민지 대표는 장애인 취업의 어려운 현실에 대해 '장애를 가진 사람은 취업이 잘 되지 않는다.'는 기존의 논리에 머무르지 않았다. 그 원인을 찾으려 노력했고 그 결과를 사업 아이템으로 연결시켰다. 그리고 장애인과 기업 모두가 만족할 수 있는 새로운 생태계를 만들었다. '장애'로 인한 낯섦에 예민하게 반응하여 독립된 주체로서 창의적이고 창조적인 일로 발전시킨 것이다.

브이드림은 스타트업 기업이기에 향후 지속적인 존립은 조금 더 지켜보아야 한다. 그렇지만 낯선 상황을 무시하지 않고 새로운 것을 창조했다는 것은 누구도 부인할 수 없다.

내가 수학능력시험 중앙협력관으로 경기도의 교육지원청에 출장을 갔을 때 한 교육과장과 이야기를 나눈 적이 있다. 그 과장은 자신이 학교장으로 있을 때 장애학생에 관해 겪었던 일화를 말해주었다.

어느 날 휠체어를 탄 장애학생이 전학을 왔다고 했다. 그 학생은 지적장애와 뇌병변장애가 있어 입을 잘 다물지 못해 침을 흘리기도

하고, 몸을 움직이기 힘들며, 말로 의사표현이 어려운 학생이었다. 이 학생을 보자 교장인 자신은 학생의 손을 잡아주면서 "네가 이번에 전학 온 ○○○구나. 앞으로 잘 지내보자"라고 말해주었다고 했다. 그 말을 들은 학생은 '감사합니다.'라고 말하듯이 몸을 뒤틀며 연신 즐거운 표정을 지어보이고 잡고 있던 손을 더 꼭 잡더란다.

학생이 자신의 손을 꼬옥 잡는 순간, 본인은 미안한 감정을 느꼈다고 했다. 왜냐하면 자신은 학생의 손을 잡아주긴 했으나 중중장애 학생은 처음이라 내심 불편한 마음이 있었는데 학생이 정말 고맙고 감사하게 느끼고 있음이 손에서 전해졌기 때문이었다. 당시의 경험을 나에게 말하면서 자신이 장애인을 꺼려하고 있었다는 마음을 알게 되었다고 털어놓았다. 그러면서 어떻게 하면 이러한 마음을 없앨수 있겠느냐고 물어왔다.

비장애인이 장애인을 접하면서 '낯섦'을 느끼는 근본적인 이유는 기존의 비장애인들만의 세계에서 장애인을 접하지 못했기 때문이다. 즉, 장애인을 만난 경험이 없기 때문에 장애인이라는 존재 자체를 생각하지 못하고 자신의 삶 속에 들어오리라고는 예상하지 못했다는 의미다. 살아오면서 한 번도 장애인과 관계 맺지 못했다면 장애인을 접하면서 겪게 되는 다양한 경험을 가지지 못했다고 볼 수 있다.

인간관계에서 경험의 폭이 좁으면 자신과 다른 누군가를 이해하기 힘들다. 그리고 필요한 넓은 시야를 가지고 세상을 보지 못하고 제한된 인간관계 속에 살아가게 된다. 장애인과 함께 생활해보지 않은 사람이 장애인과 비장애인이 통합된 사회의 주인으로 살아갈 수 있을까? 자신있게 '그렇다'라고 말하기 어렵다.

    장애인을 만나면서 느낀 생경함과 당황스러움은 다양한 사람의 존재를 인식하게 되는 최대의 기회이다. 장애인과의 만남을 통해 기존 비장애인의 세계라는 익숙함에서 벗어나 자신의 세계관을 보다 확장시킬 수 있으며 새로운 것을 창조해 나갈 수 있다. 만약 장애인과의 만남을 낯선 감정의 불편함과 불쾌감으로 여기고 거부한다면 기존 비장애인의 세계에 머무를 수밖에 없다. 이는 스스로의 세계를 제한하고 익숙한 집단의 관습이나 고정관념의 틀을 깨지 못한 것이다. 창의적이고 생산적인 사고를 거부하고 매뉴얼이나 규정에 따른 익숙한 것을 지향하게 된다. 종국에는 독립된 주체가 아닌 종속된 주체로 살아가게 된다.

    스티브 잡스가 말한 것처럼 인생을 다른 사람의 삶을 살기 위해 시간을 허비하는 삶을 살아가고 싶은가? 그렇다면 장애인에게 느꼈던 낯선 감정을 무시해도 좋다. 그러나 자신의 인생에서 주체적인 주인이 되고 싶다면 그 낯선 감정과 느낌에 대해 예민하게 반응해야 한다. 그리고 공감하기 위한 질문을 끊임없이 던지고 생각해야 한다. 장애나 장애인이 더 이상 낯설지 않고 생활 속에서 익숙해질 때까지 말이다.

쉬어가기

혜자惠子가 장자莊子에게 말하였다.

"위왕魏王이 나에게 큰 박씨를 주기에 내가 그것을 심어 열매가 열렸는데 그 열매는 다섯 섬 들이나 될 정도로 크다. 여기에 마실 물을 담으면 무거워 들 수가 없다. 그래서 이것을 둘로 쪼개서 표주박을 만들었더니 얇고 납작해서 아무 것도 담을 수가 없었다. 공연히 크기는 할 뿐 아무 쓸모가 없기에 그것을 부숴 버리고 말았다."

장자가 말하였다.

"선생은 참으로 큰 것을 쓰는 데 졸렬하다. 송나라 사람 중에 손이 트지 않는 약을 잘 만드는 사람이 있어서 대대로 솜을 물에 빠는 일을 가업으로 삼고 있었다. 그런데 어느 날 나그네가 이 이야기를 듣고 그 비방을 백금百金을 주고 사겠다고 하였다. 그러자 그는 친족들을 모아 상의하여 말하기를 '우리는 대대로 솜 빠는 일(세탁업)을 하고 있지만 〈수입은〉 몇 금金에 지나지 않았는데 이제 하루 아침에 그 기술을 백금에 팔게 되었으니 주어 버리자.'고 하였다.

나그네가 그 비방을 얻어 그것으로 〈손 트지 않는 약을 수중전에 이용할 것을〉 오왕吳王에게 설득하였다. 월越나라와 전란戰亂이 일어나자 오왕이 그 나그네를 장수로 삼아 겨울에 월나라와 수중전을 펼쳐 월나라 군사를 크게 무찔렀다. 그리하여 오왕이 땅을 나누어 그를 영주領主로 봉하였다. 손을 트지 않게 할 수 있는 비방은 하나이지만 어떤 사람은 그것으로 영주가 되고 어떤 사람은 그것으로 세탁업을 면치 못하고 있었으니 그것은 곧 그 비방을 어디에다 쓰느냐가 달랐기 때문이다. 이제 그대에게 다섯 섬들이의 큰 박이 있다면 어찌하여 그것으로 큰 술통 〈모양의〉 배를 만들어 강이나 호수에 떠다닐 생각을 하지 않고 그것이 얇고 평평하여 아무것도 담을 수 없다고 걱정만 하는가. 그대는 작고 꼬불꼬불한 쑥대 같은 마음을 가지고 있구려."

장자 제1편 소요유 제4장

출처 : 네이버 블로그 swings81. 장자 제1편 소요유 제4장(물건의 쓰임이란 쓰기에 달린 것이다)

해설 : '박', '손 트지 않는 약' 이 두 가지를 기존의 방식대로 사용한다면 그 쓰임새는 제한적일 수밖에 없다. 정해진 틀 안에서 생각하고 판단한다면 기존 관념의 틀 내에서 세상을 바라볼 수밖에 없다. 혜자 스스로는 자신을 자신의 주인이라고 생각하겠지만 사실은 박에 대한 관념이 오히려 주인 행세를 하고 있다.[1]

능동적이고 독립된 주체가 되기 위해서는 기존의 익숙함에서 벗어나 창의적으로 새로운 틀을 만들 수 있어야 한다.

시사점 : 비장애인만 있는 사회 환경 속에서 비장애인 간의 장애인에 대한 논의는 애초에 필요가 없다. 왜냐하면 비장애인 위주의 사회 환경 속에서는 그들만을 위한 규칙과 문화라는 기존 관념을 유지하면 되기 때문이다. 그러나 장애인과 비장애인이 함께 생활하는 사회 환경 속에서는 비장애인 위주의 고정 관념의 틀을 벗어나야 한다. 이 틀을 벗어나지 못하면 혜자의 '박'은 물을 담는 용기로, 송나라 사람의 '손트지 않는 약'은 세탁용으로 사용이 제한되는 것과 같다. 비장애인 중심적 규칙과 문화를 훼손하지 않는 관념의 범위 내에서 장애인에 대한 지원은 배려나 동정 차원에 머무를 수밖에 없다. 비장애인의 고정관념에서 벗어나는 것이 중요하다. 장애인과의 만남을 통해 낯섦에 예민하게 반응하여 비장애 중심 사회라는 관념의 틀을 스스로 깨어버림으로써 인간으로서의 존재, 존엄함, 가치를 우선순위에 둘 수 있는 주체적인 인간으로 거듭날 수 있음을 장자의 가르침을 통해 알 수 있다.

'차이'는
단순한 '다름'
그 이상이다

    사전적 의미의 차이는 '서로 같지 아니하고 다름. 또는 그런 정도나 상태'이다. 차이는 신체적 차이부터 성별, 나이, 인종, 성격, 학력, 국적 등 타인과 다름을 말한다. 사람들은 키, 몸무게, 점수, 성별, 피부색, 장애유무, 재산정도, 나이, 가족구성원, 성적 취향, 성정체성 등 수 많은 차이 속에서 서로의 다름을 통해 나를 확인하면서 살아가고 있다.[5] 즉 차이는 현상의 다름으로 가치중립적이라 볼 수 있다. 그래서 옳고 그름, 선과 악으로 판단되거나 기준으로 차이를 사용하지 않는다.

    장애이해나 장애인식교육 시 비장애인과 장애인의 '차이'에 대해 설명할 때, 안경을 쓴 사람과 쓰지 않은 사람, 키가 큰 사람과 작은 사람이 있는 것처럼 장애가 있는 사람과 그렇지 않는 사람도 있다. 그래서 우리 모두는 같지 않고 다르기에 장애를 '인간이 가지는 보편적인 차이의 일부분으로 보아야 한다.'라고 한다. 그런데 과연 '차이'가 정말 가치중립적인 용어로 사용될까? '차이'를 단순히 존재 간의 다름이라는 개념으로 이해하면 될까?

'차이'는 우리가 알고 있는 사전적 의미보다 공동체의 근본 원리를 내포하고 있기에 '다름' 그 이상의 철학적 의미를 지닌다.

'차이'를 논하기 위해서는 '차이'가 가지는 속성을 알아볼 필요가 있다. 차이는 반드시 주체와 객체로서의 비교 대상이 존재하며 강자와 약자처럼 위계를 가지는 속성이 있다.

공동체, 사람, 사물, 환경 등 모든 면에서 주체가 있고, 그 주체는 비교할 객체가 있다. 주체와 객체 사이를 구분 짓는 용어가 '차이'다.

한 개인으로서의 나를 다른 누군가와 키, 몸무게, 점수, 성별, 피부색, 장애유무, 재산정도, 나이, 가족구성원 등으로 비교한다. 나의 가족과 다른 가족 간의 비교, 우리나라와 미국, 일본, 베트남 등 다른 나라와의 비교 등을 통해 '차이'를 알게 된다.

장애가 있는 사람과 그렇지 않은 사람과의 차이와 시각장애, 청각장애, 지체장애, 지적장애 등 장애유형 간의 차이도 상호 비교를 통해 발생한다. 이와는 반대로 동일하게 인식하는 것들에 대해서는 차이가 발생하지 않는다. 안경을 쓴 사람끼리는 그렇지 않은 사람과 비교하지 않는 한 차이가 발생하지 않고, 지역적 공동체 내에서는 타 공동체를 경험하지 않는 한 집단 내에서는 차이를 느끼지 못한다.

수어가 공식 언어인 농(聾)사회에서는 청각장애가 더 이상 장애가 아니다. 농사회 공동체 내에서는 말이 아닌 수어로 의사소통하기에 구성원 간 차이가 발생하지 않기 때문이다. 여기서 중요한 부분은 차이를 논할 때 반드시 주체와 객체가 정해진다는 것이다. 비장애인이 장애와 관련된 주제에 대해 이야기한다면 그 주체는 비장애인이며 객체는 장애인이 된다. 비장애인이 주체가 될 때 장애인과의 차이에 대해 설명하면 비장애인이 느끼는 (나와) 다른점을 말하게 된다. 예를 들어, '시각장애인은 눈으로 사물을 볼 수 없어요.', '청각장애인은 듣지 못해요', '자폐성장애인은 특이한 행동을 반복하기도 해요' 등이 그것이다. 이처럼 주체인 비장애인 입장에서 장애인과의 '차이'를 설명한다.

이제 반대로 장애인을 주체로 놓고 비장애인을 객체로 하여 말해보자. '비장애인은 눈으로 사물을 볼 수 있어요', '비장애인은 듣고 말할 수 있는 능력을 가지고 있어요.', '비장애인은 우리가 즐겨 사용하는 행동을 반복해서 하지 않아요.' 등이다.

비장애인이 주체가 되어 '차이'를 인식한 말들은 자주 듣던 말들이라 익숙한 반면 장애인이 주체가 되어 사용했던 말들은 뭔가 어색하다. 왜 그럴까? 주체와 객체 사이에는 위계가 있기 때문이다. 위계란 서열을 의미하며, 힘을 가진 자와 그렇지 않은 자, 주류와 비주류, 지배층과 피지배층 등 강자의 논리가 '차이'라는 개념에 들어있다는 의미다. 즉, 강자가 주체가 되고, 약자가 객체가 되어 그 '차이'가 설명된다.

철학자 강신주는 차이의 인정과 타자에 대한 배려라는 입장이 서양에서 처음 만들어졌고, 강자의 입장을 전제로 하고 있다고 하면서 지배층이 피지배층에 대해서, 또는 남성이 여성에 대해서, 또는 서양이 제3세계에 대해서, 또는 기독교가 이슬람에 대해서 차이의 인정과 타자를 배려하는 담론을 이야기할 수 있을 뿐, 그 역은 결코 아니라고 하였다.[6]

미국과 우리나라와의 관계를 그 예로 들었다. 우리나라는 미국과의 불공정한 무역도 감수해야 하고, 우리나라와 북한 간의 평화협정도 미국의 눈치를 봐야 하며, 미국 중심의 SOFA협정도 받아들여야 한다. 우리나라는 약자의 위치에 있기에 미국에 대해 차이를 인정하고 배려할 수밖에 없다. 즉 강자는 약자에 대해 차이를 인정하게 만들고 배려를 강요한다. 반대로 약자는 강자와의 차이를 인정하고 배려를 강요 받는다. 강신주는 '차이'에 대해 한발 더 나아가 강자에 의해 내세워진 '차이의 인정'과 '타자의 배려'라는 명분은 항상 그 동일한 강자에 의해서만 철회될 수 있다고 했다.

핵무기를 보유한 이란과 북한에 대한 미국의 경제제재는 미국이 지향하는 전 인류의 안녕과 평화, 인권존중의 정신과 위배됨에도 불구하고 세계 패권을 위해 유지된다. 그리고 이란과 북한과의 관계 복원과 경제제재 철회는 미국만이 주체적으로 할 수 있다. 약자인 이란과 북한은 할 수가 없다. 이처럼 '차이'에는 강자가 주체가 된다는 의미가 내포되어 있다.

결론적으로 비장애인과 장애인 간의 '차이'를 논할 때는 주류이면서 강자인 비장애인이 주체가 되어 서술될 수밖에 없다. 그래서 비장애인이 주류가 된 사회 환경 속에서 소수인 장애인은 비장애인에게 배려를 강요당한다.

약자인 장애인은 교통편의 시설이 부족해도 참아야 하고, 장애로 인해 각종 시험이나 서류면접 시 불편함이 있어도 이해해야 하며, 신용카드 발급이나 보험 가입에서 불이익이 발생해도 감수해야 한다. 편의시설이 부족한 공공시설이나 상업시설에 이용이 제한되어도, 온라인에 접근하는 것이 불리해도, 노동착취를 당하거나 비하하는 말을 들어도 감내해야 한다. 비장애인이 선심 쓰듯 지원을 해줄 때까지 말이다.

장애인이 장애로 인한 어려움을 해소하기 위해 지금까지 제공받고 있는 각종 지원은 비장애인에 의해 언제라도 철회가 가능하다. 서울시는 2020년 3월 강서구에 특수학교가 신설되기 전까지 주민반대로 무려 17년 동안이나 특수학교를 신설하지 못했다. 특수학교 설립 절차에 아무런 문제가 없었음에도 불구하고 비장애인인 지역주민 반대로 신설이 지연된 것이다. 일반학교는 교육부 중앙투자심사위원회에서 학교 신설 승인 시 3년 내 설립되는 것을 감안하면 서울시 특수학교 설립은 너무 오랜 시간이 걸렸다. 장애인의 정당한 권리가 비장애인에 의해 언제라도 철회될 수 있음을 잘 보여주는 사례라 할 수 있다.

「장애학 도전하기」의 저자 김도현은 '장애인'라는 용어는 불과 200년 전까지만 해도 사용되지 않았다고 한다. 자본주의가 형성되는 근대사회 전환기에 새로운 자본주의적 노동체계에서 배제 당해 일을 할 수 없는 사람들을 병자, 광인, 심신 결함자, 노약자 등으로 규정하면서 장애인이라는 개념이 생겨났다고 했다.[7]

'장애'라는 용어가 비장애인이 주체가 되어 만들어지기는 했지만, 오늘날에는 비장애인 위주의 사회에서 장애인이 살아가는데 불리함을 없애주고 다양한 지원을 하기 위해 '장애', '장애인'을 규정하고 있다. 그러나 현실 속에서는 비장애인의 장애에 대한 이해 부족과 부정적 인식, 고정관념에 의해 '장애인'이라는 개념이 지원보다는 장애가 있는 사람과 그렇지 않은 사람을 구별하고 능력의 차이를 통해 강자와 약자로 구분하는 수단으로 사용되고 있다.

결론적으로 '차이'라는 개념은 단순한 개인 간, 공동체 간, 사회 환경 간의 '다름'이 아니다. 주체와 객체(혹은 타자)가 존재하고 강자와 약자의 논리가 담겨져 있으며 강자에 의해서만 배려와 인정이 허용된다는 의미가 내포되어져 있다. 그래서 외부와의 관계를 통해 내부의 의미와 정체성을 규정하는 '차이'는 사회적 차별의 대상을 만드는 원인이 되기도 한다.[8] 장애인, 장애와 관련된 '차이'에 대해 보다 예민하게 반응할 필요가 있다. 차이를 자각한다면 장애인에 대한 사회구조가 불합리하다는 것을 이해할 수 있고, 장애인과 비장애인 모두 만족할 수 있는 사회로 변화시킬 주체가 될 수 있다. 반대로 둔감하면 차이가 차별로 이어져 비장애인만 잘 살 수 있는 사회를 더욱 더 공고하게 만들어 나가게 된다는 것을 알아야 한다.

쉬어가기

송나라 사람이 '장보'라는 모자를 밑천 삼아 월나라로 장사를 갔다. 그런데 월나라 사람들은 머리를 짧게 깎고 문신을 하고 있어서 그런 모자를 필요로 하지 않았다.

「소요유」제3장[9]

해설 : 장자는 송나라 상인이 월나라에 가서 차이와 낯섦을 발견했다고 하는 것은 그가 타자를 발견했다고 말하는 것과 동일한 의미를 가지고 있다고 했다.[10] 문화적 차이를 통한 타인과 조우하게 되면서 낯섦과 차이를 알게 된 것은 월나라 사람을 타자로 인식하였다는 의미다.

시사점 : 여행을 통해 새로운 환경과 사람을 만나 낯섦과 차이를 경험하면서 생각의 틀을 재구성하고 사고의 폭이 넓어지듯이 장애인이라는 타자를 통해 인간에 대한 나름대로의 규정이나 정의가 바뀌고 인간의 다양성에 대해 재정립하게 된다. 장애인을 통해 타인에 대한 사고방식이나 생각의 차이 등을 이해하고 받아들일 수 있는 변화가 발생하고 개인의 내적 성장과 발전으로 이어지게 된다. 그러나 장애인을 진정한 타자로 만난다고 하더라도 모두가 발전하는 것은 아니다. 송나라 상인이 월나라에 가서 모자를 팔지 못한 채 체념하고 다시 송나라로 되돌아간다면 월나라의 낯섦과 차이를 인식만 할 뿐 더 이상은 월나라에서 송나라 물건을 팔지 못할 것이다. 장애인이라는 타자와 마주함으로서 자신의 삶을 긍정하고 새로운 삶의 규칙을 만들어 나가야만 내면의 발전과 주체적인 인간으로 삶을 살아갈 수 있다.

타자와
진정한 관계 맺기

너는 들어보지 못했느냐? 옛날 바닷새가 노나라 서울 밖에 날아와 앉았다. 노나라 임금은 이 새를 친히 종묘 안으로 데리고 와 술을 권하고, 아름다운 궁궐의 음악을 연주해 주고, 소와 돼지, 양을 잡아 대접하였다. 그러나 새는 어리둥절해 하고 슬퍼하기만 할 뿐, 고기 한 점 먹지 않고 술도 한 잔 마시지 않은 채 사흘 만에 결국 죽어 버리고 말았다. 이것은 사람을 기르는 방법으로 새를 기른 것이지, 새를 기르는 방법으로 새를 기르지 않은 것이다.
-「지락」[11]

우리가 살아가는 이 사회 속에는 빈번히 새로운 장소에서 처음 보는 사람과 만나고, 낯선 문화를 접하게 된다. 그래서 삶은 예측 불가능하다. 무언가 새롭게 알게 되거나 자신이 생각한 것과 다른 것을 접하면 재미와 신선함을 느끼기도 하고, 때로는 불쾌감이나 불편한 감정이 들기도 한다. 이렇듯 우리는 항상 자신만의 세계 안에 속하지 않은 타자와 마주하게 된다.

장자는 바닷새 이야기를 통해 '타자'의 발견과 자기중심적 '선입견'에 대해 말한다. 궁에 온 바닷새는 왕이 속한 환경 속에서 한 번도 접하지 못한 '타자'이다. 이러한 타자를 왕은 자신의 방식으로 극진히 대접했지만 그 결과는 '바닷새'의 죽음이었다. 이 일화를 통해 장자는 공자의 '자신이 원하지 않는 것을 남에게도 행하지 말라'에서 한 발 더 나아가 '남이 원하지 않는 것을 남에게 행하지 말라'고 하면서 타자와 소통하기 위해서는 타자의 삶의 규칙과 방식을 존중해야 한다고 주장한다.

타자와 진정한 관계를 맺기 위해서는 자신이 원하는 것으로 상대를 대하지 말고 내가 원하지 않더라도 타인이 원하는 것으로 그를 대우해야 한다.[12] 그러기 위해서는 타자에 대한 자기중심적 선입견이나 고정관념을 버려야 한다.

비장애인이 장애인이라는 타자와 조우하게 되면 자신이 가진 편견이나 고정관념, 선입견으로 대하게 된다. 이는 장애에 대한 정서적 이해와 심리적 유대, 장애의 기초적 지식이 없이 관계를 맺고 소통하게 된다는 의미다.

부모는 자녀가 장애가 있다는 것을 알게 되면 처음에는 당황하지만 여러 단계를 거쳐 자녀 그 자체를 인정하고 받아들이면서 부모와 자녀 간 상호 발전적인 관계가 형성된다. 부모는 자녀를 통해 삶의 의미와 인간에 대한 이해, 공동체라는 울타리가 확장된다. 자녀는 부모를 통해 살아가는 방식을 배우고, 독립적인 한 인간으로서 존중받으며 성장해 나간다.

비장애인은 장애인을 만나기 전까지 타인과의 소통과 관계 형성에서 자신이 가진 선입견과 행동 방식에 아무런 문제의식을 가지지 않는다. 그러나 장애인을 접하게 되면서 지금까지의 인간에 대한 선입견과 관념은 바닷새에게 술과 음식을 극진히 대접한 것처럼 오류가 발생한다. 따라서 비장애인 중심의 인간에 대한 관념을 유연하고 능동적으로 새롭게 재구성해야 한다. 장자는 옳고 그름을 판단하는 선입견이나 고정관념을 '구성된 마음' 즉 '성심'成心이라고 했다. 이는 특정한 공동체에 살아가면서 필연적으로 가지게 되는 개념이다.

> 대저 성심成心을 따라 그것을 스승으로 삼는다면, 그 누군들 스승이 없겠는가? 어찌 반드시 변화를 알아 마음을 스스로 선택하는 사람만이 성심이 있겠는가? 우매한 보통 사람들도 이런 사람과 마찬가지로 성심을 가지고 있다. -「제물론」

장자는 이 이야기를 통해 모든 인간은 선입견 즉, 개개인이 인식하는 사회적 규칙의 틀인 '성심'成心을 가지고 있다고 했다. 그리고 타자를 만날 때, 자신이 가진 특정한 성심으로만 대하는 자를 '우매한 보통사람'으로, 상대방에 따라 능동적으로 유연하게 성심을 새롭게 구성하는 자를 '변화를 알아 마음을 스스로 선택하는 사람'으로 지칭하였다. 문제는 대부분의 인간이 특정 성심을 보편적인 것, 즉 절대적인 기준으로 여기고 맹신하는 것이라 하였다. 자기의 주관적 생각으로 타인을 판단하는 것은 위험하다.

장애와 장애인에 대해 깊게 생각해보지 않은 비장애인은 장애인에 대해 자신만이 구축해 놓은 인식의 틀(성심)이 있다. 이는 선입견, 고정관념, 편견 등으로 불가피하게 존재할 수밖에 없다. 문제는 장애인이라는 타자와 조우했을 때 발생한다. 기존에 가진 자신의 인식의 틀 내에서 장애인과 관계할 수도 있고, 이 새로운 상황에 맞게 자신의 틀을 변형시켜서 새로운 성심으로 관계를 맺을 수도 있다. 우리 사회는 '새로운 성심'이 아닌 기존의 '성심'으로 장애인을 대하는 경우가 종종 발생하고 있다.

2020년 12월 11일 지적장애 15세 아동에게 돈을 주고 성관계를 맺은 50대가 징역 1년에 집행유예 2년을 선고 받았다.[13] 법원은 성매매 당시 가해자는 피해자가 지적장애가 있다는 것을 몰랐고, 범행에 대해 모든 것을 인정하고 반성하고 있으며, 초범인 점을 감안한 결정이라고 했다. 미성년자와 성관계를 한 것 자체가 엄중한 처벌이 필요하다. 나아가 이 사안은 성적 자기결정에 판단능력이 부족한 장애아동을 대상으로 한 성폭력 사안이다. 그럼에도 불구하고 법원은 「아동·청소년의 성보호에 관한 법률」 제13조(아동·청소년의 성을 사는 행위 등)[44] ①항에 따라 1년 이상 10년 이하의 징역 중 형량이 가장 낮

---

44. 제13조(아동·청소년의 성을 사는 행위 등) ① 아동·청소년의 성을 사는 행위를 한 자는 1년 이상 10년 이하의 징역 또는 2천만원 이상 5천만원 이하의 벌금에 처한다.
② 아동·청소년의 성을 사기 위하여 아동·청소년을 유인하거나 성을 팔도록 권유한 자는 1년 이하의 징역 또는 1천만원 이하의 벌금에 처한다.
③ 16세 미만의 아동·청소년 및 장애 아동·청소년을 대상으로 제1항 또는 제2항의 죄를 범한 경우에는 그 죄에 정한 형의 2분의 1까지 가중처벌한다.

은 징역 1년을 구형했다. 그것도 집행유예 2년으로 법정구속은 되지 않은 판결이다.

같은 법 제13조 ③항에 따라 장애아동이 대상인 경우는 가중처벌을 하도록 규정되어 있으나 지적장애를 범행 이후 판정받았다는 이유로 적용조차 되지 않았다. 이러한 법집행은 지적장애아동에게 행해진 파렴치한 범죄행위를 그저 성매매라는 기존의 '성심' 즉 기존의 법체계를 적용해서 발생한 결과로 장애인에 대한 이해가 부족한 상태에서 벌어진 판결이라 볼 수 있다.

2020년 12월 4일 한 프로야구 현역 신인 선수가 자신의 소셜네트워크서비스(SNS)에 장애인을 비하하는 글을 올려 논란이 되기도 했다.[14] 그는 기차 앞좌석을 찍은 사진을 자신의 SNS에 올리고 "×됐다. 내 앞에 장애인이 탔다. 나 장애인 공포증 있는데 혼잣말로 계속 '부산가는 길 떨린다.' '맞지?' '떨린다.'이러는데 누구랑 대화하는 걸까. 하 제발 조용히만 갔으면"라는 글을 썼다. 이 글은 여론에서 문제가 되자 바로 삭제하였으나 사회적 공분을 사기에 충분했다.

기차에서 혼잣말을 하는 사람은 장애인일 수도 있고 아닐 수도 있다. 혼잣말은 평소 사람들과 대화할 기회가 없는 사람이 외로움과 고립감을 해소하기 위해 할 수도 있고, 공황장애가 있는 사람이 안정을 찾기 위해 중얼거릴 수도 있다. 특히 독신생활을 오래하면 혼잣말이 늘기도 한다. 혼잣말을 중얼거린다는 건 무의식 중에 스스로 마음의 균형을 잡으려 애쓴다는 방증이기도 하다. 불안감을 해소하여 마음을 안정시키기 위해서도 혼잣말을 한다. 그러나 이 선수는 혼잣말을 하는 사람에 대한 낯선 경험에 당황했고, 혼잣말을 하는 사람은 장애인이라는 선입견과 고정관념이라는 절대적인 기준을 가지고 현 상황을 해석했다. 낯선 타인의 행동은 이해되지 않았고, 기존의 '성심'으로는 혼잣말을 하는 사람과 우연히 만나 일시적으로 한 공간에 머물게 되는 것 자체가 불편하게 느껴진 것이다.

비장애인은 언제라도 장애인과 만날 수 있다. 나는 비장애인이 장애인을 만나는 것은 단순한 만남 그 이상의 가치가 있다고 생각한다. 이는 새로운 환경과 사람, 문제와 만나면서 자신이 가진 인식의 틀을 깨고 새로운 틀을 만들어 나아가듯이 자신을 성숙하게 만드는 계기가 된다. 왜냐하면 장애인이라는 낯선 타자를 통해 비장애인 스스로에게 새로운 '성심'을 만들 기회를 제공하기 때문이다.

철학자 강신주는 이러한 타자와의 관계로부터 발생하는 흔적을 '주름'이라 하면서 상호 만남을 통해 자신을 새롭게 만들어가는 것을 '새로운 주름'을 만드는 것이라고 했다.[15]

류승연 작가는 한 때 잘나가는 신문사의 정치부 기자였다. 그녀가 결혼을 하고 발달장애아를 낳은 후 인생의 전환점을 맞았다. 그녀는 아들의 장애가 내 인생의 장애이던 '지옥의 3년'을 울면서 일어나 울면서 하루를 마감했다고 회상하였다.

그 당시 수시로 터진 울음 때문에 정신과 치료를 받기도 했다. 그는 장애에 대한 세상의 차가운 시선과 편견을 겪으면서 아이를 있는 그대로 받아들이고 함께 살아가는 법을 배웠다. 이러한 경험을 「사양합니다, 동네 바보 형이라는 말」, 「다르지만 다르지 않습니다」, 「배려의 말들」 등을 집필하면서 작가로서 자신의 경험을 많은 사람과 나누고 있다. 또한 우리 사회가 장애인이 소외되지 않도록 변화하기 위한 다양한 사회 활동도 하고 있다.

류승연 작가는 발달장애 아들과의 만남을 통해 '장애'라는 낯선 타자를 내면으로 받아들였다. 성공에 대한 고정관념을 깨고 끊임없이 스스로에게 진정한 삶에 관해 질문하고 답을 찾아가기 위해 노력했다. 그 결과 정치부 기자라는 기존의 틀을 변화시켜 '작가', '엄마'로서의 새로운 틀을 만들어 냈다. 장자가 말한 "변화를 알아서 마음을 스스로 선택한 사람"이 되었다.

비장애인은 장애인을 통해 장자의 '성심 이야기'에 나오는 기존의 틀을 가지고 특정한 성심으로 타인을 대하는 '우매한 자'가 될 것인지, 아니면 성심을 새롭게 구성해가는 '변화를 알고 깨어있는 사람'이 될 것인지 선택해야 한다. 대부분 비장애인은 후자를 선택하겠지만 그 틀을 깨는 것은 쉽지 않다.

장애인을 내면에 받아들인다는 것은 비장애인이기에 누렸던 특권과 이익을 내려놓아야 함을 의미한다. 또한 변화한다는 것은 장애와 관련된 감수성을 깨우고 장애인과 같은 방향으로 사물을 볼 수 있도록 끊임없이 의식적인 노력을 해야만 가능하다. 그래야 진정한 '공감'이 이루어진다.

당신 집 앞에 장애관련 교육 시설이 들어서면서 집값에 영향을 받더라도, 장애인의 복지 향상을 위해 지금보다 세금을 두 배 이상 내더라도, 다 함께 잘 사는 사회를 위해 당신이 기꺼이 받아들일 수 있었으면 좋겠다.

장애인에 대한
전통 사상적 인식은 어떠했을까?
(불교와 유교를 중심으로)

2020년 1월 8일, 코로나19 의심 환자가 우리나라에서 처음으로 확인되었다. 이후 2월 신천지 대구교회에서 확진자가 발생하면서 대규모 감염 확산으로 이어져 코로나19가 우리나라에 대유행을 하게 되었다. 대구 경북지역은 전시상황을 방불케 했으며, 사태는 급격히 악화되어 무서운 기세로 확진자가 발생했다. 2월 19일까지 확진자가 31명이던 것이 4월 3일에 10,062명으로 40여 일만에 만 명이 늘어났다. 전염병으로 인한 국가 위기 상황이 발생한 것이다.

초기 대응에 실패를 했다는 지적도 있었지만 우리나라 정부와 국민은 한마음으로 뭉쳐 위기 상황을 극복하기 시작했다. 코로나19 발병 초기에 정부는 진단 검사 키트를 사전에 개발해 하루 2만 명을 무료로 검사했으며, 실시간 재난문자로 감염자의 감염경로를 파악하여 국민에게 제공했다. 자가 격리 앱을 만들어 국민 스스로가 통제할 수 있도록 도왔으며, 확진자의 치료비는 전액 정부가 부담했다. 검사 독려를 위해 불법체류자까지도 신분을 묻지 않고 무료로 검사를 제공하기도 했다. 세계 최초로 드라이브 스루 검사 시스템, 워킹 스루 검사 시스템을 도입하고, 공공 마스크 2부제 실시와 사회적 거리두기도 권장하였다.

　국민도 정부의 노력에 적극 동참했다. 생필품 사재기도 없었으며, 나 자신보다 타인을 위해 모든 국민이 마스크를 착용했다. 전국의 의사와 간호사들은 자진해서 대구, 경북지역으로 의료봉사를 갔으며, 자가 격리자의 음식 전달을 위한 자원봉사자도 모여들었다. 마스크가 모자랄 때는 누군가 손수 만든 마스크를 필요한 곳에 보내주기도 하고 성금도 모였다. 고등학생이 저금통을 털어 병원 의료진에게 햄버거를 배달시키는 일부터 마스크 공장에 일손이 부족하다는 소식에 마을 주민과 대학생, 공무원까지 공장에서 봉사를 했다는 등 국가적 재난을 극복하기 위한 국민의 자발적 봉사와 기부 기사들이 넘쳐났다. 확진판정을 받지 않고 자가 격리를 스스로 능동적으로 지켜주는 시민 의식도 빛났다. 이렇듯 코로나19와 같은 국가적 재난이 닥쳤을 때 다 함께 이겨내고자 하는 국민 의식은 놀라움을 넘어 경이롭기까지 하다.

　역사적으로 국난을 가장 많이 겪은 나라 중 한 나라가 대한민국일지도 모른다. 위기가 닥치면 온 국민이 하나 되어 이겨냈다. 코로나19 사태 전에도 우리나라 국민은 국가적 재난이 발생하면 너나없이 힘을 모았다. 국채보상운동, IMF 때 금모으기, 태안앞바다 유조선 기름 유출 등 국가 재난이 발생하면 국민들은 자신의 일처럼 동참했다. 나라가 힘들면 나도 힘들어진다는 공동체를 생각하는 문화가 있으며, 지금 조금 힘들더라도 함께 힘을 모으면 앞으로는 지금보다 더 나아질 수 있다는 믿음을 함께 공유한다. 나라가 어려워지면 국민 누구라도 자기 재산을 털어서 보태는 데 이견이 없다. 오죽했으면 한 블로거가 '국난극복이 취미인 한국인[16]'이라고 소개하기까지 했을까? 우리나라 국난극복의 원동력은 어디서 오는 것일까?

그 원동력은 우리나라 국민성에 있으며, 이는 지금까지 선대로부터 물려 내려온 사상에 근간이 있다. 우리나라의 중심 사상은 고대를 제외하고는 삼국시대 때부터 조선시대에 이르기까지 종교를 중심으로 한 유儒·불佛·선仙 사상이다.

불교는 호국사상護國思想을 앞세워 국난에 대처해왔다.[17] 유교에는 인간이 마땅히 행해야 할 도리라는 의미의 의리사상義理思想이 있다. 임진왜란과 같은 외세의 침략으로 국가가 위기에 처할 때에는 창의倡義와 순절殉節의 의리 정신이 민족 정신의 원동력으로 발휘되었다.[18] 화랑도는 국선도國仙道, 풍류도風流道라고도 했는데, 이는 화랑도의 정신 속에 도교사상이 혼융되어 있음을 보여주는 것으로 충효가 중심이 된다.[19] 이러한 우리나라 사상이 국민의 의식을 지배해왔으며, 대대로 내려오면서 생활원리로 작용해왔다.

불교와 유교, 도교가 결합하여 우리 민족의 정신영역과 삶의 정서를 지배해 왔으며, 우리의 사상이 조화와 균형을 이루면서 더욱 풍요로워졌다. 우리나라 비장애인의 장애인에 대한 전통적 인식을 알아보기 위해서는 사상적인 측면에서 선대의 장애인관障碍人觀을 알아볼 필요가 있다.

장애인관은 사상적 관점으로 볼 때, 실체와 현상을 구분하는 이원론적 관점과 이를 구분하지 않는 일원론적 관점이 있다.

이원론적 관점은 플라톤으로부터 시작되어 내려오는 서양 사상의 주된 흐름이며, 일원론적 관점은 유가儒家, 도가道家, 불교佛敎를 바탕으로 하는 동양적 사유의 흐름이다. 이 두 관점을 통해 볼 때 대상 인식의 방법에 차이가 있게 된다.[20]

서양 철학이 실제 우리가 보는 세상은 참이 아니고 진짜 참된 세상은 이데아(이상, 하늘)에 있다고 보는 반면, 동양 철학은 자연과 인간이 하나이며, 현상과 실체가 구분되지 않는 우주만물을 하나로 본다. 그래서 인식에 있어서도 동양은 인식의 주체와 대상을 구분하지 않는다.

장애의 인식에 있어서도 장애인과 비장애인이라는 이원론적으로 인식하지 않는다. 장애라는 것은 장애를 가지고 있는 사람에게 있어서의 개별적인 것인 동시에 우리 모두가 가지게 되는 보편적인 것이 되는 것이다.[21]

불교의 장애인 인식은 어떠했을까?

나의 어머니는 절에 다니신다. 어릴 때 부처님 오시는 날에 사용할 연등을 만들기 위해 빨간색 연등 꽃잎 종이를 하루 종일 풀로 붙여 손가락이 빨갛게 물들었던 기억이 있다. 그러나 나는 고등학교 때 친한 친구가 성당에 다닌 터라 함께 성당을 나가고 세례를 받았다.

천주교 신자가 된 후에는 절에 가는 것이 꺼려져 어머니께 세례 받은 사실을 털어놓았다. 어머니가 실망을 하거나 화를 내실 줄 알았는데 시큰둥하게 말씀하셨다. "성당에 다닌다고 절에 못 가나? 가도 된다. 믿음은 같다." 고등학생인 나는 이 말을 당시에는 이해할 수 없었다. 하지만 불교의 보편성과 포용성, 중도사상[45]의 이념으로 볼 때 '믿는다는 것은 같은 마음이다'라는 말이 틀린 것만은 아니다.

불교는 우리나라에서 1,600여 년이나 존속해온 가장 오래된 종교 중 하나이자 전통 사상이다. 불교는 우리 선조가 자연을 사랑하고, 이웃을 존중하며 모든 사람이 평등하다는 이념과 신념을 형성하는 데 지대한 역할을 하였다. 불교는 석가모니의 깨달음과 가르침을 근본으로 삼는 종교이자 사상이다. 불교는 장애를 어떻게 보았을까?

불교에서는 장애와 비장애를 구분하지 않는다. 반야심경의 대명제에 비추어 보면 색불이공 공불이색, 색즉시공 공즉시색 色不異空 空不異色, 色卽是空 空卽是色이라 하여 색은 공과 다르지 않고, 공은 색과 다르지 않다라고 하였다. 즉 장애는 비장애이고 비장애는 곧 장애가 되는 것이다. 이는 곧 장애라는 것과 비장애라는 것이 결코 구분될 수 없는 것

---

45. 쾌락과 고행이라는 양극단에 치우치지 않는 정도(正道)를 걸을 것을 강조하는 석가모니 사상. 중도의 '중'은 산술적인 가운데가 아니라 최선을 의미.

으로서, 장애는 장애를 가지고 있는 사람에게 있는 개별적인 것이자 누구나 가지고 있는 보편적인 것으로 보았다.[22]

불교는 중도中道와 공空사상을 통해 '장애와 비장애', '선과 악' 등의 극단을 거부한다. 공空은 이기심을 버리고 중생과 함께할 것을 강조하는 개념으로 중생을 구제하는 것이 곧 자신의 깨달음을 얻는 길이라 하였다. 그리고 불교에서는 자비慈悲를 강조한다. 자비는 단순히 동정해서 남을 돕거나 베푸는 것과는 다르다. 타인과 더불어 울고 웃으며 어려움과 기쁨을 함께하고 같이 행복을 누리는 것[23]을 자비라 하며, 장애로 인한 사회적 어려움을 함께 공감하고 개선해나감으로써 다 함께 누릴 수 있는 진정한 통합사회 구현의 실천을 뜻한다. 끝으로 불교의 인연因緣 또는 연기緣起는 모든 사물과 사건, 현상 등은 모두 원인과 조건의 상호 작용을 통해 생겨나고 소멸한다는 것으로 업業과 윤회輪廻를 강조한다.

불교의 연기론緣起論이야말로 가장 이상적인 장애인관을 이루는 논리이다. 인간뿐만 아니라 우주적인 모든 존재는 공간적, 시간적으로 홀로 존재하는 것은 없고, 서로 의지하고, 도우면서 상생·발전한다는 것이 연기론이다. 그래서 타인의 아픔과 고통이 곧 나의 고통과 아픔이라고 받아들이기 때문에 불교의 장애인관은 장애인과 비장애인을 구분하지 않는 원융圓融사상으로, 이것이야 말로 장애인들이 원하는 장애인에 대한 인식이다.[24]

불경에 보면 사람의 몸에 생기는 기형·장애·질병·고통의 원인은 자신이 전생에 지은 악업 때문이라는 가르침[25]이 있는데 이를 빌미로 장애 발생 원인을 개인의 책임이라고 이해하는 경향이 있다. 이는 전생의 잘잘못이 현생의 모습을 결정한다는 숙명론적 해석으로 불교의 인과론因果論을 잘못 해석한 것이다.[26]

수많은 전생을 거치면서 수많은 사람, 자연과 관계를 맺고 서로 영향을 주고받으면서 인과관계가 형성되므로 단순히 오늘의 장애가 인과 연쇄의 어느 지점에서 오는지 알기도 어렵고 단정할 수도 없다. 그러므로 전생의 업이 현재의 삶에 영향을 미친다는 것에 대해 자신의 장애를 긍정적으로 받아들이고 장애를 가진 신체를 통해 성찰하고 깨달음을 얻어야 한다는 의미로 해석하는 것이 바람직하다. 오히려 불교에서는 '모든 사람은 장애를 가지고 있다.'[27]고 하면서 장애와 고통은 인간 삶에 보편적인 현상이며, 일부만 장애를 얻는 것이 아니기에 불교적 장애인관은 보편성을 띤다.[28] 그리고 장애가 있더라도 현재의 끊임없는 자기 수행으로 운명을 개척할 수 있다고 하여 주체성을 강조하였다. 그러나 오늘날에는 불교의 인과설을 단지 전생에 죄를 많이 지어 장애인이 되었다는 통속적인 인과응보식 윤회설로 잘못 해석함으로써 사회적 편견을 만들었다.

아이러니하게 그 편견의 가장 큰 피해자가 장애인이 되었다.[29] 잘못된 윤회설로 장애에 대한 책임을 사회가 아닌 장애인 당사자에게 떠넘겨 버렸기 때문이다. 불교에서는 타인의 고통은 곧 자신의 고통이며, 그러기에 '나'와 '너'를 이기적 경쟁 관계가 아닌 상호 의존적 공생 관계로 본다. 장애를 비장상적인 존재가 아닌 다양한 존재 방식 중 하나로 바라본다. 장애를 개인의 책임으로 전가하여 장애인을 고통스럽게 만드는 잘못된 인과응보식 윤회설은 이제는 우리의 인식에서 걷어내야 하지 않을까?

유교의 장애인 인식은 어떠했을까?

나는 매년 명절이 되면 제사음식을 가지고 할아버지 할머니 산소를 찾아가 예를 올린다. 아주 어린 시절에는 할머니와 아버지, 장남인 나까지 한 상에서 밥을 먹었으며, 어머니와 누나들은 겸상을 하지 않았다. 할머니가 살아계셨을 때에는 부모님은 할머니를 큰 어른으로서 예를 다해 모셨다. 설날에는 부모님과 친척에게 세배를 드리고, 음식도 어른이 수저를 들면 다 함께 먹기 시작했다. 아내와 결혼식에서는 폐백을 드렸고, 친척분이 돌아가셨을 때는 고인에게 절을 하며 부디 좋은 곳으로 가시기를 빌었다. 버스나 지하철을 타면 아무리 몸이 아파도 경로석에는 앉기 불편했다. 이처럼 유교는 우리 일상생활과 행동에 많은 영향을 끼치고 있으며, 그 풍습과 전통은 형태를 달리하였지만 계승되어오고 있다.

일반적으로 유교는 중국에서 기원하였다고 하지만, 오늘날 이 지구상에서 가장 유교적인 나라는 한국이라고 한다.[30] 원래 유교는 공자가 당시의 문화와 사상을 집대성하여 체계화한 것으로 우리나라에는 삼국시대에 중앙집권적 통치체제를 정비하는데 규범으로 사용하면서 시작되었다.³¹ 유교는 조선시대에 들어와서 본격적으로 발전하기 시작했으며, 종교이자 국가적 사상으로 자리 잡았다. 수세기에 걸쳐 우리나라 문화와 전통에 영향을 끼쳤으며, 지금까지 그 정신은 이어져 내려오고 있다.

유교는 '수신제가 치국평천하修身齊家 治國平天下'라 하여 자기 자신을 수양함(수기;修己)과 백성을 편안하게 다스림(치인;治人)을 목표로 삼고 중용과 '인의예지仁義禮智'를 기본 덕목으로 삼고 있다.³²

유교적 가치관으로는 부모에게 효도하고 윗사람에게 공손하게 대하는 것인데 중국 유학자 장재張載에 따르면 사회적 약자를 돕는 것이 효孝라고 하였다.

장재는 "천하에 고단하고 병든 사람, 부모 없고 지아비도 없는 사람이 모두 나의 형제이다. 넘어지고도 호소할 데 없는 가련한 사람들이다. 이 덕성을 지켜가는 것이 아들된 도리요, 진정한 효자다."라 하여 효를 단순히 가정의 부모를 봉양하는 것에 그치지 않고 사회적 효로 확장하였다.³³ 이는 장애로 인해 어려움을 겪는 이를 돕는 것이 효의 실천이자 당연한 덕목으로 여긴다는 것이다.

장애와 직접적인 관련이 있는 것은 인仁사상과 천天사상이다.

인은 남을 사랑하는 마음가짐으로 사람과 사람 사이에 느끼게 되는 따뜻한 인정이다. 사람을 연결시켜주는 애愛의 심리가 인인 것이다. 그런 까닭에 맹자는 인을 측은지심惻隱之心의 본성으로 보았고, 한유는 박애博愛로 이해하였다.³⁴ 또한 공자는 인간의 심정에 고유한 자애의 마음을 확충하는 것 즉, 극기복례克己復禮를 할 때, 인이 이루어진다고 보았다. 인을 구현하기 위해서는 충忠을 행해야 한다. 충은 나라에 몸을 바친다는 뜻이 아닌 남을 위하여 자신의 성의를 다하는 것을 의미한다.[35] 즉 인은 예를 갖춘 진심 어린 타인에 대한 존중이며 모든 인간은 이를 구현해야 한다고 보았다.

퇴계 이황은 「성학십도」에서 "세상 사람들은 모두 나의 동포이고, 만물은 모두 나와 같은 평등한 존재이다. 성인은 이 같은 이치를 깨닫고 실천하는 사람이다."라고 하였다. 이처럼 유교에서의 인仁 사상은 인본주의에 입각한 평등사상을 담고 있다. 유교가 중심이 되었던 조선시대에 장애인을 위한 구휼제도가 활발하고, 장애인에게 각종 부역 면제와 부양자 지원, 맹인의 사회적 활동 장려 등이 실행된 것은 바로 유교의 인간애와 인류애의 실현이라 생각한다.

우리 민족은 전통적으로 인간의 생사고락은 하늘의 뜻에 따라 이루어진다고 믿었으며 인간의 삶이란 자연의 힘에 의하여 스스로 이루어진다고 믿었다. 이것이 천사상이다.[36] 유교에서는 인간은 하늘의 뜻을 따라야 한다고 주장한다. 하늘의 뜻이란, 타인을 차별하지 않고 평등하게 서로 사랑하며 서로를 이롭게 하는 것이며, 자기를 수양하고 인의예지를 실천하고 도덕적 삶(道를 닦는 것)을 살아나가는 것이다. 그러므로 인간은 자신에게 내재된 성품이 하늘까지 닿도록 성심을 다해 살아야 한다.

천사상을 '모든 것은 하늘이 정해 놓았기에 자신의 장애를 하늘의 뜻으로 돌리고 무능력하고 허무한 삶을 살아가는' 숙명론으로 잘못 해석하는 경향이 있다.

천사상에서의 장애는 운명적으로 정해진 것이어서 인간의 노력으로 장애를 없앨 수는 없기에 숙명으로 받아들이고, 누구를 원망하거나 책임을 전가해서는 안된다는 것과 장애가 있더라도 하늘의 뜻을 따라 살아가기 위해 정진해야 함을 의미한다. 즉 장애를 진정한 내면으로 받아들임으로써 장애인으로서의 정체성을 찾고 의지를 갖고 도덕적 삶을 실천해 나갈 때 진정한 자아가 실현된다는 것이다.

이처럼 유교사상은 운명적 고난을 당하는 당사자는 어떻게 해서라도 천명의 고난을 감수하여야 하는 것은 물론이고, 그 가족이나 주변인들은 그 고난을 극복할 수 있도록 하기 위하여 당사자 이상으로 노력하였다. 신체적 불구라던가, 가족의 죽음, 자식이 없거나 하는 따위의 고난까지도 누구의 잘못이 아니라 당사자가 감수하여야 하는 당연사로 보면서, 그 가족이나 이웃 공동체에서는 고난을 분배하여 같이 나누고 싶어하는 미덕이 존재하였다. 전통적으로 천명사상에 따라 장애인을 홀대하지 않았다.[37]

유교의 장애인관은 조선시대 대표적인 유학자인 율곡 이이의 이기일원론理氣—元論에서 찾아볼 수 있다. 이기일원론은 본체와 형상이 서로 상호작용하기에 하나라고 본다. 몸과 마음이 둘일 수 없다는 말이다. 이는 장애와 비장애도 서로 다르지 않고 구분되지 않음을 의미한다. 장애가 있기에 비장애가 존재하므로 장애는 장애를 가지고 있

는 사람에게 있는 개별적인 것이자 누구나 장애인이 될 수 있기에 보편적인 것으로 본다.[38]

이처럼 유교사상은 인간의 존엄성을 제고하고, 가족 중심의 도덕규범과 윤리의식을 고취시키며 공동체를 중시하는 사회적 실천을 강조하였다. 이러한 점에서 유교는 장애인에 대해 긍정적인 관점을 지향한다. 그럼에도 불구하고 장애가 있다는 이유로 소외되거나 차별을 받았던 것도 사실이다. 다만 장애인이기 때문에 천시와 멸시, 차별과 배제와 억압을 받은 것은 아니다. 조선시대까지 신분과 서열을 중시했고, 남성중심의 가부장적 사회로 남녀의 역할이 뚜렷했기에 신분과 성별에 있어 불이익과 차별을 받았다. 즉 시대적 상황에 따른 차별이라 할 수 있다.

불교와 유교의 사상은 인간 존중과 도덕적인 삶, 평등, 평화와 공존을 지향한다는 면에서 서로가 일맥상통하다. 불교와 유교 사상을 근간으로 우리나라 전통사회에서는 장애인을 대하는 비장애인의 태도가 오늘날과 차이가 있다. 장애유형이나 경중에 따라 차이는 있지만 장애인도 마을이나 지역 공동체 안에서 인간으로서 존중받았으며, 어떻게든 함께 살아가야 할 존재로 여겨졌다.

선대의 비장애인은 장애인을 멸시와 학대 그리고 배척의 대상으로서가 아니라 함께 더불어 사는 이웃으로 수용하고 있으며 장애에 따른 고통과 어려움을 같이 나누고자 하였다.[39]

결론적으로 우리는 장애와 비장애를 구분하지 않았으며, 차별을 두는 것을 경계하는 전통사상을 선대에 물려받았다. 그럼에도 불구하고 오늘날 장애인에 대한 비장애인의 근거 없는 부정적 인식은 존재한다. 그것은 아마도 우리나라가 짧은 기간 동안 사회적으로 급속한 변화를 겪으면서 선대가 지키고자 노력했던 사상을 우리 스스로가 시대에 맞지 않고 낡은 것이라고 외면했기 때문은 아닐까? 그래서 비장애인은 진정으로 갖추어야 할 인간존중과 평등사상은 잊어버리고 장애인을 왜곡된 시선으로 바라보는 것은 아닐까?

서두에서 밝힌 바와 같이, 국가적 재난을 온 국민이 힘을 합쳐 이겨낸 것은 역사와 전통사상을 통한 경험의 최종 결과물이다. 앞으로는 장애인에 대한 선대의 역사와 전통사상을 바르게 이어받아 비장애인의 장애이해와 장애인식 수준이 높은 나라로 바뀌어 전 세계가 부러워하는 날이 오기를 희망한다.

쉬어가기

코로나19 초기 대처에 대해 외신은 극찬했고, 전 세계가 대한민국을 부러워했다. 초기 대처가 빨랐던 이유는 2015년 비슷한 감염병인 메르스(중동호흡기증후군)가 초기 안이한 대응으로 병원을 중심으로 급속히 퍼져나가 186명이 감염되고, 38명이 사망했던 아픈 경험이 있었기 때문이다. 그 뿐인가? 2014년 4월 16일 인천에서 제주로 향하던 여객선 세월호가 진도 인근 해상에서 침몰하면서 단원고 학생을 포함해 승객 304명이 사망한 대형 참사가 있었다. 온 국민은 배가 서서히 침몰하는 모습을 TV화면으로 지켜보면서 큰 충격에 빠졌다. 침몰 중에도 '가만히 있으라.'는 방송이 계속되었고, 소극적 구조와 정부의 뒷북 행정 등으로 후진국 형 최악의 인재人災 사고를 경험했다.

과거의 삼풍백화점, 성수대교 붕괴, 태안 유조선 기름 유출 등 수 많은 인재를 겪은 뒤 비로소 정부가 해야 할 역할과 대응에 대해 눈뜨게 되었다.

대한민국은 과거 인재로 너무나 큰 대가를 치렀다. 그러나 십 수년간 국민이 '죽음'이라는 큰 대가를 치르면서도 바뀌지 않는 것이 있다.

1984년 9월 19일, 서울 거리의 턱을 없애달라는 유서를 남기고 지체장애인 김순석씨가 목숨을 스스로 끊었다.
2001년 1월 22일, 오이도역에서 휠체어 리프트 사고로 70대 여성이 사망했다.
2002년 5월 19일, 발산역에서 리프트 사고로 지체장애인이 사망했다.
2003년 7월 14일, 송내 전철역 승강장에서 시각장애인이 실족해 열차에 치여 사망했다.
2017년 10월 20일, 신길역에서 지체장애인이 지하철 리프트를 타려다 계단 아래로 떨어져 사망했다.

얼마나 더 많은 장애인이 목숨을 잃는 대가를 치러야만 우리나라에 장애인 이동권이 보장될 수 있을까? 이 죽음은 아직도 진행형이다.

역사적으로
장애인에 대한 인식은
어떠했을까?

　문화적 인식은 역사적, 문화적, 사회적으로 대대로 이어져 내려온 가치관이나 행동양식으로 일종의 틀이라 볼 수 있다. 그러므로 한 세대의 장애인에 대한 인식관은 다음 세대 사람들이 장애인에 대한 태도나 이해수준을 형성하고, 이를 바탕으로 장애인의 사회적 통합을 위한 복지와 교육 등의 수준이 결정된다. 그러나 전화가 처음 발명되었을 때와 유선 전화가 보편화되었던 시기, 휴대전화를 뛰어넘어 스마트기기를 사용하는 시기의 삶의 형태가 변화하듯이 장애에 대한 문화적 인식도 끊임없이 시대에 따라 변해간다. 그러므로 장애와 관련된 역사를 돌아보고 현재의 장애에 대한 올바른 인식을 재정립해 나갈 필요가 있다.

　역사의 시작과 더불어 장애인은 시대와 지역을 초월하여 존재해 왔지만 인류역사를 거슬러 살펴볼 때, 동·서양을 막론하고 장애인에 대한 지배적인 태도는 부정적이었다.[40] 그렇다면 대대로 우리나라의 비장애인은 장애인을 차별적이고 부정적으로만 대했을까? 문화는 선조의 경험을 거쳐 다음 세대에 지속되기에 우리나라 비장애인이 물려받은 인식의 역사적 근원을 살펴볼 필요가 있다. 역사적으로 사회를 구성하는 공동체가 장애인을 어떻게 대해왔는지 그 실제를 알아보면 장애에 대한 우리의 인식이 어디서부터 부정적으로 바뀌었는지를 알 수 있을 것이다. 또한 비장애인이 역사적으로 장애인에 대해 몰랐거나 왜곡된 사실에 대한 진실을 발견할 수도 있다.

조선시대까지의 장애인 인식; 특수교육 백서[41]를 중심으로

역사적으로 장애인은 심신의 장애로 인해 생산적, 소비적 활동이 제한되어 독립적인 생활유지가 곤란하고 타인의 도움과 협조 없이는 기본적 생존을 계속하기 곤란한 사람들로 일반적으로 사회에서 거부, 편견, 차별의 대상으로서 비인간적인 처우를 받아왔다.[42] 동양의 경우 불교의 자비사상이나 유교의 인간존엄사상에 영향을 받아 고대 서양사회에서 볼 수 있었던 장애인에 대한 가혹한 부정적 태도보다는 온정적 태도가 더 지배적이었다. 장애인에 대한 유기나 학대가 서양과 같이 가혹하지는 않았으나, 고대 동양에서도 장애인에 대한 학대와 편견의 기록이 발견되고 있다.[43] 우리나라 장애인도 예외는 아니었다. 고대에서 고려시대까지는 장애인 정책에 대한 기록이 거의 없지만 대부분의 장애인들이 시각장애인처럼 일부 장애를 제외하고는 멸시와 천대의 대상이 되었을 것으로 추정되고 있다.[44] 장애인에 관한 역사를 자세히 살펴보기 위해 교육부에서 발간한 「특수교육 백서」의 조선시대까지의 장애 관련 내용을 정리하면 다음과 같다.

우리나라 장애인에 대한 기록은 선사시대나 고조선에서는 찾기 어렵다. 삼국시대의 장애인에 관한 기록은 유·불·선의 종교 사상과 깊은 관계가 있었는데, 불교의 자비사상이 홍익인간의 이념과 융합되면서 모든 생명을 사랑하는 윤리관을 확립시켰고, 유학은 주체적이며 종적인 윤리인 충·효·의·정절을 중심 덕목으로 삼게 했다. 이에 삼국시대에는 장애인에게 불교의 자비 보호 사상의 종교적 차원에서 자선적 보호라는 형태를 취한 구휼제도[46]를 실시하였다.[45]

고려시대에는 독질[47], 폐질[48]이라는 명칭을 처음 사용했다. 구휼사업도 다양해져 장애인에게 약을 지급하여 질병을 치료하고, 동서대비원[49]과 같은 수용 시설을 설치하여 다른 빈민과 장애인을 수용하기도 하였다. 또한 장애인은 요역[50]을 면제해주었다. 특히 고려시대에 와서는 점을 치는 복업卜業을 과거제도에 포함시켜 맹인이 관직에 오르게 되었다.

---

46. 구휼 : 백성들이 흉년, 가뭄 등 자연재해나 전쟁 등으로 어려운 상황에 처했을 때, 국가에서 백성들의 처지를 생각하여 구제하던 일로 삼국시대에는 장애인, 고아, 허약자, 병자, 노인 등 스스로 독립생활을 유지할 수 없는 자를 주로 대상이 되었다.
47. 독질 : 악성질병, 간질병, 양목맹인(兩目盲人), 2지 절단자 등을 의미(특수교육 백서, 1981)
48. 폐질 : 백치, 벙어리, 난장이, 1지를 못쓰는 사람을 지칭(특수교육 백서, 1981)
49. 동서대비원 : 고려시대의 구제기관으로서, 의료를 중심으로 하되 기한자(飢寒者)나 의탁할 데 없는 사람의 보호·수용도 아울러 맡았음. 개경의 동·서 양편에 설치(네이버 지식백과)
50. 요역 : 국가가 백성의 노동력을 무상으로 징발하는 수취제도(네이버 지식백과)

조선시대에는 유교를 정치이념으로 삼아 새로운 국가의 기틀을 마련하고자 하였다. 구휼정책도 체계를 갖추게 되어 응급 구제기관으로 진제장[51]을 두고 장애인이나 빈민에 대한 구급·시식을 주로 수행하였고, 동서활인원[52]에서는 장애인을 보호·수행하기도 했다.

조선시대 역시 고려시대와 마찬가지로 점복에 관한 학문인 음양학(이후 명과학으로 변경)이 국가가 장려하는 관학으로 자리매김함으로써 맹인의 관직을 보장하였다. 또한 관현맹인[53]은 궁중에서 관현합주나 가무반주를 담당했고 일반적인 악공에 준하는 직책과 녹봉을 받았다. 이처럼 조선시대 시각장애인은 역술, 음악 등 일정 분야에서 사회적 지위를 누릴 수 있었음을 알 수 있다.

역사적으로 보면, 장애인이라고 해서 멸시와 천대, 학대의 대상이 되었던 것만은 아닌 것은 확실하다. 삼국시대 때부터 조선시대 때까지 구휼제도는 지속되었으며, 이 제도를 통해 장애인은 소외계층과 함께 국가로 부터 보호적 차원의 지원을 받았다.

조선시대까지의 장애인에 대한 국가 정책 중 하나는 '보호'라는 것을 알 수 있다. 또한 장애인은 비장애인의 의무인 각종 부역을 면제받아 국가적 복지혜택을 누렸으며, 시각장애인은 역술과 음악 등의 분야에서 비장애인과 동등한 대우와 관직을 제공받은 것을 볼 때, 일부 장애인은 비장애인과 함께 사회적 활동이 활발하였다는 것을 알 수 있다.

---

51. 진제장 : 흉년이 들어 백성들이 굶주렸을 때 곡식을 내어 주거나 죽을 쑤어주던 장소(네이버 지식백과)
52. 동서활인원 : 조선시대 빈민의 질병구료사업을 관장하기 위하여 설치되었던 관서(네이버 지식백과)
53. 관현맹인 : 시각장애인으로 악기를 연주하는 자

조선시대까지의 장애인 인식; 사료[46]를 중심으로

　조선시대 장애인에 대한 사료에 대해 정창권의 저서 「역사 속 장애인은 어떻게 살았을까」를 중심으로 살펴보면 다음과 같다.

　첫째, 역사 속 장애인은 장애로 인해 사회적 배제를 당했을 것이라는 생각이 무색하게 장애에 대한 편견이 덜한 사회에서 살았다. 비장애인과 함께 여행을 다니는 등 비교적 자유롭게 살았으며, 살인사건이나 간통사건 등 사회적 문제를 일으키기도 했다. 먹고 살기 어려워 시각장애인 20여 명이 임금의 행차 시 먹고 살기 어려움을 호소하는 단체행동도 하였다.

　둘째, 국가는 일정 분야에서는 장애인 직업과 자립생활을 보장하고 장애인을 위한 복지정책을 시행했다. 앞서 밝힌 바와 같이, 시각장애인은 점복과 독경, 음악 등 다양한 직업을 가질 수 있었다. 구휼제도를 통해 기초생활을 보장하고, 나이든 중증장애인에게 임금이 향연과 생필품을 하사하기도 하였다. 장애인에게 각종 부역을 면제하고 오늘날 보조인력인 부양자를 지원하였으며, 연좌제를 적용하지 않았다. 또한 살인 등 죄를 지었을 경우 감형을 해주기도 했다.

　셋째, 국가가 시각장애인을 위한 공적기관을 운영하였다. 조선전기 맹인들이 '명통사'라는 집회장소를 중심으로 단체를 형성했는데 경전을 소리 내어 읽는 독경을 연습하고, 기우제를 행하기도 하였다. 국가에서는 건물을 짓거나 수리해주고, 노비와 쌀을 제공해주었다.

　넷째, 장애유형별 장애인사障礙人史를 살펴보면 시각장애인에 대한 기록이 가장 많았고, 그 외에는 장애로 인한 어려움에 대한 기록이 대부분이었다. 시각장애인은 자립이 가능한 사람으로 분류되어 사회적 활동을 국가가 장려한 것으로 보아 다른 장애에 비해 호의적인 것을 알 수 있다. 청각·언어장애인의 경우 말더듬이, 언청이, 구순구개열, 벙어리 등으로 불리며 청각장애인인줄 모르고 고문을 당하는 등 타인과의 의사소통에 어려움을 호소하는 기록이 많았다. 지체장애는 꼽추, 수중다리, 각기병 등의 명칭을 사용하기도 하였으며, 신체 절단으로 살기 어렵다는 것과 결혼 후 왜소증 장애인임을 알게 되어 파혼을 당하는 등 지체장애로 인해 비장애인의 무시와 멸시를 당한 기록도 있다. 경도 지적장애는 가족과 이웃 주민의 도움으로 생활에 불편함 없이 살았다는 기록도 있다.

마지막으로 시인, 미술가, 음악가 등 장애인 예술가가 있었다. 대표적인 문인으로는 청각장애인 시인 고수, 시각장애인 시인 유운태 등이 있으며, 미술가로는 한쪽 눈의 화가 최북, 말더듬 서예가 조광진 등이 있다. 시각장애인 음악인으로는 퉁소 김철, 관현맹인 이반·김복산·정범, 거문고 이마지, 아쟁 김운란, 가야금 윤동형 등이 대표적이다.

장애인 관련 사료의 내용을 정리하면, 과거에도 현재와 마찬가지로 모든 장애유형의 장애인이 있었다. 그러나 당시에는 '장애'라는 개념 자체가 없었다.

몸이 불편한 사람을 '독질자', '폐질자'라 기록하였으며, 한쪽 팔이나 다리가 없는 사람, 맹인, 벙어리, 농인, 좀 어리석고 모자란 사람 등이 있었을 뿐이다. 농업 중심의 마을 공동체를 이루고 살았으므로 역할의 경중에 문제는 있었지만 구성원으로서 인정하였다. 구휼제도를 통해 장애인을 지원하였으며, 시각장애인의 자립과 지금의 장관이나 국무총리와 비슷한 관직에까지 올라간 사람이 많았다는 것을 볼 때 장애로 인한 차별이나 편견은 비교적 심하지 않았다는 것을 알 수 있다. 그러나 역사적으로 과거의 장애인이 오늘날 장애인보다 부유하거나 복지혜택을 누리며 살았다고 말할 수는 없다. 또한 사회적 지위나 인식이 향상되었다고도 할 수 없다. 그 당시에도 장애인에 대한 편견은 장애유형에 따라 더 심했고 차별도 있었다.

장애로 인해 겪는 어려움에 대해 역사적 기록이 많이 남아 있다는 것은 인간으로서 당연히 누려야 할 것을 누리지 못했다는 것을 간접적으로 표현한 것이다. 장애 학대를 방지하고, 천시되지 않도록 제도를 폈다는 이야기는 그러한 강력한 제도가 아니면 장애인이 살 수 없었음을 반증한다[47].

시각장애인만 자립과 사회적 지위에 대한 제도적 장치가 마련되었지, 그 밖의 장애유형에 대해서는 국가가 별도의 지원이나 자립을 위한 정책을 수립하거나 추진하지 못했다는 것은 아쉽다. 그러다 보니 몸의 불편함이 심할수록, 즉 장애 정도가 심할수록 비장애인은 동정이나 자선으로 대하고, 국가는 시혜적인 관점으로 접근하였음을 알 수 있다. 이는 오늘날 우리나라 비장애인이 장애인에 대한 부정적

인식을 가지게 된 원인 중 하나라 볼 수 있다. 그렇지만 과거의 비장애인 개개인의 내면에 '인간 존중'이 있었기에 양반, 중인, 상민, 천인 등 계급이 뚜렷하고 남존여비 사상이 엄격했던 사회 환경에서도 장애인과 비장애인을 구별하지 않았고, 구휼을 통한 국가차원의 지원과 사회참여 기회 보장, 예술 분야에서의 자아실현이 가능했다고 본다. 어쩌면 우리나라 역사를 볼 때 장애라는 개념을 특별히 강조하지 않았던 것은 '장애로 인해 사회참여가 불가능 사람'이라는 개념보다는 '몸이 불편해 사회참여가 어려운 사람'이라는 개념이 더 강했기 때문은 아닐까? 오늘날 우리나라 비장애인은 인간의 존엄성을 존중하여 장애인에 대한 긍정적 인식을 가진 선대의 문화도 가지고 있다는 것을 알아야 한다.

나가는 글

편견에 갇히지 않는 삶

안녕하십니까?

저는 책 본문에서 비장애인이 장애인을 어떻게 인식하고 있는지, 어떻게 하면 장애를 이해할 수 있는지, 자신의 인식을 왜 바꾸어야 하는지, 우리사회는 어떠한지 등에 대해 여러분께 안내하였습니다. 그렇다면 비장애인이 장애를 이해하고 인식을 개선하기 위해 무엇을 해야 할까요?

이 질문에 정답은 없지만 스스로 '장애 인권 감수성'을 높이고 장애인을 소외시키는 환경을 바꾸는데 조그마한 일이라도 행동하라고 말씀드리고 싶습니다.

몇 년 전 고등학교에 학생 대상 장애이해교육을 한 적이 있습니다. 학생들에게 아래와 같이 질문을 했습니다.

학급회의에서 교복 자율화 안건 투표가 있었다.
투표 결과 찬성과 반대가 같았다. 마지막으로 지적장애 학생의 한 표가 남아 있었다.
지적장애 학생은 친한 친구를 따라서 교복 자율화에 반대 의견에 손을 들었다. 마지막 반대 의견 한표로 교복자율화는 무산되었다.
장애학생의 행위를 정당하게 인정해야 하는가? 나아가 지적장애인에게 선거권이 주는 것은 정당한가?

질문 후 지적장애학생에게 선거권을 주는 것이 옳다고 생각하는지 그렇지 않다고 생각하는지 각각 손을 들게 했습니다.

결과는 놀랍게도 절반가량의 비장애학생이 지적장애학생의 투표행위가 정당하지 않다는데 손을 들었습니다. 저는 예상치 못한 결과에 당황스러웠습니다.

모든 국민은 일정 나이가 되면 투표할 권리를 가지는데 이를 고등학생들이 몰랐을까요? 잘 알고 있었을 것입니다.

그럼에도 불구하고 강의에 참여한 절반가량의 학생들이 지적장애학생의 선거권이 정당하지 않다고 한 이유는 무엇일까요?

아마도 지적장애학생은 투표를 할 수 있는 객관적인 판단 능력이 부족하기에 기회를 제한할 수 있다고 생각했기 때문일 겁니다. 그래서 대한민국 국민이면 누구나 누릴 수 있는 투표할 수 있는 권리도 장애로 인해서는 '예외'가 될 수 있다고 판단한 것 같습니다. 학생들은 국민의 선거권에 대해 이론적으로 잘 알고 있었지만 직접 자신과 연관된 어떤 상황이 발생했을 때, 비장애인 입장에서 판단내렸던 것 입니다.

이처럼 '장애'라는 특별함을 강조하면 인간으로서의 기본적인 권리, 즉 인권이 간과되기 쉽습니다. 모든 국민은 인간으로서 존엄과 가치를 가지며, 행복을 추구할 권리를 가진다는 당연한 사실도 장애인은 예외가 됩니다. 장애인에 대한 오해는 차별적 행위로 이어져 사회적 배제가 끊임없이 발생해 사회적 고립을 촉진하게 됩니다. 우리 모두는 이러한 불행의 연결고리를 끊기 위해 노력해야 합니다.

여러분은 인간의 '보편성'과 '동일성'을 바탕으로 장애인권에 대해 예민하게 반응하고 적극 대처해야 합니다. 즉, 장애 인권 감수성을 높여야 합니다.

어떻게 하면 장애 인권 감수성을 높일 수 있을까요?

매우 어려운 일인 것 같지만 한편으로는 그렇지 않습니다. 장애 인권 감수성을 높이는 가장 빠른 방법은 인간을 존엄하게 대하는 것입니다. 존엄은 내면에 확신으로 깊게 뿌리 박혀 한 사람에게 인간으로서의 특성을 부여하며 그 고유의 인간됨이 행동으로 표출되도록 만드는 관념입니다. 장애가 있고 없음이 인간의 존엄에 기준이 되어서는 안 됩니다. 각자의 삶의 방식을 이해하고 존중해야 합니다. 그리고 타인의 가치를 인정해야 합니다. 그러한 사람이 되기 위해서는 스스로 존엄을 지키며 생활해야 합니다.

독일의 뇌과학자 게랄트 휘터는 자신의 저서 '존엄하게 산다는 것'에서 존엄한 인생을 사는 사람은 더 이상 존엄하지 않은 인생을 살 수 없다고 했습니다. 자신의 존엄함을 인지한 사람은 자신의 존엄을 해치지 않기에 타인의 존엄도 존중합니다. 이러한 맥락에서 보면 장애 인권을 존중하고 이를 보장하는 사람은 더 이상 장애 인권을 무시하는 삶을 살아가지 않습니다.

여러분은 장애 인권 감수성 향상과 함께 장애인을 소외시키는 환경을 개선하기 위해 행동해야 합니다.

국립특수교육원에서는 3년마다 특수교육 실태조사를 실시하고 있습니다. 2017년 조사에서 전학 경험이 있는 학생 중 일반학교에서 특수학교로 전학 간 사례를 알아보았습니다. 그 결과 학년이 올라갈수록 일반학교에서 특수학교로 전학 간 학생 수가 늘고 있었습니다. 전학 간 이유를 묻는 문항에서 이사와 같이 불가피한 사유를 제외하면 교육과정이 맞지 않거나 일반학생과 함께 공부하거나 생활하기 힘들어 전학간다는 응답이 높았습니다. 결론적으로 일반학교에서 통합교육을 받는 장애학생이 학년이 올라갈수록 적응이 어려워 특수학교로 전학간다고 볼 수 있습니다.

우리나라는 평준화 교육을 지향하지만 중학교, 고등학교로 학년이 올라갈수록 불가피하게 대학입시 위주 교육을 실시하고 있습니다. 그래서 발달장애학생이 학교생활에 적응하기 어렵다는 조사 결과는 어쩌면 당연하다고 볼 수 있습니다. 사회생활도 마찬가지입니다. 발달장애인은 장애로 인해 직업 선택에 제한이 있고 취업처도 한정되어 있습니다. 취업을 하더라도 급여 수준이 높지 않고, 승진과 월급 인상도 쉽지 않습니다. 직장생활에서 차별이라도 당하면 장애인만 근무하는 곳으로 이직을 고려하게 됩니다.

　발달장애인은 배제, 소외, 차별받는 것이 싫어서 자신과 비슷한 환경에 있는 또 다른 장애인과 함께 할 수 있는 환경을 선택하게 됩니다. 이러한 장애인의 입장과는 달리 비장애인은 장애인 본인이 분리된 환경을 요구하니 어쩔 수 없이 특수학교를 더 설립하고 장애인 직업시설, 장애인 복지관 등 장애인만을 위한 기관을 더 확대해야 한다고 생각합니다. 그 결과, 장애인과 비장애인은 점점 더 분리되고 있는 것이 현실입니다. 2005년 장애인 실태조사에서 시설 거주 장애인은 47천 여명이었으나 2017년 조사에서는 약 88천 여명으로 12년 만에 46%가 증가하였습니다. 장애인에 대한 사회적 분리가 해마다 더 강화되고 있음을 보여줍니다.

　어떤 장애인도 비장애인과 분리된 시설에서 평생을 보내기를 원하지 않습니다. 장애인이 시설에 가는 이유는 비장애인 중심적 환경 때문입니다.

　일반학교가 경쟁 위주의 높은 수준의 학습 능력을 요구하는 교육환경이기에 장애학생이 소외됩니다. 입시 위주의 교육환경을 바꾸려고 노력하지 않으면서 이에 적응하지 못하는 학생을 특수학교로 내몰고 난 뒤에 장애인 스스로가 분리를 선호한다고 말하는 건 앞뒤가 바뀐 것입니다. 장애학생이 특수학교로 전학 가는 비율이 늘어나는 근본적인 원인을 파악한 뒤 통합교육에 잘 적응할 수 있도록 적절한 교육지원을 제공하는 것이 먼저입니다. 즉, 장애학생 뿐만 아니라 모든 학생의 학습 수준에 맞는 교육을 제공하고, 저마다의 개성을 살릴 수 있는 교육과정을 구성하는 것이 우선입니다. 사회 환경도 마찬가지입니다. 비장애인 중심의 사회 체계에 장애인이 살아가기 어렵기 때문에 장애인을 위한 시설이나 기관이 존재할 뿐이지 장애인만의 분리된 환경은 누구도 원하지 않습니다.

장애인이 진정으로 원하는 것은 장애와 비장애의 구분이 없는 사회 환경입니다. 이를 올바로 이해하지 못하면 비장애인 중심의 사회 구조를 바꿀 수 없습니다.

사회에서 혼자 살아갈 수 있는 사람은 아무도 없습니다. 우리는 모두 서로 관계를 맺고 의지하며 살아갑니다. 장애인이 통합된 사회 속에서 독립된 삶을 살아가기 위해서는 비장애인의 도움이나 지원이 반드시 필요합니다. 이때 비장애인은 장애인의 협력자로서의 역할을 해야 하며, 장애인은 비장애인을 동반자로 인식해야 합니다. 상대방의 불편함과 어려움에 민감하게 반응하고 보완해야 합니다.

여러분은 장애인을 소외시키는 환경을 인식하고 이를 개선하기 위해 행동해야 합니다.

끝으로 여러분 모두 편견에 갇히지 않는 삶을 살아갔으면 합니다.

장애인식과 장애이해의 출발점은 모든 인간이 태어나면서부터 존중받으며 행복을 영위할 수 있는 존재라는 것을 아는 데 있습니다. 누구나 알고 있는 사실이지만 편견에 갇히면 망각하게 됩니다.

자신의 안위를 위해 아동학대, 학교폭력, 직장 내 괴롭힘, 갑질 등 다른 사람의 희생을 강요하기도 하고, 자신의 이익과 권리를 앞세워 타인의 권리를 침해하기도 합니다. 다 함께 더불어 살아가는 행복한 세상을 노래하면서 속으로는 이득과 손실을 계산하기 바쁩니다.

이것이 편견에 갇힌 자본주의 사회를 살아가는 오늘날의 우리 자화상입니다. 이런 현실 속에서는 자유와 평등, 더불어 살아가야 하는 공동체의 본질적인 목적을 잊어버릴 수 있습니다.

장애, 비장애를 떠나 모든 세상 사람의 이야기는 보편적이며, 입장만 다를 뿐 그 어떤 것도 특별하지 않습니다. 여러분 모두가 편견에 갇혀 왜곡된 삶을 살아가지 않았으면 하는 것의 제 바람입니다.

장애인에 대한 배타적인 우리 사회의 인식이 조금이라도 개선되기를 희망하며 글을 마칠까 합니다.

모두 건강하고 행복하시길 바랍니다.

감사합니다.

이정현 드림

감사의 글

　3년 전 비장애인의 장애이해와 인식개선을 위한 글을 쓰겠다고 목차와 세부 주제를 구상했다. 당시 세부 주제에는 장애인과 폭력, 사회적 배제, 교육, 낙인 등도 포함되었으나 이 책에서 다루지 못했다. 그 이유는 스승이신 단국대학교 신현기 교수님과 백석대학교 강영택 교수님 퇴임 전에 이 책을 헌사하고자 출판을 서둘렀기 때문이다.

　강영택 교수님은 나를 특수교육으로 이끌어주신 분이다. 신현기 교수님은 석·박사 과정을 지도하시며 특수교육 전문가로 성장하게 해주었다. 두 분은 평생을 특수교육에 몸담으며 수많은 교사와 전문가를 양성하였고, 학문적으로도 높은 업적과 깊은 통찰을 보여주셨다. 또한 인간으로서 겸손과 예의, 도리와 존엄을 몸소 실천하시면서 주변에 따뜻하고 선한 영향력을 펼치셨다. 나에게 두 분은 스승이자 멘토였으며 지향하고 싶은 삶의 모델이었다. 이 지면을 빌려 다시 한번 그 은혜에 깊은 감사를 드리며 이 책을 두 분께 바친다.

글을 쓰는 동안 저녁 시간을 함께 보내지 못한 아내에게 미안함과 감사함을 전한다. 그리고 눈에 넣어도 아프지 않은 두 아들에게도 고마움을 표하고 싶다. 책에서 부모님 이야기를 다룰 때면 나도 모르게 고향에 계신 두 분 생각에 한 쪽 가슴이 저려왔다. 항상 묵묵히 아들의 일에 응원을 보내주시는 아버지 어머니께 감사드린다.

장애와 특수교육을 다양한 관점에서 접근할 수 있도록 도움을 주신 선후배와 여러 동료에게도 고마운 마음을 전한다. 원고 초안을 들고 책을 내고 싶다는 호기로운 나의 부탁에 신속하게 발간을 추진해 준 이강호, 임지숙 대표를 비롯해 김진옥, 조수현, 전상후 등 책 작업에 참여해 주신 많은 분께 감사드린다.

끝으로 책이 발간되기까지 나를 성장하게 하고 선한 영향을 주신 모든 분들께 감사드리며 진심으로 행복을 바란다.

[참고문헌]
1부 장애와 인식

1. 강수균, 조홍중(2003). 장애이해와 교육. 서울 : 교육과학사. p38~39.
2. 유튜브[Video C] 모하비 실험과 인간의 고정관념 https://www.youtube.com/watch?v=-yo0lseiqiw
3. 나무위키. Windows Vista. https://namu.wiki/w/Windows%20Vista
4. 중앙일보(2008.3.5일자). 윈도우 비스타 출시 1년, 국내 판매량 300만개 돌파.
5. 이한우(2003). 대학생들의 장애에 대한 고정관념 분석. 특수교육저널:이론과 실천. 제4권2호 p77.
6. 고양시정연구원(2019). 고양시 장애인식 개선 방안 연구. p93.
7. 이한우(2003). 대학생들의 장애에 대한 고정관념 분석. 특수교육저널:이론과 실천. 제4권2호 p71.
8. 김지혜(2019). 선량한 차별주의자. 창비. p45.
9. 허태균(2012). 가끔은 제정신. 쌤앤파커스. p113
10. 김도현(2011). 당신은 장애를 아는가. 메이데이. p39.
11. 장애인의 고용차별건. 사건13 진정6889400. 국가인권위원회. 장애인차별시정위원회.
12. 표준국어대사전. https://ko.dict.naver.com/#/entry/koko/9332324c0d6747888a90a558f7f9776d
13. 이태훈(2007). 청소년들의 장애인에 대한 태도에 영향을 미치는 요인. 침례신학대학교 사회복지대학원. 석사학위 논문. p5
14. 이진수(2008). 장애인에 대한 비장애청소년의 인식 연구. 서울기독대학교 대학원. 석사학위 논문. p6
15. 임옥희(2018). 네트워크 텍스트분석 및 내용분석을 통한 주요 일간지 기사에 나타난 장애관 연구. 경기대학교 대학원. 박사학위 논문. p61.
16. 충청북도종합사회복지센터(2019). 장애인 인권에 관한 비장애인의 인식조사. p5.
17. 강민희(2008). 장애인차별금지법 제정의 장애 담론 분석. 보건사회연구 28(2), 209-235. p213.
18. 웰페어 뉴스(2019.6.11일자). '장애를 이유로 생명보험 가입 거부'는 차별.
19. 20. 다니엘 타멧(2007). 브레인맨, 천국을 만나다. 북하우스. p100-121에서 요약. 인물 소개글.
21. 오순란(2014). 장애미용인에 대한 일반인의 인식. 호남대학교 교육대학원. 석사학위논문. p19.
22. 네이버. 두산백과. https://terms.naver.com/entry.nhn?docId=3546400&cid=40942&categoryId=31531
23. 김도현(2011). 당신은 장애를 아는가. 메이데이. p26.
24. VOA (2018.10.2일자). [구석구석 미국 이야기] 양말 사업가로 성공한 다운증후군 청년.
25. 유완식(2011). 장애인과 비장애인의 임금격차 분석. 한국장애인고용공단 공용개발원. p11.
26. 27. 동아닷컴(2019.9.26일자). 우리나라 성별임금격차 37.1%…"OECD 중 최하위".
28. 유완식(2011). 장애인과 비장애인의 임금격차 분석. 한국장애인고용공단 공용개발원. p11.
29. 조슈아 벨 실험 : 똑똑한 이들의 오판. https://1boon.kakao.com/ppss/5a0984d7ed94d2000183a529
30. 우리는 보고 싶은 것만 본다. 인식을 바꾸는 방법! https://m.post.naver.com/viewer/postView.nhn?volumeNo=15979475&memberNo=24804752
31. 오욱찬(2018). 장애인의 차별 인식 실태와 정책과제. 보건복지포럼. p9.

32. 호랑낭이(2016). 좋은 것은 행동하고 나쁜 것은 인식하라. 습관의 비밀. 브런치. https://brunch.co.kr/@alchemistkit/83
33. 배현숙, 김성일(2004). 장애이해 교육프로그램이 초등학생의 장애인에 대한 태도에 미치는 영향. 한국교육. 31. 1. pp.253-279.
34. 국민일보(2016.4.19일자). 준비 안된 '물리적 통합'… 아이들 마음엔 상처만.
    비마이너(2018.3.5일자). 장애부모들 "서울시교육청, 물리적 통합 넘은 '제대로 된 통합교육' 체계 마련해야".
35. 한국교원신문(2018.4.20일자). '어차피 못해' 포기…교실 속 고립만 심화[통합교육 20년 여전히 분리된 아이들].
36. 박은혜 등(2015). 통합교육정책의 효과와 발전방안 연구. 교육부 정책연구 보고서. p156.
37. 채정호(2003). 행복한 선물 옵티미스트. 매일경제신문사. p58.
38. 안발 아리엘리(2020). 창조의 혁신은 어디서 만들어지는가 후츠파. Andromedian. p274~295.
39. 보건복지부(2020). 2019 장애인학대 현황보고서. p148.
40. 한국일보(2016.6.23일자). 이나미 컬럼. 차별 심리는 원시적 두려움이다.
41. 연합뉴스(2013.12.29일자). 정상 체중 여중고생 셋 중 하나 "난 뚱뚱해".
42. GRAND MASTER CLASS BIG QUESTION. https://www.youtube.com/watch?v=MVr_AVl8LSw
43. 김수현(2020). 나는 나로 살기로 했다. 마음의 숲. p140.
44. 이진수(2008). 장애인에 대한 비장애청소년의 인식 연구. 서울기독대학교 대학원. 석사학위 논문. p16
45. 발달장애인에게 특별한 요구가 있다구요? http://www.thespecial.kr/?r=special&m=bbs&bid=workshop&iframe=Y&print=Y&uid=9780
46. Daily medi(2019.5.17일자). '수어(수화)' 통역사 배치 의무화…반감 커지는 병·의원.
47. 미국서 외면당한 추신수의 '이 광고' https://1boon.kakao.com/interbiz/5d355731ab08f37bb890251b
48. 김창엽 등(2002). 나는 나쁜 장애인이고 싶다. 삼인. p45.
49. 홍윤기(1997). 개인, 사회장애, 장애이데올로기(한국사회 장애이데올로기 연구). 장애인먼저실천운동본부.

[참고문헌]
2부 장애와 개인

1. 허태균(2015). 어쩌다 한국인. 중앙북스 p103~106.
2. Sallis, J. F., & Owen, N. (2002). Ecological models of health behavior. In K. Glanz, B. K. Rimer, F. M. Lewis (Eds.), Health behavior and health education: Theory, research, and practice (3rd ed., pp. 462-484). San Francisco: Jossey-Bass.
3. 한겨레(2008.4.6일자). 우리나라가 단일민족이라고?
4. 김창엽외(2002). 나는 나쁜 장애인이고 싶다. 삼인. p48.
5. 박영림, 김상봉(2011). 다음 국가를 말하다. 웅진지식하우스. p161.
6. 뉴데일리경제(2013.12.20일자). [지식발전소] 국민학교가 초등학교로 바뀐 이유?
7. 8. 박영림, 김상봉(2011). 다음 국가를 말하다. 웅진지식하우스. p40. 재인용. p162~167.
9. 허순자(2010). 문화 역사적 관점에서의 "장애이해". 특수교육학연구. vol. 45. p29.
10. 김재홍(2009). 장애인의 생산성과 경제적 유인체계. 정부학연구 제15권 제3호 p119~146.
11. 김도현(2007). 당신은 장애를 아는가. p201. 재인용.
12. 채널A(2017.11.18일자). "운동 장비 없다"…장애인 내친 구청 헬스클럽.
13. 비마이너(2017.11.21일자). 친절한 거절을 거절하고 싶다.
14. 정책브리핑(2016.4.20일자). 딸의 사고로 돌아본 장애인의 날.
15. 시사주간(2019.12.18일자). "청각장애인, 놀이기구 타면 위험? 장애인 차별"
16. 한겨레(2019.11.1일자). 발달 장애 이유로 일반승마체험 제한하는 것은 차별.
17. 유튜브. PRAN. 발달장애아의 부모들이 가장 듣기 싫어하는 말.
18. 장애인이 자주 듣는 말. https://1boon.kakao.com/linkagelab/20190420
19. 김지혜(2019). 선량한 차별주의자. 창비.
20. 장혜영(2018). 어른이 되면. 우드스톡.
21. 마음이 사는집 블러그. 우리 사회에서 장애인으로 산다는 것 - 〈아름다운 동행〉(김성윤/교음사) https://blog.naver.com/yunimini2/220927022927
22. 장영희(2009). 내 생애 단 한번. p63. 샘터.
23. 강화뉴스(2012.3.23일자). 편견과 차별, 장애인과 비장애인을 가로막는 장벽.
24. 이데일리(2019.6.12일자). "장애인 보고 울컥해서 3만원 적선?" 네티즌 분노.
25. Steven Stosny(2004). Compassion Power: Helping Families Reach Their Core Value. The Family Jounal, 12, 58-63.
26. 이고은(2013). 동정심의 발현에서 대상 수와 지각된 세력의 효과. 성균관대학교 석사학위논문. p3.
27. 표준국어대사전. https://ko.dict.naver.com/#/entry/koko/50b8edb341064caf9ba42249315dfb7c
28. 에이블뉴스(2018.7.2일자). 고성·막말 '감수' 장애인들 다시 전철 탄 이유.
29. 연합뉴스(2011.11.11일자). [디지털스토리] 지하철계단 이용에 일반인의 10배 시간…장애인 눈물.

30. 김윤희(2016). 공감 척도 개발 및 타당화. 경북대학교. 박사학위논문. p8. 재인용.
31. Rogers, C. R. (1975). Empathic: An unappreciated way of being. The Counseling Psychologist, 5(2), 2-10.
32. 표준국어대사전. https://ko.dict.naver.com/#/entry/koko/4542e2c956c8420aa09ce7eb8f5c04b4
33. 프리츠 브라이트 하우프트(2019). 나도 그렇게 생각한다. 공감의 두얼굴. 소소의 책. p16.
34. 음식점의 시각장애인 보조견 출입거부건. 사건 19진정0243100. 국가인권위원회 장애인차별시정위원회 결정.
35. 김도현(2011). 당신은 장애를 아는가. 메이데이. p83.
36. 중앙일보(2017.11.25일자). [삶의 향기] 어긋난 공감. 송세한 연세대교수.
37. 38. 김창엽 등(2016). 나는 '나쁜' 장애인이고 싶다. 삼인. p159. p161-162.
39. 김규성. 80년대의 장애인. 한국장애인복지정책연구회.
40. 네이버 국어사전. https://ko.dict.naver.com/#/entry/koko/c82cfdb33e534267882df4cd1906f875
41. 아시아경제(2019.4.19일자). "장애인도 편하게 영화 보고 싶다" 영화관, '장애인 배려' 개선 될까.
42. 서울경제신문(2019.1.16일자). 현실이 된 무인화사회 장애인에겐 공포가 되다.
43. 중앙일보(2015.11.3일자). 장애는 극복하는 게 아니라 적응하는 겁니다.
44. 이성원, 양난미(2015). 대학생의 평가염려 완벽주의와 사회불안의 관계에서 내면화된 수치심과 정서표현 양가성의 매개효과. 상담학연구. 16.(4). 225-244. p225.
45. 숙대신보(2016.5.23일자). 시선의 폭력, 시선만으로 상처를 입히다.
46. 리서치기업 엠브레인(2017.8.2일자). '타인'보다는 '나'를 중요하게 생각하는 현대사회, 그러나 '타인의 시선'에는 민감.
47. 시몬느 소스(2016). 시선의 폭력. 한울림스페셜. p113

[참고문헌]
3부 장애와 사회

1. 연합뉴스(2013.8.2일자). "관동대지진 때 학살된 조선인 2만3천58명이었다."
2. 네이버 지식백과. 확증편향 https://terms.naver.com/entry.nhn?docId=2176162&cid=51065&categoryId=51065
3. 비마이너(2018.10.25.일자). 주류 언론은 '장애인 뉴스'를 왜 이렇게 다룰까?
4. 국립특수교육원. 태백미래학교 장애학생 폭행피해 언론보도. 미간행.
5. 국립특수교육원. 서울교남학교 장애학생 폭행피해 언론보도. 미간행.
6. 지식채널 e. 언론의 올바른 역할은? https://terms.naver.com/entry.nhn?docId=2447663&cid=51634&categoryId=51634
7. 양정혜, 노수진(2012). 휴먼 다큐멘터리가 재현하는 장애인. 한국방송학보 26(3) 371-415. p407-408.
8. 위키백과 https://ko.wikipedia.org/wiki/%ED%94%84%EB%A0%88%EC%9E%84_(%EC%9D%B8%EC%8B%9D%EC%9D%98_%EB%B0%A9%EB%B2%95)
9. 송상근(2014). 매개와 왜곡:장애인은 내러티브 기사에서 어떻게 재현되는가?. 시각장애연구. 제30권 4호. pp127~148. p130
10. 서영남(2013). 장애뉴스(Disabled News). 장애의 재해석, 2-46. p17~18.
11. 황규리, 이성규(2019). 조현병 관련 언론 보도 내용분석. 한국정신건강사회복지학회 학술발표논문집, 269-297. p286.
12. 13. 서영남(2013). 장애뉴스(Disabled News). 장애의 재해석, 2-46. p124. p17~18.
14. 양정혜, 노수진(2010). 휴먼다큐멘터리가 재현하는 장애인. 한국방송학보, 26(3), 371-415. p378.
15. 장애인정책모니터링센터(2019). 2019 언론 모니터링 결과 보고서. p32-34.
16. 서영남(2013). 장애뉴스(Disabled News). 장애의 재해석, 2-46. p35.
17. 김지영 등(2018). 2018년도 아동·청소년대상 성범죄 동향분석. 여성가족부. p180.
18. 나무(2018). 언론보도 및 일상생활 모니터링 쟁점 분석 및 제언. 장애와 반성폭력 시민감시단 「새로고침」 토론회 자료집. p230.
19. 20. 21. 황근(2001). 장애인 복지와 장애인 대상 방송에 대한 평가. 「장애인 대상 TV방송 프로그램 모니터 보고서」, 서울:장애우권익문제연구소. p78. p79. p77.
22. 이종은(1999). 장애인 문제에 관한 미디어 프레이밍이 감정이입, 편견의 감소 및 문제해결 동기화에 미치는 영향, 서울대학교 대학원 신문학과 석사 학위논문.
23. 최이정(2009). 장애인 관련 TV프로그램이 대학생의 장애인에 대한 태도에 미치는 영향에 관한 실험 연구. 언론정복연구 46(2). 67-99.
24. 서영남(2013). 장애뉴스(Disabled News). 장애의 재해석, 2-46. p17.
25. 국가인권위원회 장애차별시정위원회 결정(2014.11.3.) 언론매체의 장애비하표현에 대한 의견표명 p6.
26. 장애인먼저실천운동본부(2017). 2017 장애인패싱. p33-34.
27. 조박, 최낙진(2018). 한국의 보수언론과 진보언론의 프레임 비교 분석. 한국사회과학연구 제37권 제2호. 81-114. p34.

28. 미디어오늘(2016.11.27일자). 단군 이래 최대 호황? 언론도 4대강 공범이었다.
29. 안혜련(2010). 일반신문과 장애인신문의 장애와 장애인에 대한 인식 비교 분석. 청주교육대학교 교육대학원 석사학위논문. 연구요약(iv).
30. 에이블뉴스(2005.11.1일자). '장애인'은 언제부터 사용했을까.
31. 배화옥, 강지영(2016). 아동 발달단계별 아동학대 특성 연구. 보건사회연구 36(1). 005-029. p9. 재인용.
32. 안승준(2020). 시각장애인들은 어떤 수학을 할까? 카카오 브런치 https://brunch.co.kr/@ilyf01/78
33. 소셜포커스(2019.2.13일자). 미국, 지적장애학생 지원대학 260곳 달해.
34. e-대학저널(2015.9.10일자). [스페셜 리포트]발달장애인 교육전문기관 대구대학교.
35. 김유선. (2017). 노동시간 실태와 단축방안. KLSI Issue Paper, 2017. 1. 11. p5.
36. 한국보건사회연구원(2018). 과로로 인한 한국 사회 질병부담과 대응 방안. p4.
37. 한국장애인개발원(2016). 장애인일자리동향모니터링지 드림잡리포트. 2016 제2호.
38. 국가인권위원회(2014). 국가인권위원회 장애차별 결정례집('2010.10.~1017.12.) 2014.10.21자 13-진정-0889400 결정. p11.
39. NDsoft(2019.4.30일자). '초연결사회'의 삶의 형식과 속도.
40. 디스이즈게임. 어느 흔한 갓겜의 실험. https://www.facebook.com/thisisgamecom/posts/1220907521254780/
41. 사람이 누리집. http://www.saramin.co.kr/zf_user/company-info/view-inner-salary?csn=1018671777
42. 유승권, 박병진(2017). 베어베터: 비즈니스 모델 혁신과 파트너십을 활용한 사회적 기업. KBR 제21권 제2호. 2017년 5월. p3.
43. 한국경제(2018.11.30일자). 희망직업 1위는 '공무원'... 현실적 목표직업 1위는 '회사원'
44. 교육부 보도자료(2021.3.9일자) 2020년 초중고 사교육비조사 결과 발표.
45. 이혜영, 김미란, 한준(2006). 학교교육이 사회계층 이동에 미치는 영향 분석. 한국교육개발원. p19.
46. 여유진(2008). 한국에서의 교육을 통한 사회이동 경향에 대한 연구. 보건사회연구 28(2). 53-80. p53.
47. 이진영(2016). 교육의 계층이동 사다리 역할에 대한 분석 및 시사점. KERI Insight. KERI 정책제언 16-21. p16.
48. 땅집GO(2020.7.7일자). "하반기 전세금 폭등할 것... 이대로라면 집값도 계속 오른다"
49. 매일경제(2020.8.12일자). 아파트 평균 매매가...서울 10억원 넘었다.
50. 서울경제(2020.9.3일자). 서울 아파트, 매매가는 버티고 전세가는 62주째 ↑
51. MONEY GROUND(2020.3.5일자). 아파트 홍수 속에서 '내 집'없는 사람은 이 정도나 됩니다.
52. 김수현·이현주·손병돈(2015). 한국의 가난. 한울. p19.
53. 류정순(1998). 한국 도시가계의 빈곤선 재정립에 관한 연구. 한국사회정책5(2). 1-30. p3.
54. 김태성·손병돈(2007). 빈곤과 사회복지정책. 청목.
55. 56. 한국장애인개발원(2019). 2019 장애통계연보. p165.

57. 58. 보건복지부(2017). 2017년 장애인 실태조사 p476, p474.

59. KOSIS. 주관적 생계비. http://kosis.kr/statHtml/statHtml.do?orgId=331&tblId=DT_33109_A262&conn_path=I3

60. 복지동향(2016.9.1일자). 부양의무자 기준 폐지되어야 할까? 완화되어야 할까?

61. 국립특수교육원(2020). 2020 특수교육 실태조사. p401.

62. 한겨레21(2019.11.25일자). 발달장애 건강보험 지원은 '의사 상담'뿐.

63. 64. 보건복지부(2017). 2017년 장애인실태조사. p225, p476.

65. 보건복지부 보도자료(2020.7.31일자). 중앙생활보장위원회, 2021년 기준 중위소득 2.68% 인상(4인 기준).

66. 사이버국가고시센터(2020.3.3일자). 2020년도 국가직 9급 공채시험의 원서접수결과. 인사혁신처.

67. blind(2020.6.24일자). 2020년 상반기... 공기업 공채 경쟁률.txt.

68. 헤드헌터 뉴스(2018.12.4일자). 직장인 5명 중 1명, "현재 직장 적성에 맞지 않아".

69. 70. 71. 한국장애인고용공단 고용개발원(2019). 2019년 장애인경제활동실태조사. p113, p191, p186.

72. 김수현·이현주·손병돈(2015). 한국의 가난. 한울. p196.

73. 후회없는 하루를 만드는 서호정 블로그. 가난이란 무엇인가? 세상을 바꾸는 15분. 컴패션 서정인 대표 강연 후기.

74. 에드워드 로이스(2015). 가난이 조종되고 있다. 명태. p342.

75. 김수현·이현주·손병돈(2015). 한국의 가난. 한울. p273.

76. 정부24(2020.4.20일자). 장애인 고용 30년, 장애인 고용률 2.92% 달성. 기관소식.

77. 에드워드 로이스(2015). 가난이 조종되고 있다. 명태. p343.

[참고문헌]
제4부 장애와 철학, 사상, 역사

1. 최진석(2020). 탁월한 사유의 시선. 21세기북스. p172~174.
2. 브이드림 누리집. https://vdream.co.kr/bbs/content.php?co_id=introduction
3. 1boon. jobsN. 20대에 휠체어 타게 된 '절친' 때문에 시작하게 됐어요. https://1boon.kakao.com/jobsN/5f2bd36ff2910a6deac77e59
4. 최진석(2020). 탁월한 사유의 시선. 21세기북스. p183.
5. 국가인권위원회(2018). 장애인 차별 예방 사이버인권교육 보조교재. p5.
6. 강신주(2013). 장자, 차이를 횡단하는 즐거운 모험. 그린비. p258.
7. 김도현(2019). 장애학의 도전. 오월의 봄. p303~305.
8. 부산대학교 한국민족문화연구소. (2013). 차이와 차별의 로컬리티. 서울: 소명출판. p3~4
9. 10. 11. 강신주(2013). 장자, 차이를 횡단하는 즐거운 모험. 그린비. p48. p60. p103.
12. 소리울림 블러그. https://blog.naver.com/soliulim/221470245695
13. 국민일보(2020.12.13일자). 지적장애 15살 성매매한 50대, "반성했다"말에 집유.
14. 서울신문(2020.12.4일자). "나 장애인 공포증 있는데…" 삼성 내야수 신동수, SNS 파문.
15. 강신주(2013). 장자, 차이를 횡단하는 즐거운 모험. 그린비. p114
16. 어제를 통한 내일(2020.2.29일자). 이게 나라입니다. 국난극복이 취미인 한국인. http://blog.naver.com/PostView.nhn?blogId=uesgi2003&logNo=221831192977
17. 불교신문(2010.6.5일자). '이 시대 호국불교'로 국난 극복하자.
18. 한국민족문화대백과사전. 의리사상(義理思想). https://encykorea.aks.ac.kr/Contents/Item/E0043202
19. 한국콘텐츠진흥원. 삼국유사 판타지소재 종교. http://www.culturecontent.com/content/contentView.do?search_div=CP_THE&search_div_id=CP_THE004&cp_code=cp0704&index_id=cp07040102&-content_id=cp070401020001&search_left_menu=3
20. 21. 22. 이태수(2001). 동양사상을 통해 본 장애 및 장애인. 단국대학교 대학원. 석사학위논문. p2. p3. p27.
23. 한국불교(2009.9.23일자). 불교에서 말하는 자비(慈悲)와 일반적인 사랑은 어떤 차이가 있습니다.
24. 불교평론(2008.3.24일자). 방귀희. 불교의 장애인 인식.
25. 비마이너(2014.2.28일자). '종교는 장애를 어떻게 보는가?'
26. 에이블뉴스(2014.3.7일자). 장애는 과연 업보인가?
27. 불교 포커스(2014.2.27일자). 종교의 장애인관을 생각해 봅니다.
28. 비마이너(2014.2.28일자). '종교는 장애를 어떻게 보는가?'
29. 에이블뉴스(2014.3.7일자). 장애는 과연 업보인가?
30. 최종고(1997). 한국에서의 유교와 법. 한국법제연구원. 특별기고.
31. KOREA 100. 한국의 유교. http://dh.aks.ac.kr/KOREA 100/wiki/inde.php/
32. 최영진. 유교란 무엇인가. 제130호 종교산책. http://webzine.daesoon.org/board/view_win.asp?webzine=&menu_no=&bno=4826&page=1

33. 강진갑. 새로운 해석이 필요한 유교와 유학. 고전칼럼-일흔한 번째 이야기. 한국고전번역원. http://www.itkc.or.kr/bbs/boardView.do?id=75&bIdx=17189&page=1&menuId=126&bc=0
34. 박현일(2003). 전통 사상을 통한 올바른 장애인관 함양. 단국대학교 특수교육대학원. 석사학위논문. p21.
35. 윤태임(1998). 불교와 유교에 나타난 장애인관 연구. 단국대학교 교육대학원. 석사학위논문. p39.
36. 오천균(1989). 조선조 맹교육의 사상과 제도. 단국대학교 대학원. 박사학위논문. p7.
37. 윤태임(1998). 불교와 유교에 나타난 장애인관 연구. 단국대학교 교육대학원. 석사학위논문. p47.
38. 39. 박현일(2003). 전통 사상을 통한 올바른 장애인관 함양. 단국대학교 특수교육대학원. 석사학위논문. p23. p31.
40. 권명옥(2004). 장애인관 발달연구. 정서·행동장애연구. 20. 3, pp339~365. p340.
41. 교육부(1981). 특수교육 백서. p7~p41.
42. 오세철(1986). 성서에 나타난 장애자관. 대구대학교 대학원 석사학위논문. p6.
43. 김병하(2012). 특수교육의 역사와 철학. 대구대학교출판부. p12.
44. 자스민차향기(2020.2.19일자). 장애인에 대한 인식의 시대별 변화.
45. 윤태임(1997). 불교와 유교에 나타난 장애인관 연구. 단국대학교 교육대학원 석사학위논문. p5.
46. 정창권(2011). 역사 속 장애인은 어떻게 살았을까. 글항아리.
47. 비마이너(2014. 6. 27일자). 역사채널e가 보여준 편파적 장애인 역사.

장애에 대한 편견과의 이별여행
편견에 갇히다

초판 1쇄 발행	2021년 11월 1일
지은이	이정현
기획	이강호
펴낸이	임지숙
펴낸곳	디자인달
주소	대전광역시 유성구 장대로 95
대표전화	042.933.0779
팩시밀리	042.222.0184
E-mail	hidesigndaljs@daum.net
출판등록	2013년 4월 15일 제367-2013-000007호
편집디자인	임지숙, 김진옥
표지일러스트	하루치
교정교열	조수현
인쇄	신화프린팅코아퍼레이션
ISBN	979-11-952014-1-9

이 도서는 한국출판문화산업진흥원의 '2021년 출판콘텐츠 창작 지원 사업'의
일환으로 국민체육진흥기금을 지원받아 제작되었습니다.

이 책에 실린 글과 이미지의 무단전재·복제를 금합니다.
이 책 내용의 전부 또는 일부를 재사용하려면 반드시 출판사의 동의를 얻어야 합니다.
파본은 구입처에서 교환해드립니다.
책값은 뒤표지에 있습니다.

Published by designdal
Printed in Korea